생산적
의견 대립

생산적 의견 대립

PRODUCTIVE DISAGREEMENT

버스터 벤슨 지음 · 노승영 옮김

학고재

나의 가장 유쾌한 논쟁 상대인 리앤, 니코, 루이에게

들어가며

세 가지 오해 9

여덟 가지 실천 지침 49

차례

세 가지 오해

잡초는 사랑받지 못한 꽃일 뿐이다.[1]

엘라 휠러 윌콕스

한 남자가 자기 집 마당에서 욕설을 퍼붓고 있다. 이웃 여자가 나지막한 울타리로 다가가 괜찮으냐고 묻는다.

"아니요! 하나도 안 괜찮아요!" 남자가 고함을 지르더니 엉뚱한 사람에게 화를 냈다는 사실을 깨닫고서 겸연쩍은 표정을 짓는다. 남자는 꼼짝 않고 선 채 분을 떨쳐버리려 애쓴다. 손엔 잡초 다발이 한 움큼 들려 있다. 민들레와 괭이밥 같은 이 동네의 터줏대감들이다. 남자가 정원을 가리킨다. "망할 놈의 풀 같으니! 이 잡초들을 없애려면 어떻게 해야 하죠?"

남자가 역정을 내고는 있지만 여자가 보기에 그의 정원은 정성 들여 보살핀 티가 난다. 뒷마당 벽을 따라 아름다운 레몬나무 한 그루가 자라고 온갖 꽃나무와 들풀들이 마당을 지그재그로 멋지게 가로지르며 시선을 이끌어선 도로 레몬나무로 데려간다. 여자가 말한다.

잡초 히드라

"잡초 뽑는 방법이 잘못된 것 같아요. 이 녀석은 뿌리가 길고 잘 끊어져요. 알뿌리는 끊긴 채 땅속에 남죠. 교활한 히드라예요. 대가리 하나를 벨 때마다 열두 개가 새로 돋아난다고요."

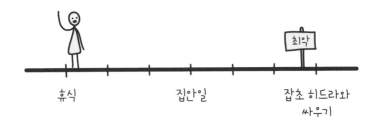

퇴근 후에 하고 싶은 것

휴식   집안일   잡초 히드라와
                    싸우기

최악

남자가 말한다. "젠장, 잡초 히드라는 정말 상대하고 싶지 않은데! 이 잘난 잡초를 하나씩 뽑고 있을 시간이 없어요. 하루 종일 일하고 퇴근하면 반듯한 정원을 보고 싶을 뿐이라고요."

여자가 제안한다. "방법을 알려드릴게요. 즐겁게 하실 수 있어요. 게다가 이 잡초들은 그렇게 못되지 않았어요. 좋은 점도 있다고요. 뿌리가 길어서 영양분을 겉흙까지 올려보내고 비가 올 때 흙을 붙잡아줘요. 잎은 샐러드 토핑으로 그만이지요."

남자가 코웃음 친다. "샐러드 안 좋아해요. 조언은 고맙지만 사양하겠어요. 늘 하던 대로 해치우고 나서 더 중요한 일을 봐야 해요." 그는 잡초 몇 포기를 더 뽑아서는 용에게 칼을 휘두르는 기사처럼 사납게 두엄 더미에 팽개친다. "마당을 싹 태워버려야 할지도 모르겠군." 남자는 중얼거리며 집 안으로 들어간다.

논쟁과 잡초는 비슷한 점이 많다. 하나는 우리의 정원에서 돋아나고 다른 하나는 우리 마음속에서 돋아난다. 어느 쪽이든 달갑지 않다. 잘하면 골칫거리요 잘못하면 철천지원수다. 많은 사람들이 의견 대립을 대하는 방식도 이 남자가 잡초를 대하는 것과 같다. 싸워서 물리쳐야 하는 적이라고 생각하는 것이다.

이 책의 주제는 생산적 의견 대립의 기술이다. 여기에는 이웃 여자가 알려주려던 것과 비슷한 발상의 전환이 필요하다. 이것을 깨달으려면 우선 논쟁이 무엇인가에 대한 흔한 오해 몇 가지부터 바로잡아야 한다.

오해 1
논쟁은 나쁘다

논쟁은 나쁜 것이 아니다. 비생산적일 수는 있지만, 그것은 우리가 생산적으로 논쟁하는 법을 배우지 않았기 때문이다.

우리는 잠을 깨우는 자명종과 다투고, 유행이 지난 구닥다리 옷과 다툰다. 자신의 뱃살과 다투고, 반려동물과 다투고, 걸려 넘어질 뻔한 보도 턱과 다투고, 도로를 메운 차들과 다투고, 상사와 교사와 부모와 다투고, 컴퓨터와 다투고, 친구와 친척과 다투고, 배우자와 자녀와 다투고, 텔레비전과 다투고, 하늘과 다툰다. 스스로와도 다툰다. 잠들면 꿈에서도 다툰다. 그러니 소리 지를 만도 하다. 지긋지긋하니까!

설상가상으로, 사람들에게 논쟁에 대해 어떻게 생각하느냐고 물었더니 열에 아홉은 논쟁이 비생산적이라고 답했다.[2]

불쾌한 데다 생산적이지도 않은 논쟁을 하는 이유는 무엇일까? 끝나고 나서 아무리 허탈하더라도 논쟁을 하는 그 순간만큼은 논쟁이

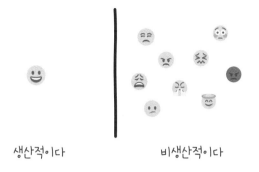

우리가 논쟁을 하는 방식은 …

생산적이다   비생산적이다

피할 수 없는 것이라고 느껴지지 않던가? 사실이다. 그 순간에 논쟁은 깃발을 흔들어 우리에게 중요한 무언가가 위협받고 있음을 알려주는 중대한, 하지만 과소평가된 역할을 한다. 그 무언가는 개인적 취향일 수도 있고 공동의 목표를 이루는 최선의 전략에 대한 합의일 수도 있고 우리의 핵심 가치일 수도 있다. 이 위기감은 격렬한 감정을 불러일으킨다. 우리는 감정이 북받치면 이를 억누른 채 더 적당한 때를 기다리거나 이런 일에 에너지 낭비할 필요 없다고 스스로를 다독인다. 남들에게도 논쟁거리를 현명하게 선택하고 최선을 다해 평정심을 유지하라고 조언한다. 하지만 짜증을 너무 억누르는 습관을 들이면 짜증이 났을 때 그게 **자기 탓**인 것처럼 느껴지기 시작하고 스스로를 책망하게 된다. 그러면 논쟁의 횟수는 줄어들지 몰라도 만성적 불안을 느낄 수밖에 없으며 이는 정신적·신체적 건강을 좀먹는다. 오늘날 미국 성인 다섯 명 중 한 명이 불안 장애를 겪고 있으며[3] 절망과 관계된 세 가지 요인(자살, 약물 과용, 알코올 관련 질병)으로 인한 사망률이 지난 10년간 증가하여[4] 수십 년 만에 처음으로 평균 기대 수명이 감소하기에 이르렀다. 부정적 감정은 우리가 외면한다고 해서 사라지지 않

는다. 감정은 배출구를 찾고야 만다. 우리를 죽이는 한이 있더라도.

우리는 잡초가 필요하다. 의견 대립도 필요하다. 유명한 결혼 연구자 존 가트먼 박사는 갈등 없는 관계는 소통 없는 관계이며 실패할 수밖에 없다고 말한다. 둘 이상의 사람이 각자의 관점에서 이야기할 때 갈등은 필연적이다. 의견 대립은 관계의 토양이 건강하다는 신호다. (가트먼은 수긍과 대립의 비율을 5:1로 유지하라고 권한다.[5] 이렇게 하면 반대 의견을 주고받는 물꼬를 열어둘 수 있어서 지나치게 부정적인 쪽으로 치닫지 않고도 의견 대립을 풀어갈 수 있기 때문이다.)

너무 적음   딱 좋음   너무 많음

대다수 사람들은 논쟁하는 법을 한 번도 배운 적이 없다. 우리는 의견이 대립하는 상황을 잘 다뤄서 서로의 차이를 인정하는 법이나 의기투합하는 대목에선 함께 맞장구치는 법을 배우지 못했다. 논쟁은 '어떻게'가 중요한데, 다행히 이것은 풀 수 있는 문제다. 우리는 이 기술을 배울 수 있다.

우선 내가 어떻게 해서 **생산적 의견 대립**이라는 주제에 푹 빠지게 되었는지, 여러분이 왜 내 말에 귀를 기울여야 하는지 알려드리겠다. 우리 어머니는 몇 년에 한 번씩 나한테 도대체 뭘 해서 먹고사느냐고 묻는데, 그때마다 대답이 궁색하다. 나는 지난 20년간 아마존, 트위터, 슬랙처럼 급성장한 일류 스타트업에서 사업가, 엔지니어, 프로덕트 리더로 일했다. 그 과정에서 엔지니어, 디자이너, 마케터, 연구자, 데이터 분석가, 고객 지원 담당자, 기업주, 고객을 상대했는데 사람들마다 관심사와 불안 요소, 원하는 인센티브, 성공을 위한 방책이 천차만별이었다. 나의 기본적 임무는 끊임없이 변하는 오만 가지 제약 속에서 유의미하고 생산적인 협력을 이끌어내는 것이었다. 그와 더불어 인지 편향, 논리 오류, 시스템 사고를 공부했으며 내가 배운 것을 내가 하는 일에 적용했다. 2016년에 나는 「인지 편향 커닝 페이퍼」라는 글을 발표하여[6] 200여 가지 인지 편향을 분석하고 정리했다. 그 글은 입소문을 탔으며, 인지 편향을 재구성하는 방법으로 전 세계 학자와 연구자에게 채택되었다. 우리는 인지 편향을 머릿속 버그로 치부해서는 안 된다. 우리의 뇌가 이런 생각의 지름길을 택하는 데는 그럴 만한 이유가 있다. 인지 편향은 정보가 넘쳐나고 시간과 주의력이 모자라는 세상에서 일을 처리하는 데 도움이 된다. 이 지름길과 맞서 싸우기보다는 솔직한 편향을 기르려고 노력하는 게 낫다. 그러려면 자신에게 한계가 있음을 받아들여야 하며 사각지대를 볼 수 있도록 마음을 열어야 한다.

직업적 강박과 아마추어적 강박이 이렇게 어우러진 덕에 나는 생산적 의견 대립의 방법을 거듭거듭 실험할 수 있었다. 지난 몇 년간 온라인과 오프라인에서 실험을 진행하여 편향과 소통에 대한 우리의 기존 습관과, 이런 편향을 관리하는 더 나은 전략에 대한 이론을 검증했으며 이 연구를 통해 생산적 의견 대립의 기술이야말로 **누구나 익힐 수 있는 중요한 메타기술**이라는 확신을 얻었다.

갈등이 불거져 표출될 때보다 훨씬 우려스러운 상황은 사람들이 너무 예의 발라서 갈등을 회피할 때다. 표출된 의견 대립보다 숨은 의견 대립이 훨씬 악질이다. 『실리콘 밸리의 팀장들』 저자 킴 스콧은 이 친절 충동을 '파괴적 공감'이라고 부른다.[7] 해결하는 것보다 더 많은 문제를 일으키기 때문이다. 이것은 회사에서, 밥상머리에서, 심지어 머릿속에서도 벌어지는 실제 상황이다. 이 현상이 일어나는 것은 사람들이 무언가에 대해 무척 우려하면서도 (문화나 성격 때문에) 단도직입적으로 문제 삼지 않는 게 최선이라고 느끼기 때문이다.

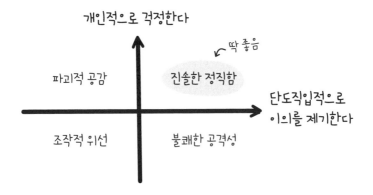

의견 대립은 집단이 건강하다는 표시이지 질병의 증상이 아니다. 불만이 공론화되어 생산적으로 해소될 수 있는 문화에서는 성공적인 관계와 비즈니스 그리고 공동체 의식이 만들어질 가능성이 크다.

뜻밖의 진실: 꼭 필요한 의견 대립의 물꼬가 열려 있고 여기에 허심탄회하게 귀를 기울일 때 사람들은 더 행복해지고 집단의 성과도 커진다.

논쟁이 비생산적인 이유는…

너무 많이 하기 때문이다   잘못된 방법으로 하기 때문이다

논쟁은 다 같을까? 그럴 리 없다. 우리는 개구리를 해부하듯 논쟁을 해부하여 무엇으로 이루어졌는지 알아낼 것이다. 모든 논쟁이 나쁘다고 싸잡아 말할 수 없는 것은 모든 개구리의 눈이 갈색이라고 말할 수 없는 것과 마찬가지다. 물론 갈색이 가장 흔할 수야 있겠지만, 그런 일반화는 경이로운 다양성을 숨기는 동시에 면밀한 관찰의 의욕을 꺾는다.

우리가 일차원적 논리에서 벗어나면 '논쟁은 좋은 것이다'라거나 '논쟁은 나쁜 것이다'라는 단순한 일반화가 성립하지 않음을 알 수 있다. 이런 일반화는 논쟁을 더 가까이서 들여다볼 때 드러나는 놀라운 다양성을 보지 못하게 한다. 논쟁을 생산적인 것과 비생산적인 것으로 나누는 것부터 살펴보자. 우리가 논쟁 속으로 파고들어 무슨 일이 일어나고 있는지 제대로 이해하거나 다음 할 일을 더 효과적으로 계획하면 단순히 부정적 감정을 없애는 게 아니라 긍정적 감정으로 탈바꿈시킬 수도 있다!

재밌는 사실: 개구리의 눈은 빨강색, 주황색, 노란색에서 황동색, 은색, 청동색, 금색까지 색깔이 천차만별이다. 개구리와 두꺼비는 대부분 눈동자가 가로로 길지만 세로로 긴 것도 있으며 품종에 따라서는 동그라미, 세모, 하트, 모래시계, 다이아몬드 모양도 있다. 개구리의 눈에 대한 통념에서 벗어나면 온갖 환상적인 다양성을 볼 수 있다. 논쟁도 마찬가지다.

생산적 논쟁과 비생산적 논쟁의 구분보다 더 나은 질문은 이것이다. 무엇이 논쟁을 생산적으로 만들까? 어떻게 하면 논쟁을 더 생산적으로 만들 수 있을까? 미술 작품이 그렇듯 호기심을 가지고 대상을 연구하면 새로운 관점에서 보는 법을 배울 수 있다. 가장 쉬운 것은 논쟁에 대한 통념에서 벗어나는 것이다.

오해 2
논쟁은 마음을 변화시킨다

우리가 실제로 변화시킬 수 있는 것은 자신의 마음과 자신의 행동 두 가지뿐이다.

의견 대립이란 무엇일까? 간단히 말하자면 의견 대립은 **두 관점 사이의 받아들일 수 없는 차이**라고 말할 수 있다. 의견 대립은 삶의 구석구석에서 고개를 내민다.

일상생활에서 뽑은 사례

- 누군가 불쑥 나타나 내가 끈질기게 기다린 주차 구역을 가로챈다.
- 제때 못 일어나서 회사에 지각한 뒤에 자명종을 왜 그렇게 빨리 껐느냐며 배우자를 원망한다.
- 상점에 전화를 걸어 방금 산 바지가 황당하게 찢어졌다며 환불을 요구한다.

온라인 대화에서 뽑은 사례

- 이모가 성추행으로 비난받는 유명인을 변호하는데, 내가 보기엔 그를 욕하는 사람이 너무 많아서 도무지 무죄일 것 같아 보이지 않는다.
- 특정 모자를 쓰면 인종주의자이냐 아니냐를 둘러싼 논쟁으로 친구의 페이스북 페이지가 폭파된다.

- 한창 공유되는 사진이 내 눈에는 금색 레이스 달린 흰색 드레스로 보이는데 남들은 검은색 레이스 달린 파란색 드레스로 보인다고 한다.

신화와 픽션에서 뽑은 사례

- 샘아이앰은 자신의 심술궂은 친구에게 초록색 달걀과 햄을 먹어보라고 우기는데, 친구는 아무리 배가 고파도 초록색 달걀과 햄은 먹고 싶어 하지 않는다.[8]
- 제우스가 프로메테우스를 바위에 사슬로 묶는다. 날마다 거대한 독수리가 프로메테우스의 간을 파먹지만 간은 다시 자란다. 이것은 프로메테우스가 인류에게 불을 선물로 준 대가다.[9]
- 다스 베이더는 파멸적 갈등을 끝장내고 은하계에 질서를 회복할 원정에 루크 스카이워커가 동참하길 바란다. 하지만 루크는 제안을 거절한다.[10]

정치에서 뽑은 사례

- 나는 부자들의 세율을 올려야 한다고 생각하지만 우리 부모는 모든 사람의 세율이 똑같아야 한다고 생각한다.
- 나는 모두가 무상 대학 교육을 받아야 한다고 생각하는데, 우리 지역구 의원은 대출 자격이 있는 사람에게만 정부가 학비를 지원해야 한다고 생각한다.
- 나는 총선 승리 가능성을 따져 A 후보에게 투표하는데 친구는 당선되면 더 잘해낼 것이라고 생각하여 B 후보에게 투표한다.

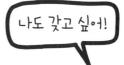

넌 만날 늦어,

헬스장 가야 해,

내면의 독백에서 뽑은 사례

- 세 조각째 피자는 먹지 말았어야 한다고 생각하지만, 치즈가 너무 좋은 걸 어떡하나.
- 새 차를 갖고 싶은데 돈도 모으고 싶다.
- 날이 화창하면 좋겠지만, 방금 산 새 스카프를 써먹을 일도 생기면 좋겠다.

관점이 다르다는 것을 인정하면, 의견 대립을 해소하는 최선의 방법은 누군가가 마음을 바꾸는 것이라는 결론에 쉽게 도달할 수 있다. 관점들이 서로 어긋나지 않으면 의견 대립은 사라질 테니까. 자, 양보할 사람?

의견 대립의 정의('두 관점 사이의 받아들일 수 없는 차이')에서 핵심어는 '차이'가 아니라 '받아들일 수 없는'이다. 관점들의 충돌이 받아들일 수 없는 것이 되면 우리의 목표는 상대방의 마음을 이해하는 것에서 바꾸는 것으로 옮겨가며 그로부터 온갖 말썽이 생겨난다.

우리는 자신의 믿음과 행동을 바꿀 수 있지만, 다른 사람을 변화시키려 할 때는 선택지가 제한되며 결과도 들쭉날쭉할 수 있다. 상대방의 마음을 바꾸려는 시도가 정반대 효과를 낳아 현재의 믿음을 더 고집하게 만드는 경우도 있는데 이것을 **역풍 효과**라 한다.

사람들을 무리해서 설득하려 들면 역풍이 일 수 있다.

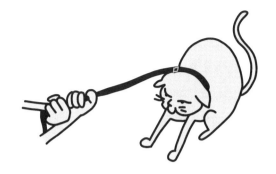

예를 들어보자.

- 나의 친한 친구 두 명이 사귀기 시작한다. 둘이 깨지고 나서 그중 한 명이 내게 딴 친구와 만나지 말라고 요구한다. 그러면 역풍이 일어 내가 오히려 딴 친구와 더 친해지거나 심지어 그에게 연민을 느낄 수도 있다.
- 상사가 내게 주말에도 나와서 일하라고 지시한다. 게다가 업무에 지장을 주지 않도록 퇴근 후에도 음주나 흡연을 하지 말 것을 요구한다. 그러면 역풍이 일어 술·담배를 더 많이 하게 될지도 모른다.
- 동생은 우리가 어릴 적에 응원하던 야구팀의 라이벌 팀을 응원한다. 자기 팀이 이길 때마다 나보고도 응원 팀을 바꾸라고 약을 올린다. 그러면 역풍이 일어 내가 우리 팀 기념품을 더 사들여 다음번에 동생 만날 때 자랑할지도 모른다.

이런 일은 왜 일어날까? 역풍 효과의 결과로 나타나는 이 모든 행동을 묶는 공통의 끈은 이것이 우리의 자유를 억압하기에 받아들일 수 없는 요구라는 생각이다. 우리는 어느 친구가 결별에 책임이 있는지, 업무 외 시간에 약물과 알코올에 얼마나 탐닉할지, 어느 팀에 애정을 쏟을지에 대해 확고한 신념이 있을 수도 있고 없을 수도 있다. 하지만 남들이 우리에게 요구해도 되는 선이 어디까지인지에 대해서는 확고한 신념이 있다. 남들이 이 깊숙한 핵심 가치를 건드리면 걷잡을 수 없는 역풍이 인다.

고대 그리스 신화에서 불화, 혼란, 고통의 여신인 에리스의 이야기는 우리가 사람들의 마음을 바꾸려다 얼마나 큰 말썽에 휘말릴 수 있는지 보여준다.[11]

에리스

에리스는 테티스와 펠레우스의 결혼식에 올림포스의 신과 여신이 전부 초대받았는데 자기만 초대받지 못하자 분통이 터졌다. 하긴 에리스를 불렀다가 혼란, 고통, 불화로 경사를 망칠 이유가 어디 있겠는가? 솔직히 내 귀엔 정당한 이유처럼 들리지만, 에리스는 그렇게 생각하지 않았다. "내가 불화의 여신인 것은 **내 탓**이 아냐!" 제우스가 뜻을 굽히지 않자 에리스는 혼란, 고통, 불화가 무엇인지 똑똑히 보여주겠노라 다짐했다. (고전의 역풍 효과: 제우스는 에리스의 자유를 억누르려 했다가 오히려 자신이 막으려 한 바로 그 사태를 키우고 말았다.

그리스 신들은 막강한 힘이 있지만 생산적 의견 대립의 기술은 턱없이 부족했다.)

에리스는 결혼식장에 잠입하여 하객들을 향해 황금 사과를 던졌는데, 사과에는 '가장 아름다운 여인에게'라는 문구가 새겨져 있었다. (이제 에리스를 결혼식에 초대하느냐 마느냐의 문제는 제우스의 손을 떠났다.)

불화의 사과

올림포스의 모든 여신이 가장 아름다운 여인이라는 칭호를 차지하고 싶어 했음은 분명하다(그리스 신들은 미인이라는 성차별적 이상에 문제의식을 느끼지 않았으므로). 난장판이 벌어질 것임을 직감한 제우스는 수줍은 양치기 파리스가 지상에서 가장 공명정대하다는 소문을 기억해내고는 그를 심사위원으로 지명했다.

사과는 하나뿐이었으며 아무도 사과 여러 개에 문구를 새겨서 이 대소동을 무마할 생각을 하지 않았고, 여신들은 저마다 이견이 분분했다. 파리스의 공명정대한 의견을 듣는 것이 목표였다면 그렇게 해달라고 부탁하면 그만이었을 테지만, 어림없는 소리, 여신들은 파리스를 자기편으로 끌어들이려고 가장 거창하고 대담한 뇌물을 준비했다.

　파리스는 제안을 저울질한 끝에 아프로디테를 가장 아름다운 여신으로 판정했다. 최고의 뇌물 덕분이었다. 이것이 바로 설득의 힘으로, 생산적 의견 대립의 기술과는 사뭇 다르다. 설득은 유인과 보상, 때로는 협박을 동원하여 저울을 자신에게 유리하게 기울이는 것이다. 아프로디테는 헬레네의 마음을 파리스에게 주겠다고 약속하여 경쟁에서 '우승'했지만, 그렇다고 해서 그녀가 가장 아름다울까? 그건 확실치 않다. 게다가 이 때문에 트로이 전쟁이 일어나 수십 년의 전란 끝에 트로이가 멸망하지 않았던가. 이 모든 것이 설득을 하려다 벌어진 일이다. 시간을 좀 더 거슬러 올라가보면, 그것은 에리스가 제우스의 마음을 변화시켜 결혼식 초대를 받으려 했기 때문이다. 의견 대립이 쌓이고 쌓이면 크나큰 피해로 이어질 수도 있다. 결국 누구의 마음도 변화되지 않았고 모든 것이 역풍을 맞았으며 불화, 혼란, 고통을 가져다준다는 에리스의 악명은 모든 하객의 뇌리에 다시 한 번 각인되었다.

　여기에서 어떤 교훈을 얻을 수 있을까? 설득, 뇌물, 협박, 무력을 비롯하여 수단과 방법을 가리지 않고 논쟁에서 '승리'하려 든다고 해서 우리가 바라는 결과를 얻을 수 있는 것은 아니다. 기껏해야 아프로디테는 아무 의미 없는 사과를 얻었고 에리스는 복수를 이뤘고 도를 넘은 분노는 땅속으로 스며들어 내일의, 다음 달의, 다음 해의 의견 대립을 머금은 뿌리에 양분을 공급했다.

사람들의 마음을 변화시키는 것은 정말이지 힘든 일이다. 우주에서 여러분이 바꿀 수 있는 마음은 오직 하나뿐이다(그것도 운이 좋을 때만). 그것은 자신의 마음이다. 여러분이 마지막으로 자신의 마음을 바꾼 것이 언제인지 생각해보라. 180도 달라졌나, 아니면 점진적으로 바뀌었나?

마음은 커다란 바위 하나라기보다는 작은 돌멩이 수만 개가 쌓인 무더기에 가깝다. 마음을 바꾸려면 수만 개의 작은 돌멩이를 이 무더기에서 저 무더기로 한 번에 한 개씩 옮겨야 한다. 이것은 우리의 뇌가 온전한 믿음을 구성하는 거대한 신경 회로를 한꺼번에 해체하고 새롭게 배선하는 법을 모르기 때문이다. 새로운 신경 회로는 그렇게 빨리 생기는 것이 아니다. 대화를 통해 상대방의 마음에서 아주 작은 일부를 새로운 믿음 쪽으로 재배선할 수 있을지는 몰라도 마음은 천천히, 예측할 수 없는 방식으로 변한다. 게다가 어쩌면 변화의 방향이 잘못되었을지도 모른다.

우리는 자신의 마음을 바꾸기로 '결정'하고서도 옛 관점을 버리지 않으려는 경향이 있다. 이것은 **지속적 영향력 효과**라고 불리며, 우리의 생각에 미묘하게 영향을 미치는 200여 가지 인지 편향 중 하나다(인지 편향에 대해서는 3장에서 자세히 설명할 것이다).

그런데 사람들의 마음을 변화시킬 수는 없어도 사람들이 무엇을 하는가는 변화시킬 수 있지 않을까? 사람들의 행동을 변화시키는 것은 가능하다. 특히 무력을 쓴다면. 하지만 여기에서도 역풍 효과가 쉽게 일어날 수 있다(당장 드러나지는 않아도). 에리스가 다음번의 성대한 결혼식에 초대받을 수 있을까? 어림도 없다! 아프로디테가 다음번 미인 대회에서도 가장 아름다운 여신에 등극할 수 있을까? 도시 국가하나를 또 멸망시킬 작정이 아니라면 곤란할 것이다. 마찬가지로 내가 아들에게 "네가 방을 청소하면 텔레비전을 더 오래 보게 해주겠다"고 약속하면, 아들의 마음속에서 청결의 미덕과 책임감이 무럭무럭자라 나중에는 그런 약속 없이도 방을 청소하게 될까? 천만의 말씀.직원들에게 제시간에 출근하고 근무 시간을 엄수하라고 다그치면 업무 성과가 커질까? 매장의 고객 충성도 제고 프로그램은 고객의 충성도를 높여줄까? 법을 어긴 기업에 솜방망이 처벌을 하면 다음번에는법을 지킬 가능성이 커질까? 아니, 아니, 결단코 아니다.

졌다, 졌어. 사람들의 마음을 바꿀 수 없고 행동을 바꾸는 것도 쉽지 않다면 우리에게 남은 방안은 무엇일까? 첫 단계는 역풍 효과를인정하고 의견 대립의 장단기적 흐름에 주목하여, 보이는 세계와 보이지 않는 세계에서 이 흐름이 어떻게 펼쳐지는지 관찰하는 것이다.

잡초가 사라졌도다!

문제가 생긴다, 두드려 팬다, 없어진다, 신비하게도 다시 생긴다. 이런 패턴이 여러분의 삶에서 관찰된다면, 잡초가 정말로 해마다 여섯 달씩 사라진다고 착각하지 마시길. 잡초는 땅속에 숨어 내년 봄을 위해 힘을 비축하고 있을 뿐이니까.

———

이듬해 봄이 되자 남자의 마당은 예상대로 더 많은 잡초로 다시 뒤덮인다. 남자는 이번에는 이웃 여자의 조언을 무시하지 않고 도움을 청한다. 여자가 남자의 집에 찾아와 상황을 점검한다.

그녀가 말을 꺼낸다. "잡초는 우리가 마당에서 몰아내기로 결정한 식물에 불과해요. 잡초가 어디에 쓸모가 있는지 알아본다면 마당 생태계를 더 건강하게 바꿀 수도 있어요. 죽이려고만 들지 말고 잡초야말로 키우기가 정말 쉬운 식물이라고 생각해보세요."

여자가 말을 잇는다. "정원을 살아 있는 생태계로 여겨야 해요. 잡초를 박멸해야 정원이 건강해지는 게 아니라 정원이 잡초와 공존하고 잡초 덕을 본다고 생각해보세요. 잡초 알뿌리를 돌보지는 않더라도, 뽑아서 그동안의 노고에 감사한 뒤에 잎과 줄기와 꽃을 거름으로 만들면 잡초는 비록 죽어서라도 마당의 다른 식물에 영양분을 공급할 수 있어요. 값싼 웃거름인 셈이라고요!"

"와, 앞이 캄캄하네요. 하지만 알겠어요." 남자가 잠시 뜸을 들이다가 묻는다. "정원에 잡초가 필요하다는 말엔 아직도 선뜻 동의가 안 돼요. 저는 잡초 없는 정원이 좋아요. 시간도 훨씬 절약되고요. 잡초가 많아지기를 바랄 이유가 어디 있겠어요?"

여자가 말한다. "잡초가 많아지기를 바라시라는 게 아니에요. 제 마당을 보세요. 당신 마당보다 잡초가 적어요. 잡초를 뽑느라 당신만큼 시간을 들이지 않았는데도요. 저는 마당에서 시간을 보낼 때 이듬해에 돌아왔으면 하는 식물과 딴 걸 심을 수 있게 싹 없애도 되는 식물을 나눠요. 그러려면 땅속에서 무슨 일이 일어나고 있는지 파악하고 이해해야 해요. 눈으로 볼 수는 없더라도 말이에요. 당신은 1년에 한 번씩 밖에 나와 한두 주 동안 마당과 씨름을 해요. 이를 갈고 주먹을 처들고 온갖 욕설을 퍼붓죠."

"제가 좀 … 떠들썩한 집안에서 자랐어요. 저희 아버지를 한번 만나보면 아실 거예요. 소란 피운 건 죄송해요."

"사과 안 하셔도 돼요. 그 덕에 우리가 만날 수 있었잖아요. 안 그래요? 어쨌든 저는 1년 내내 마당에서 잠깐씩 시간을 보내면서 잡초와 식물과 곤충과 작은 생물과 흙에 대해 생각하는 게 좋아요. 잡초가 보이지 않을 때에도 여전히 저기 땅속에서 동면하고 있다는 걸 알아요. 해마다 봄이 되면 다시 돌아오리라 기대하고 심지어 환영하죠. 이건 싸움이 아니에요. 잡초, 식물, 생물, 우리, 정원, 구름, 별, 모두가 하나이니까요."

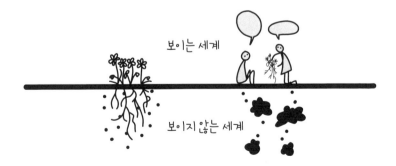

32

"저도 한마디 할게요. 당신이 이겼어요!" 그들은 웃음을 터뜨린다. 여자는 두어 시간 정원에 머물며 남자의 뒷마당에서 식물, 흙, 자연의 대하드라마가 펼쳐지는 광경을 관찰하고 남자에게 설명해준다.

논쟁에는 깊은 뿌리가 있으며 언제나 다시 올라올 길을 찾고야 만다.

잡초 이야기는 완전히 지어낸 것은 아니다. 켈리앤과 나는 결혼하고 6년 동안 다섯 번 이사를 다녔다. 그래서 2014년 캘리포니아주 버클리

이듬해의
문젯거리

에 집을 샀을 때 이번에는 뿌리를 내릴 작정이었다. 첫째 아들 니코는 네 살이었고 우리는 때가 되었을 때 아이가 안정적으로 학교를 다니고 친구를 사귀기를 바랐다.

뭔가 다른 것이 우리 집에 뿌리를 내리기로 작정했음을 알아차린 것은 이듬해 봄이 되어서였다. 작고 귀엽고 노란 꽃이 피는 괭이밥이었다. 에리스가 가장 좋아하는 꽃임에 틀림없었다.

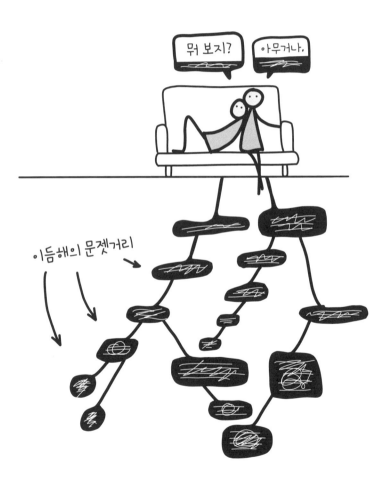

싹 뽑아버리고서 처음에는 문제가 해결된 줄 알았다. 하지만 괭이밥을 퇴치하는 것은 불가능한 일이다. 잎 하나를 뽑을 때마다 작은 알뿌리 여남은 개가 숨어 있다가 새 괭이밥으로 자란다. 이제야 자리를 잡고 마당을 돌보게 되어 신난 우리에게 이 작은 꽃들은 악몽이었다. 어떻게 해야 없앨 수 있담? 어딜 가든 괭이밥이 보였다. 나는 마당에 괭이밥이 얼마나 많이 자라고 있느냐로 이웃을 판단하기 시작했다.

모든 관계는 정원과 같으며 모든 정원에는 잡초가 있다. 논쟁은 관계의 작은 잡초와 같아서 우리가 심는 것들 주위에서 자란다. 어떤 논쟁은 그리 나빠 보이지 않으며, 올라올 때마다 쉽게 뽑아버릴 수 있을 것처럼 보인다. 그런가 하면 어떤 논쟁은 하도 지긋지긋해서 아예 초토화하여 몇 년 동안 쑥대밭으로 버려두고 싶어지기도 한다. 어느 쪽이든 잡초는 해가 뜨고 계절이 바뀌듯이 어김없이 돌아온다. 깡그리 없애버리려 해도 소용없다.

우리가 벌이는 논쟁만 그런 것이 아니다. 우리가 벌이지 않는 논쟁도 마찬가지다.

논쟁이 끝나지 않는 것은 뿌리가 아주아주 길기 때문이다. 현실의 표면에서 사라질 수는 있어도 그것은 잠깐 숨은 것에 불과하다.

인간관계에서 우리는 저마다 다른 취향과 선호의 간극을 메우기 위해 주기적으로 타협해야 한다. 상대방을 나의 취향과 선호로 영영 '개종'시킬 수 있는 효과적인 전략은 결코 없어 보인다. 생각해보면 당연한 얘기지만, '내게 의미 있는 것은 무엇인가'에 대한 의견 대립을 '우리의 선호를 조율하는 올바른 방법은 무엇인가'에 대한 또 다른 의견 대립으로 착각하면 나쁜 방법에 발목 잡히기 쉽다. 우리가 어떤 논쟁을 벌이고 있는지 파악하기 위해 의견 대립의 세 가지 왕국에 대해 살펴보자. 그것은 머리의 왕국, 가슴의 왕국, 손의 왕국이다.

머리의 왕국, 가슴의 왕국, 손의 왕국

지금 당장 생산적 의견 대립을 늘리는 가장 쉬운 방법은 상대방에게 이렇게 묻는 것이다. "이 의견 대립은 무엇이 참인가에 대한 것인가요, 무엇이 의미 있는가에 대한 것인가요, 무엇이 유용한가에 대한 것인

가요?" 말하자면 머리에 대한 것인가, 가슴에 대한 것인가, 손에 대한 것인가를 따져보라는 것이다. 여러분이 상대방의 답에 동의할 수 있다면 이미 올바른 길에 들어선 것이다.

누군가와 논쟁을 벌일 때는 자신이 세 가지 왕국 중 어디에 있는지 따져보는 것이 무척 유익하다. 세 왕국의 관심사는 각각 **무엇이 참인가**(정보와 과학으로 이루어진 머리의 왕국), **무엇이 의미 있는가**(선호와 가치로 이루어진 가슴의 왕국), **무엇이 유용한가**(실용성과 계획으로 이루어진 손의 왕국)다. 각 왕국은 현실의 각 부분으로, 대화에서 나름의 타당성 검증 규칙과 나름의 의미가 있다. 한 왕국에서 이견을 해소하는 데 효과가 있는 방법이 나머지 두 왕국에서 통하지 않을 수도 있다.

🧠 머리의 왕국: 무엇이 참인가?

정보를 가지고 의견 대립을 해소할 수 있을 때 우리는 이를 머리의 갈등이라고 부른다. 현실에서 참이나 거짓을 객관적으로 검증할 수 있는 자료와 증거를 둘러싼 대립이기 때문이다. 이 의견 대립은 주로 상황의 '무엇'과 관계가 있다.

예: 자신이 좋아하는 드라마를 더 많이 보는 쪽은 누구인지를 놓고 두 사람이 논쟁을 벌인다. 이 의견 대립의 해소 여부는 (최근 시청 시간에 가중치를 둔) 시청 시간으로 측정된다.

❤️ 가슴의 왕국: 무엇이 의미 있는가?

오로지 개인적 취향의 문제로만 의견 대립을 해소할 수 있을 때 우리는 이를 가슴의 갈등이라고 부른다. 자신의 내면에서만 결정할 수 있는 선호와 가치와 판단에 대한 대립이기 때문이다. 이 의견 대립은 주로 상황의 '왜'와 관계가 있다.

예: 어떤 드라마가 볼 가치가 있는지를 놓고 두 사람이 논쟁한다. 이 의견 대립의 해소 여부는 개인적 취향, 관계 맺기 능력, 서로 다른 서사에 대한 수용으로 측정된다.

손의 왕국: 무엇이 유용한가?

일종의 검증을 하거나 미래에 어떤 일이 전개되는지 두고 봄으로써만 의견 대립을 해소할 수 있을 때 우리는 이를 손의 갈등이라고 부른다. 이 의견 대립은 주로 상황의 '어떻게'와 관계가 있다.

예: 선호의 차이, 드라마 방송 일정의 차이, 개인 일정의 차이를 고려하여 두 사람 다 수용할 수 있도록 텔레비전 시청 시간을 조율하는 최선의 방법을 놓고 두 사람이 논쟁한다. 이 의견 대립의 해소 여부는 시간이 지남에 따라 관계가 얼마나 돈독해지는가로 측정된다.

세 가지가 다 있으면 어떻게 해야 할까?

의견 대립에는 언제나 이 세 가지 갈등 중 적어도 하나가 결부되어 있지만, 때에 따라서는 두 가지나 세 가지가 섞이기도 한다. 이런 경우는 "이 의견 대립은 무엇에 대한 것일까?"라고 물음으로써 논쟁을 분리하여 어느 논쟁을 먼저 해소할지 합의할 수 있다.

그림자를 받아들이라.[12]

언급해둘 왕국이 하나 더 있다. 이따금 우리는 누군가와 의견이 다르다고 생각하면서 실제로는 자신의 두려움과 상상(그리고 그에 대한 최악의 두려움)이 투사된 그림자와 다투고 있음을 깨닫지 못한다. 투사가 존재하면 생산적 의견 대립을 실천하기가 훨씬 힘든데, 그 이유는 투사가 언제나 가장 지독한 고정 관념으로 굳어지기 때문이다. 투사는 언제나 예상대로 작용한다. 우리의 가장 지독한 고정 관념을 확증하는 것이야말로 투사의 임무이기 때문이다. 투사가 결부된 의견 대립의 해독제는 언제나 자신이 누구와 대립하는지 알고 자신이 진짜 사람과 대화하고 있음을 확실히 하고 그런 다음 상대방의 말을 아전인수격으로 해석하기보다는 그들의 주장에 진지하게 귀를 기울이는 것이다.

자신의 그림자와 다투고 있다는 생각이 들면 일단 자리에 앉는 게 좋겠다. 시간이 아주 오래 걸릴 테니까.

켈리앤과 내가 이 집에 산 지 어언 5년이 되었다. 우리는 마당에서 악당 괭이밥의 영역을 확실히 줄였으나, 더 중요한 사실은 매년 봄에 괭이밥이 나타날 때마다 반갑게 맞이하는 법을 배웠다는 것이다. 괭이밥은 노란색의 예쁜 꽃이다. 아이들도 괭이밥을 좋아한다. 먹을 수도 있고 맛도 썩 나쁘지 않기 때문이다. 물론 우리의 본능은 여전히 괭이밥이 보일 때마다 뽑으라고 말하지만, 이제 우리 가족은 화창한 버클리에서 쑥쑥 자라는 뿌리를 보면 대견해서 김매기가 영 내키지 않는다. 논쟁은 이제 손의 왕국으로 넘어갔다. 이 논쟁에는 끝이 있다기보다는 계절마다 우리를 열린 대화에 초대한다.

논쟁이 어떻게 남들과 또한 자신과의 관계에 깊은 뿌리를 내렸는지, 이따금 벌어지는 춤판에 어떻게 동참하는지 이해하는 법을 배운다면 논쟁을 적이라기보다 동반자로 여길 수 있다. 핵심은 혼란과 질서 사이에서 관계의 장단에 맞춰 춤추며 각자의 건강한 균형을 유지하는 것이다.

의견 대립의 선물

진실 1: 논쟁은 나쁘지 않다. 논쟁은 어느 주제에 주목해야 할지 알려주는 표지판이다.

진실 2: 논쟁은 마음을 바꾸는 것이 아니다. 논쟁은 마음을 하나로 모으는 것이다.

진실 3: 논쟁에는 끝이 없다. 논쟁은 깊은 뿌리가 있으며 번번이 다시 불거져 우리의 관심을 끈다.

우리가 왜 논쟁을 잡초 같은 골칫거리로 여기는가는 쉽게 이해할 수 있다. 이 쓰레기와 씨름할 시간이 없으니까! 의견 대립 없이 일주일을, 아니 하루라도 보낼 수만 있다면 얼마나 좋을까. 더 많은 의견 대립을 바랄 이유가 대체 어디 있겠는가?

제대로만 한다면 논쟁은 기회다. 생산적 의견 대립은 두려워하기보다는 기대해야 마땅하다. 생산적 의견 대립은 우리를 서로에게 이로운 결과로 이끈다.

생산적 의견 대립은 열매를 맺는다. 위협을 없애거나 위험을 줄이거나 거래를 성사시키거나 결정을 내림으로써 **안전**의 열매를 맺고, 세상과 서로에 대한 새로운 정보를 드러내어 진실을 더 깊이 보고 이해할 수 있도록 함으로써 **성장**의 열매를 맺고, 우리를 하나로 묶고 서로 신뢰를 구축할 기회를 선사함으로써 **연결**의 열매를 맺고, 즐거움과 모험, 재미 때로는 심지어 경외감을 중시하는 협력적 사고방식을 가르침으로써 **즐거움**의 열매를 맺는다.

안전   성장   연결   즐거움

상호 파괴가 아니라 상호 개선으로 끝난 좋은 다툼, 충돌, 의견 대립(뭐라고 불러도 좋다)의 경험은 누구에게나 있을 것이다. 이럴 때 우리가 종종 놀라는 이유는 열매를 기대하지 않았기 때문이다. 이 행복한 놀라움의 기회를 늘리는 방법이 바로 생산적 의견 대립의 기술이다.

이 관점을 받아들이는 데는 시간이 필요하다. 하지만 남자의 이웃 여자가 말했듯 이것은 의견 대립이 많거나 적기를 바라는 문제가 아니다. 사실 우리에게는 선택의 여지가 없기 때문이다. 우리가 서로에게 매여 있다면, 어떻게 해야 가장 잘 지낼 수 있을까?

　생산적 의견 대립의 기술은 오늘날 온갖 시급한 문제에 현실적으로 적용할 수 있다. 세상은 점차 양극화되고 있으며 아무리 도량이 넓은 선승조차도 양쪽을 다 보듬는 데는 한계가 있다.

　이 책의 나머지 부분에서는 짜증스러운 다툼을 유쾌하고 생산적인 교류로 바꿀 수 있는 여덟 가지 대화 습관과 실천 지침을 가지고 생산적 의견 대립의 '어떻게'를 톺아볼 것이다. 이 변화가 여러분의 일상생활에 얼마나 큰 영향을 미칠지 강조하기 위해 여러분이 이 기술을 연마하여 얻을 수 있는 세 가지 초능력을 소개하겠다.

1. **의견 대립이 짜증스럽지 않다.**　의견 대립은 막다른 골목이라기보다는 지금껏 밟아보지 못한 영토에 들어서는 입구처럼 느껴질 것이다. 여러분은 앞으로 나아갈 현실적 선택지가 고갈된 것처럼 보일 때에도 대화의 문을 열어둘 방법을 배울 것이다.
2. **반복되고 짜증 나는 의견 대립이 줄어든다.**　이것은 여러분이 논쟁을 피하거나 상대를 묵사발 내서가 아니라 똑같은 의견 대립을 거듭거듭 자신의 삶에 돌려보내는 악순환을 끝장낼 수 있기 때문이다. 여러분은 의견 대립을 뿌리까지 통째로 뽑는 법을 배울

것이다.

3. **세상이 더 커진다.** 이것은 여러분이 의견 대립의 반대편에 있는
   모든 흥미진진한 대화, 사상, 사람들, 기회로부터 단절되지 않을
   것이기 때문이다. 여러분은 오랫동안 상대할 엄두도 못 내던 무
   시무시한 사람들과 주장에 더 과감하게 다가가게 될 것이다. 대
   립하는 관점들이 내부에서 바라보면 전혀 다를 때가 많으며 외
   부에서 투사라는 거울을 통해 바라보았을 때만큼 나쁘지 않다
   는 사실도 배울 것이다.

새로운 초능력

생산적 의견 대립의 기술을 누군가는 메타기술이라고 부르고 나는
초능력이라고 부르는데, 그 이유는 **여러분의 나머지 모든 능력을 레
벨업**시키는 능력이기 때문이다.

이 능력은 읽고 쓰고 비판적으로 생각하는 능력과 맞먹는다. 메타
기술을 기르는 것이 엄청나게 중요한 이유는 생산적 의견 대립을 실
천하는 능력이 아주 조금만(이를테면 5~10퍼센트) 커져도 여러분의
삶이 50~100퍼센트 나아질 수 있기 때문이다! 이것은 여러분이 삶
에서 맡은 모든 역할에 소통이 필요하며 의견 대립이 생겼을 때 이를
해소하는 능력이 필요하기 때문이다. 각각의 역할에 대해 생산적 의
견 대립을 실천하는 법을 배우면 그 효과들이 합쳐지고 증폭되어 여
러분은 더 나은 친구, 더 유능한 직원, 더 다정한 배우자, 더 적극적인
가족 구성원, 더 실천적인 시민이 될 수 있다. 이것이 초능력인 이유는

여러분이 구사할 수 있는 능력 중에서 가장 효율적일 것이기 때문이다. 생산적 의견 대립 기술을 연마하기에 알맞은 도구와 규칙, 환경을 가진 사람은 거의 없으므로 우리가 파고들 구석은 얼마든지 있다.

여러분이 울타리 위에 있다면

생산적 의견 대립과 관련하여 울타리 위에 머무는 것은 나쁘지 않은 방법이다('울타리 위에 있다on the fence'는 '애매한 태도를 취하다'를 뜻하는 관용 표현이다-옮긴이). 울타리는 안전한 곳이다. 바로 지금 주위를 둘러보면 얼마나 많은 사람들이 울타리 위에서 삶의 대부분을 보내면서 무엇을 해야 하는지, 언제 해야 하는지 몰라 기다리는가를 알 수 있다. 냉소, 허탈, 짜증은 유쾌하지는 않지만 적어도 우리에게 친숙한 악덕이니까. 하지만 울타리 위에 있는 것이 너무 편해지기 전에 여러분에게 한 가지만 더 말해주고 싶다. 그러면 여러분은 울타리 이쪽이나 저쪽으로 내려가고 싶어질지도 모른다.

여러분이 가진 선택지는 (1) 감정을 숨기느냐 (2) 감정을 드러내느냐가 아니다. 그보다는 「스타워즈 에피소드 5 - 제국의 역습」에서 다스 베이더가 루크 스카이워커에게 제시한 선택지에 가깝다. "우리는 이 파멸적 갈등을 끝장내고 은하계에 질서를 가져다줄 수 있다." 솔깃하지 않은가? 다스 베이더가 제국을 바라보는 관점에서의 질서란 자기 두 사람을 꼭대기에 놓고 나머지 모든 사람을 그 아래에 두는 확고부동한 권력 서열을 확립하는 것이다. 감정을 숨기면 갈등을 끝장내고 질서를 가져올 수도 있겠지만, 그러려면 우리의 진정한 자아를 표면 아래로 욱여넣어야 한다. 하지만 우리의 자아는 불안, 절망, (여러분이 어두운 측면과 섞여버렸다면) 매우 창백하고 쭈글쭈글한 피부의 그림자 형상으로 다시 나타날 것이다. 그러지 말라! 절망에 굴복하지 말라. 혼란만도 아니요 질서만도 아닌 더 나은 길이 있다. 가트먼 박사의 처방이 옳은 방향이라면 83퍼센트의 질서와 17퍼센트의 혼란을 목표로 삼아도 좋으리라. 관계와 대화가 생산적이려면 질서와 혼란 둘 다 필요하다.

한마디로, 이 책은 여러분이 질서와 혼란의 균형을 맞추는 첫걸음을 떼게 해줄 것이다. 적어도 여러분을 깨물어 정신 DNA를 재조합함으로써 이런 초능력을 선사하는 방사능 거미가 될 수는 있다. 히어로 복장을 디자인하고 근사한 구호를 생각해내는 것은 여러분 몫이지만.

논쟁국의 지도

이런 생산적 의견 대립의 삶은 어떤 모습일까? 말은 그만 하고 직접 보여드리겠다.

1장에서는 마음속에서 어떻게 불안이 싹트는지, 이것이 어떻게 해서 자신의 가장 중요한 개인적 신념과 기대를 나타내는 표지판인지 이해하는 법을 배울 것이다.

2장에서는 의견 대립에 접근하는 방법에 영향을 미치는 내면의 목

지도는 처음에는 흐릿하지만 우리가 앞으로 나아갈수록 점차 뚜렷해질 것이다.

소리들을 구분하는 법을 배우게 될 것이다. 예방 접종처럼 의견이 극단적으로 갈리는 사안을 예로 들어 흑백의 해석에서 예외와 회색 지대의 여지가 있는 해석으로 옮아가 생산적인 일대일 대화의 문을 열 수 있음을 밝힐 것이다.

3장에서는 인지 편향이 어떻게 의견 대립을 악화시키는지, 결정(이를테면 채용 결정)에 완벽히 공정을 기할 현실적 방안이 전혀 없는 상황으로 우리를 데려가는지 살펴보고 이런 상황에서 편향의 피해를 줄이기 위해 할 수 있는 일이 무엇인지 배울 것이다.

4장에서는 현명한 의견의 탈을 쓴 추측, 고정 관념, 지나친 단순화를 찾아내는 법을 배울 것이다. 내가 가까운 친구들과 정치 토론을 하다 경험한 실제 사례를 통해 남들이 어떻게 생각하는지 넘겨짚지 않고 자신의 의견을 말하는 것이 관계를 깨뜨리느냐 다지느냐의 차이를 만들어낼 수 있음을 보여줄 것이다.

5장에서는 놀라운 대답을 이끌어내는 질문을 던지는 것이 얼마나 위력적인지 배울 것이다. 유령과 초자연 현상에 대한 믿음에 대해 이야기하면서 질문이 어떻게 우리가 놓치고 있던 새롭고 통찰력 있는 장소로 대화를 이끄는지 보일 것이다.

6장에서는 견해가 다른 사람이 왜 팀에 있어야 하는지 배울 것이다. 총기 폭력과 총기 규제안을 논의하려는 잇따른 시도를 소개하면서, 논증을 함께 만들어갈 때 의견 대립이 더 생산적으로 바뀔 수 있음을 보일 것이다.

7장에서는 의견 대립이 벌어지는 물리적 공간과 매체가 어떻게 결과에 영향을 미치는지 배울 것이다. 이 렌즈를 이용하여 이민자 단속에 대한 열띤 의견 대립을 해부할 것이며, 의견 대립이 예상될 뿐 아니라 장려되는 중립 공간을 마련하는 것이 왜 중요한지 배울 것이다.

8장에서는 위험한 생각이라는 주제를 탐구할 것이다. 여러분은 이야기하는 것조차 위험하다고 누군가 믿는 주제에 대해 의견 대립을 허용하는 것이 왜 중요한지 배울 것이다.

책 뒤쪽에는 더 읽을 만한 책을 주제별로 소개했다.

프로메테우스가 선물한 불과 마찬가지로 의견 대립의 선물이 반드시 좋은 것은 아니며 우리는 이를 자신의 가치 체계에 비추어 고려해야 한다. 의견 대립이라는 선물을 오늘날 우리가 나누는 대화의 맥락에서 가르친 적은 한 번도 없으므로, 우리는 비생산적 의견 대립에 참여하고 이를 확대함으로써 생기는 본의 아닌 피해에 대해서도 책임

선물
(부작용)

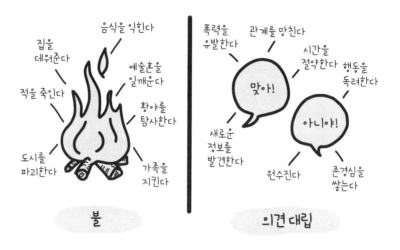

질 수 있어야 한다. 의견 대립을 피할 수 없는 것은 잡초를 피할 수 없는 것과 마찬가지이며, 세상에서 갈등을 박멸하려 할수록 더 많은 갈등을 그림자 속으로 밀어넣는 셈이 된다. 그 속에서 갈등은 더 강해져 이듬해에 돌아올 것이다.

앞으로 나아가는 길에는 걸림돌이 없어야 한다. 의견 대립의 심장부로 우리는 가야 한다. 우리가 살고 싶은 세상을 만들 수 있도록 의견 대립을 인정하고 받아들여야 한다. 여러분을 이 모험에 초대한다. 이것이야말로 오늘날의 새로운 난제를 해결하는 데 필요한 새로운 책무이므로.

여덟 가지 실천 지침

생산적 의견 대립에 이르는 길

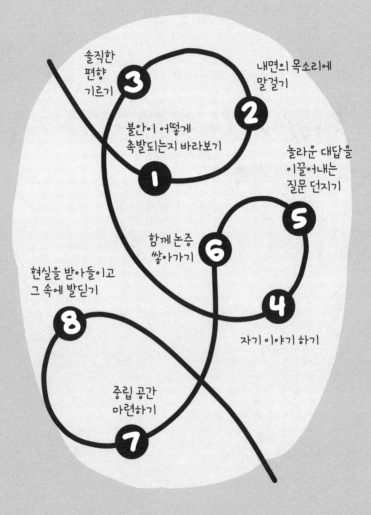

솔직한
편향
기르기 **3**

내면의 목소리에
말걸기
2

불안이 어떻게
촉발되는지 바라보기
1

놀라운 대답을
이끌어내는
질문 던지기
5

함께 논증
쌓아가기 **6**

현실을 받아들이고
그 속에 발딛기
8

4

자기 이야기 하기

중립 공간
마련하기
7

1

불안이 어떻게
촉발되는지 바라보기

불안은 자신의 개인적 신념과
기대를 나타내는 표지판이다.

이런 일을 겪은 적 있는 사람? 집에서 뭔가를 하고 있는데 일이 자꾸 꼬인다. 그날 아침부터 탁자에 놓여 있던 뚜껑 달린 머그 컵을 집어들어 쭉 들이켰는데 상상하기조차 끔찍한 무언가가 입속에서 떠다니는 게 느껴진다. 머그 컵이 일주일 전부터 탁자에 놓여 있었음을 뒤늦게 깨닫는다. 오래된 커피가 입에서 뿜어져 나와 몸을 온통 적신다. 이것

마시고 싶은 생각

작다   크다

은 사실 내가 대학 다닐 때 겪은 일이다. 그날 이후로 정체 모를 머그컵을 보면 항상 의심부터 든다. 경험은 지적 논쟁과 달리 무언가에 대한 마음을 즉각적으로 또한 영원히 변화시킬 수 있다.

여러분이 곰팡이 핀 커피를 마셔본 적이 없더라도 이 이야기를 읽는 것만으로 혐오와 불안이 일었을 것이다. 대부분의 사람들은 이런 불안이 치밀어 오를 때 이것을 어떻게 해석해야 하는지 배운 적이 한 번도 없다. 그래서 우리는 대개 이런 불안을 기억하거나 여기에 의미를 부여하지 않는다. 하지만 그러면 안 된다. 이 불안은 우리에게 중요한 무언가가 위협받고 있음을 알려주는 번쩍거리는 표지판이기 때문이다. 이 표지판은 우리의 개인사에 고유한 것이기에, 표지판들을 모두 모으면 우리의 개인적 기대, 희망, 꿈, 세상에 대한 실망을 그린 지도가 된다.

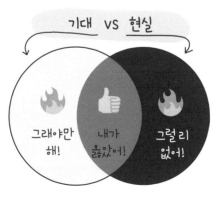

불안을 촉발하는 일반적 요인

기대 vs 현실

그래야만 해! / 내가 옳았어! / 그럴 리 없어!

기대가 현실에 못 미치는 경우는 아래와 같다.

- 내가 좋아하는 영화, 책, 노래를 누군가 싫다고 말한다.
- 어떤 일에 어마어마한 노력을 쏟아부었는데도 실패하고 만다.
- 충격적인 가족의 비밀을 나만 모르고 있었다.
- 철석같은 신념이 무방비 상태로 공격당한다.
- 해결한 줄 알았던 일에 발목이 잡힌다.
- 난처한 상황에서 빠져나갈 방법이 보이지 않는다.

이런 불안의 불꽃을 내버려두면 이 불꽃은 마치 보이지 않는 프로그램처럼 우리가 세상에 반응하는 방식을 좌우할 것이다. 우리는 상대방을 오해하고, 새로운 정보에 엉뚱하게 반응하고, 현실에 들어맞도록 기대를 업데이트하기보다는 언제나 현실을 자신의 기대에 끼워맞추려 할 것이다. 우리가 아는 것은 너무나 적고 세상은 너무나 크기에, 우리의 이런 행동은 어김없이 더 많은 불안을, 궁극적으로는 실패를 가져온다.

오래된 물 한 잔 [1]

이 책의 모태가 된 연구를 시작하면서 내가 처음 시행한 조사 중 하나(와 아직도 파티에서 사람들에게 즐겨 묻는 질문)는 사람들이 번번이 빠지게 되는 유구한 논쟁의 목록을 수집하는 것이었다. 내가 찾던 것은 몇 년(때로는 몇십 년!)에 걸쳐 사람들이 반복적으로 빠져드는 지독하고 까칠하고 되풀이되고 결코 끝나지 않는 논쟁들이었다. 이 반복되는 논쟁의 상대방은 중요한 사람일 수도 있었고 가족이나 친구일 수도 있었고 인터넷에서 만난 아무개일 수도 있었다. 내가 특히 관심을 쏟은 것은 겉보기에는 별것 아닌 것 같지만 계속 불거지는 논쟁들이었다. 이런 논쟁에는 우리의 깊은 감정을 건드리고 신념과 정체성을 자극하는 무언가가 있다. 그때 나는 논쟁이 우리 머릿속에서 오래 살아남는다는 것을 직감했으며, 그 직감은 이후에 확증되었다. 논쟁은 평생 우리에게 달라붙어 있기도 하며, 우리는 저마다 다른 때에 저마다 다른 사람을 상대로 논쟁을 연습하고 연마한다. 또 어떤 논쟁은 특정 관계(특히, 형제자매와 부모와 배우자)에 매여 있으며, 이런 상호 작용에서 특정 주제와 관점은 논쟁이 번번이 반복되는 계기로 작용한다.

내가 좋아하는 논쟁 중 하나는 나의 좋은 친구 샤론과 이언에게서 들은 것이다. 두 사람은 결혼한 지 10년이 넘었는데, 둘 다 강경한 의견을 주고받는 것을 두려워하지 않는 사랑스럽고 진실한 인물이다. 그러나 샤론이 개인 메시지로 내게 알려준 논쟁은 놀라웠다. "물이 며칠 지나면 상하는 게 사실인가요? 10년째 이 문제로 논쟁하고 있는데, 아직도 합의를 못 봤어요. 덧붙임. 물이 상한다는 건 물론 의심할 여지가 없어요."

대학 시절 오래된 머그 컵 사건 때문인지는 몰라도 나는 이 질문을 받자 즉각 반응이 일어났다. 나는 며칠 지나면 물이 완전히 그리고 의심할 여지 없이 마실 수 없게 된다는 데 단호히 동의했다. 호주에서 자라 병균과 다소 … 친한 이언은 코웃음 치며 우리를 조롱했다. 그가 보기에 이것은 병균공포증 문화가 우리를 얼마나 길들이고 아마도

망쳤는지 보여주는 증거일 뿐이었다.

　나는 이 질문이 대화의 기폭제가 될 수 있을지 알아보려고 문장을 다듬어 다양한 사람들에게 물어보았다.

　질문: 침대맡 탁자에 사흘 내내 놓여 있던 물 한 잔을 발견한다. 마시지 말아야 할 타당한 이유가 있을까?

　응답은 신속했으며 천차만별이었다. 물을 마셔도 괜찮다고 답한 사람들이 제시한 이유는 아래와 같다.

"지구가 파괴되는 데는 그런 당신도 한몫하고 있다고요."
"저는 생수 뚜껑을 따서 마셨다가(때로는 제가 아니라 저희 아이가 마시기도 했어요) 트럭에 일주일 동안 놓아둔 뒤에 다시 마시기도 했어요(목이 말랐거나 낭비하는 게 싫어서였죠). 시간이 얼마나 지났는지 모를수록 더 망설일 거예요."
"물을 집이나 사무실에 놓아둔다고 해서 위험해지거나 나쁜 세균이 생기지는 않아요(과일을 조리대에 놓아둔다고 해서 병균이 생기진 않잖아요)."

　이번에는 '절대 안 마셔' 진영의 얘기를 들어보자.

"아무도 제 마음을 못 바꿔요. 물이 밤새 놓여 있었다면 저는 버리고 새로 따라요. 매번 그렇게 하죠."

"컵을 안 덮은 채로 두면 온갖 먼지가 내려앉아 목이 막힐 거예요."

"물이야 새로 따라 마시면 되잖아요. 확률이 아무리 작더라도 병에 걸릴 위험이 분명히 있는데 뭐하러 위험을 무릅써요? 새로 한 잔 따르는 게 뭐가 어렵다고요."

"이 문제에 대해서는 제 생각이 워낙 확고해서 질문이 흥미롭지조차 않네요. 그 물은 단연코 상했고 몇 분 안에 목숨을 앗을 거예요."

첫 번째 놀라움

나는 응답자에게서 정보를 좀 더 수집하여 이 중요한 사안을 한눈에 볼 수 있도록 답변을 시각적으로 표시했다.

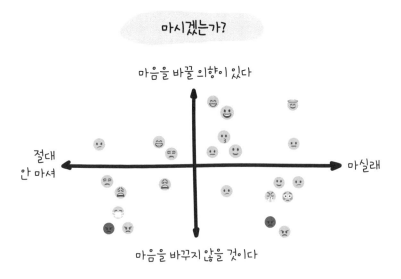

우리 자신의 본능적 반응과 입장을 2차원 공간에 배치하니 이것들이 얼마나 다양한지 실감할 수 있었다. 게다가 질문에 대한 답변들이 덜 개인적으로 제시되는 이점도 있었다. 도표의 작은 점에 이름이나 얼굴을 붙이지 않았기 때문이다(실은 그렇게 할 만한 기술이 없었다). 그림에서 내 점이 어느 건지조차 기억하기 힘들었다.

논쟁에서 입장을 비인격화하면 다른 입장에 서는 것을 상상할 수 있게 된다. 마치 방 안을 걷다가 다른 의자에 앉아보는 것처럼.

두 번째 놀라움

다음으로는 사람들이 남긴 말을 모조리 재검토하면서 그들이 자신의 입장을 뒷받침하려고 제시한 이유들을 분류해보았다. 질문과 복기를 좀 더 하고 답변 분류 작업도 해야 했지만, 각 진영이 자신의 반응을 정당화하는 데 이용한 신념들의 주요 목록도 빠르게 작성했다.

'절대 안 마셔' 진영은 세균과 미지의 것을 전반적으로 두려워했다. "거기 뭐가 들어 있는지 누가 알겠어요?" 고양이를 키우는 사람들은 정도가 더 심했는데, 그 이유는 고양이가 물잔에 더러운 앞발을 집어넣어 자기 똥에 사는 못된 병균들을 잔뜩 풀어놓았을 거라 생각하기 때문이다. 나는 고양이가 없어서 그런 일은 상상도 안 해봤지만, 왠지 그러고도 남을 것 같았다. 심지어 고양이 없이도 세균이 물속에서 증식할 수 있다는 사실을 알게 되었지만 모든 증거를 종합하면 그런 세균은 대체로 무해하다는 결론을 내릴 수 있다.

'절대 안 마셔' 진영의 또 다른 답변들은 맛에 대한 것이다. 어떤 사람들은 물에서 퀴퀴한 냄새가 난다고 했다. 또 어떤 사람들은 세균 맛이 난다고 잘라 말했으며 그 풍미를 좋아하지 않았다. 물이 따뜻해지면 향미가 달라지고 염소가 날아가면 또 달라진다고 한 사람도 두어 명 있었다. 어떤 사람들이 좋다고 말한 향미는 아마도 염소 내음이 살짝 감돌고 무색무취한 것이었을 듯하다. 이 대화에서 알게 된 또 다른 사실은 물을 오래 두면 이산화탄소가 녹는데 여기에도 약간의 향미가 있다는 것이다.

'마실래' 진영에서는 응답자들이 어떻게 세균 공포를 이겨냈는가에 대한 개인적 사연이 좀 더 많았다. 이 사람들은 캠핑을 즐겨 했고 시골에서 자랐으며 부모가 의사나 간호사인 경우가 많았다. 이들의 사연을 하나만 읽어보자.

"우리 부모님은 간호사였고 친척 중에도 의료계 종사자가 많았어요. 저는 병균과 세균이 별로 나쁘지 않다고 배우며 자랐어요. 바닥에 떨어진 음식을 주워 먹고 땅바닥에서 뒹굴고 캠핑 가서 옷에 흙을 묻히고 그랬죠. 상처에 밴드도 별로 안 붙였어요. 남들이 뭐라고 하기 전에는 이상하다는 생각도 안 해본 걸요. 그 대신 히비클렌 같은 강력 살균제로 상처를 소독하고 공기가 통하도록 했죠. 인체의 치유력에 어느 정도 믿음이 있었달까요? 제가 손을 자주 씻는 이유는 아이들을 상대하기 때문이고 우리 부모님이 손을 깨끗이 씻는 것을 보면서 자랐기 때문이기도 해요. 그러고 보니 제가 건강한 몸과 면역 체계라는 복을 타고난 것도 큰 몫을 했겠네요. 아무 테이블에서나 음식을 집어 입에 넣은 적도 있어요. 이 글을 읽는 사람의 절반은 지금쯤 구역질이 올라오겠군요."

마지막으로, 오래된 물을 마셔도 아무 문제 없다고 인정하면서도 마시지 않겠다는 각오가 가장 투철한 사람이 한 명 있었다. 그녀는 이렇게 말했다.

"오래된 물을 한사코 꺼리는 성향은 어릴 적에, 오로지 맛 때문에 생겼어요. 나중에는 불안 장애로 인해 물에 대해 실제로 편집 망상이 일어났고요. 한동안은 물이 오랫동안 방치되었다면 마셔도 안전한지 확신할 수 없었어요. 불안감이 하도 심해져서 물에 정말로 독성이 생겼고 마시면 죽을 거라는 확신이 들더라고요. 이젠 불안을 다스릴 수 있어서 강박이 조금은 줄었지만, 방치된 물은 여전히 마시고 싶지 않아요. 주로 맛 때문이기는 해도 먼지, 반려동물, 제 입안 세균에 노출된 물을 마시고 싶지 않아서이기도 해요."

우리는 복잡한 동물이며 사물에 대한 우리의 반응은 오랜 역사와 복합적 감정에 뿌리를 둔다. 온갖 사연, 특히 이 마지막 사연을 들은 '마실래' 진영 사람들은 질문을 다른 각도에서 바라보게 되었으며 사태를 순전히 논리적으로 인지하더라도 개인 상황에 따라 입장이 달라질 수밖에 없음을 받아들였다.

세 번째 놀라움

나는 첫 번째 실험인 이번 조사의 결과에 매우 만족했다. 흥미로운 이야기를 두어 개 접하면 성공이겠거니 생각했는데, 물과 세균, 향미에 대한 새로운 사실까지 배웠으니 말이다. 나는 오래된 물맛이 어떤지 궁금해졌을 뿐 아니라 오래된 컵에 담긴 물을 마시는 것에 대한 선호도가 이따금 실제로 달라지기도 했다. 이런 물을 보게 되면 나는 이산화탄소의 향미, 염소의 유무, 초창기 세균 군집의 미세한 흔적에 주의를 기울인다. 나는 사람들로 하여금 상대방의 마음을 바꾸려 들지 않도록 하겠다는 뚜렷한 목표를 가지고서 실험을 준비했으며, 나 또한 새로운 정보를 접해도 입장을 바꾸지 않을 거라 생각했다. 그런데 무언가가 달라졌다. 내 마음이 바뀌었을까? 아니면 그저 더 폭넓은 가능성을 포함하도록 나의 관점이 확장된 것일까?

오래된 커피에 대한 불신은 전혀 바뀌지 않았지만, 물을 바라보는 관점은 달라졌다.

첫 번째 실천 지침

불안이 어떻게 촉발되는지 바라보기

우리가 소중히 여기는 관점이 상충하는 다른 관점과 부딪히면 불안이 촉발된다. 이 새로운 관점이 받아들일 수 없는 것이라는 판단이 드는 순간, '인터넷에서 누가 되지도 않는 말을 하는군. 내가 고쳐줘야겠어' 식의 충동이 행동에 나선다.

불안이 촉발되는 것은 우리 마음속에서 작고 불안한 용이 태어나는 것과 같다. 용은 불을 뿜을 준비가 되어 있다. 이것이 의견 대립이 시작되었음을 보여주는 첫 번째 신호다. 이 자동적인 감정 분출에서 감지할 수 있는 것으로 또 뭐가 있을까? 큰 불안을 촉발하는 것은 무엇이고 작은 불안을 촉발하는 것은 무엇일까?

오래된 물 대화에서 보았듯 같은 정보(사흘 된 물)라도 사람마다 다양한 불안을 촉발할 수 있다. 곰팡이 핀 물을 우연히 마신 경험이 있거나 물과 중독을 연관시킨 적이 많으면 다음번에 자동 반응이 증폭되고 그다음에는 더 증폭될 것이다. 이에 반해 의사 부모 밑에서 자랐거나 시골에서 살아서 불안이 반복적으로 감소했다면 전혀 다른 반응을 보일 것이다. 불안의 불꽃을 감지했을 때 이것을 우리가 반응하는 대상의 진짜 특성이 반영된 것으로 즉각 가정하는 것은 지극히 정상이다. 이반 파블로프는 종소리에서 저녁밥을 연상하도록 개를 훈련하여 종소리만 들리면 심지어 저녁밥이 나오기 전에도 침을 흘리도록 할 수 있음을 보여주었다.[2] 불안의 불꽃에 주의를 기울이면 우리가 어떻게 해서 특정한 종류의 정보에 자동으로 반응하는 법을 배웠는지 실마리를 잡을 수 있다. 총소리에서 위험을 연상하는 것처럼 우리가 배운 것 중에서 어떤 것은 반사 작용이 되지만 또 어떤 것은 믿음에 대해 조건화되더라도 반사 작용으로 굳어지지는 않는다. 어느 것이 어느 것인지는 직접 보기 전에는 알 수 없다.

불안 척도가 1점부터 5점까지라고 가정해보자.[3] 이 척도를 이용하면 뭔가 끔찍한 게 입에 들어왔을 때 느끼는 불편함이나 (훨씬 일반적으로는) 기대와 전망이 머릿속에서 충돌할 때 느끼는 불편함의 정도를 나타낼 수 있다.

1점 수월하게 관리할 수 있다. 예: 좋아하는 셔츠를 입었는데 팔꿈치가 찢어져 있다.

2점 식은땀이 난다. 예: 좋아하는 배우가 자살했다는 소식을 접한다. 여러분이 병에 걸려 앞으로 여섯 달 동안 유제품이나 글루텐, 설탕을 먹으면 안 되고 검사 결과에 따라 평생 못 먹을 수도 있다는 말을 듣는다.

3점 가벼운 비상 상황이 벌어지고 있다. 예: 상사가 말하길 사업이 예상만큼 안 풀려서 인원을 감축해야 하는데, 여러분도 해고 대상이라고 한다.

4점 문제 때문에 죽진 않겠지만, 무사히 회복할 수는 없다. 예: 애인이 몇 년 전에 바람을 피웠는데 아직까지 만나고 있을지도 모른다. 어처구니없는 사고로 절친한 친구가 목숨을 잃는다.

5점 진짜로 나쁜 일이 일어난다. 예: 병원 신세를 지거나, 산불이 나서 마을이 잿더미가 되거나, 사고로 배우자나 자녀를 잃는다.

불안은 주관적이다. 위의 예들이 여러분의 기준과 맞지 않고 순서가 다를지도 모른다. 그렇다면 자신의 경험에 맞게 척도를 조정하라.

불안이 반드시 의견 대립으로 이어지지 않는다는 사실에도 유념하라. 우리가 논의하는 불안은 두 관점의 내적 불일치 때문에 생기는 불안이다. 한 관점이 여러분의 신념이고 다른 관점이 상대방의 신념일 수도 있고, 한 관점이 무엇이 진실인가에 대한 여러분의 판단이고 다른 관점이 그 판단과 상충하는 새로운 정보일 수도 있다.

여러분의 불안 척도는 몇 점인가?

잠재적 불안 요인 목록을 훑어보면서 여러분의 불안 척도에 맞게 1부터 5까지 점수를 매겨보라.

- 출근 시간이 빠듯한데 도로가 공사 중이어서 한 시간 지각하게 생겼다.
- 친구가 플라스틱 병을 쓰레기통에 던진다. 바로 옆에 분리수거함이 있는데도.
- 어릴 적에 내가 믿는 것이 진실이 아니라는 말을 누군가에게 듣고서 어른들이 내게 거짓말을(이를테면 산타 할아버지라든지) 하고 있었음을 알게 된다.
- 우리 지하실에서 목을 맨 전 집주인이 출몰하는 것 같다고 친구가 말해준다. 친구는 퇴마사를 불러주고 싶어 하지만 너무 비싸다.
- 내가 가고 싶은 대학에 합격하지 못했거나 꼭 들어가고 싶어서 면

접을 본 직장에 채용되지 못했다.

- 엄마가 대통령 선거에서 내가 지지하는 후보와 다른 후보를 찍었다고 말한다.

- 암 진단을 받았는데, 의사 말로는 살날이 6개월도 채 남지 않았다고 한다.

- 내가 좋아하는 텔레비전 드라마가 느닷없이 결방된다.

- 대학에도 안 가고 평생 하루도 일해본 적 없는 어릴 적 친구가 수백만 달러짜리 복권에 당첨된다.

- 낡은 먼지투성이 집에서 인기척이 느껴지고 비명 소리 같은 게 들리는데, 여기 있는 사람은 나 혼자뿐이다.

- 오늘의 운세에서 조만간 나쁜 일이 일어날지도 모른다고 했는데 이튿날 차 타이어가 터지고 교통사고가 날 뻔하다.

- 더없이 행복한 줄 알았던 친구 부부가 이혼한다.

- 아버지인 줄 알았던 사람이 친부가 아님을 알게 된다.

- 친구 집에 갔는데, 모인 사람들이 성조기를 쌓아놓고 불태우면서 셀카를 찍고 있다.

- 내 아이가 다니는 초등학교의 학부모 대부분이 자기 아이에게 예방 접종을 맞히지 않았다는 사실을 알게 된다.

- 레스토랑에서 합석하게 되어 한 시간 동안 즐거운 대화를 나눴는데, 알고 보니 옆에 있던 손님 열 명이 전부 성범죄자로 등록된 사람이었다.

- 깊은 숲속에서 야영하다 가려워서 잠이 깼는데, 밖이 아직 칠흑 같이 캄캄하다. 손전등을 켜서 보니 텐트가 개미떼로 뒤덮여 있다.

베이글이 트리거가 될 수 있다고?

불안이 어떻게 촉발되는지 일단 알게 되면 사방에서 이 현상이 보일 것이다. 베이글을 식빵처럼 세로로 썰어놓은 것을 보았을 때 여러분이 맨 처음 보인 반응은 무엇인가?[4]

이 사진이 트위터에 올라왔을 때 내가 목격한 반응과 같다면, 여러분은 아마도 2점이나 심지어 3점짜리 불안을 느꼈을 것이다. 트위터에는 다음과 같은 재미있는 반응들이 올라왔다.

"경관님, 범죄 신고를 하고 싶습니다."[5]
"아니, 어떻게 감히"[6]
"이래도 괜찮다고 누가 그러던가요?"[7]

아무런 피해도 주지 않지만 나의 선호에는 맞지 않는 어떤 일을 남들이 할 때 불안감을 느끼는 것은 이상한 일이 아니다.

베이글 밈은 트위터에서 하루 이틀 유행했는데, 이것은 인터넷이 왜 재미있는지 보여주는 좋은 예다. 우리는 불안을(심지어 한심한 불안조차도) 타인과 공유하면서 누그러뜨리는 동시에 우리 마음속에서 자라는 다른 불안을 쏟아내게 하는 소셜 유희를 즐긴다.

농담, 이야기, 신문 머리기사를 구성할 때는 불안 요소가 반드시 들어간다. 베이글 밈처럼 빠르게 퍼지는 형태의 불안은 충동을 심하게 자극한다. 이를 심리학 용어로 **인지 부조화**라 부르는데,[8] 우리는 인지 부조화를 경험할 때마다 '두더지 잡기'(공식 용어로는 '감소시키다') 충동을 느낀다. 생각해보라. 연기자, 출판인, 코미디언, 제품, 서비스, 기업, 광고주를 비롯하여 마케팅 목적에서든 오락 목적에서든 더 사악한 목적에서든 여러분의 관심을 얻고 싶어 하는 모든 사람이 여러분의 눈길을 사로잡기 위한 수단으로 인지 부조화를 활용한다. 여러분이 이로 인해 긴장감을 느끼면 그들이 해결책으로 내미는 것이 무엇이든 그것에 솔깃할 가능성이 커진다.

공유된 불안을 가라앉히는 데 소셜 미디어가 효과적인 이유는 대립하는 관점을 **제한적으로 인정**("이건 진짜 베이글이 아냐", "이건 세인트루이스 방식이고 괴상해")하거나 **거부**("베이글을 식빵처럼 써는 것은 무기징역감이야. 예외는 없어")하면서 다들 한마음으로 뭉칠 수 있기 때문이다. 이 빠르고 반사적인 소셜 유희의 단점은 불안을 해소하기 위해 소셜 미디어에 의존하게 됨으로써 자기 힘으로 불안을 해소하는 연습을 게을리하게 된다는 것이다. 어쩌면 여러분이 소셜 미디어에서 불안을 느끼는 이유가 이 때문인지도 모르겠다.

인지 부조화를 가라앉히려고 소셜 유희를 하면(어떤 유희냐에 따라 다르긴 하지만) 다른 사람을 매몰차고 부정확하게 이해할 우려가 있다. 의견 대립은 무엇이 참인가에 대한 것일 수도, 무엇이 의미 있는가에 대한 것일 수도, 무엇이 유용한가에 대한 것일 수도 있음을 상기하라. 여러분의 임무는 자신이 원하는 의견 대립이 어떤 유형(들)인지 파악하는 것이다. 여러분은 베이글을 특정 방식으로 쓰는 것이 **의미 있는가**에 초점을 맞추고 싶을지 모르지만 다른 누군가는 베이글을 특정 방식으로 쓰는 것이 **유용한가**에 초점을 맞추고 싶을 수도 있다. 우리가 개인적 선호와 가치에 대해 이야기하고 있다면, 자신이 선호하는 것을 옹호하기 전에 남들이 나와 같은 것에 대해 이야기하고 있는지 먼저 확인해야 한다. 문화적 맥락, 전통, 상황에 대한 질문이 여기 해당할 것이다. 마찬가지로 우리가 어떤 방법이 유용한가에 대해 이야기하고 있다면 남들이 나와 같은 범주에서 이야기하는지 확인해야 한다. 그래야 "이 방법은 무엇에 유용하지?"나 "어떤 목표가 이것과 관계가 있을까?" 같은 질문으로 넘어갈 수 있기 때문이다. 의견 대립의 세 왕국은 저마다 다른 방식으로 관점들을 확증하거나 해소하는 탐구의 세계다. 불안이 의견 대립을 촉발했으며 여러분이 불안을 감지했을 뿐 아니라 1점부터 5점까지 점수를 매겼다면, 이제 여러분은 갈림길에 서 있다. 인지 부조화를 줄이기 위해 여러분이 선택하는 길은 뒤이어 펼쳐질 몇 분 동안의 대화가 얼마나 생산적일지에 큰 영향을 미칠 것이다. 처음엔 부정했더라고 서서히 인정해나갈 수 있으며, 스스로를 부조화 속에 좀 더 오래 머물게 허락한다면 믿음을 업데이트할 수도 있다.

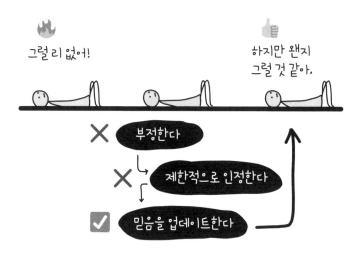

불안이 의견 대립을 탈선시키지 못하도록 하는 법

1. 불안이 느껴지면 잠시 멈춰 이렇게 자문하라. 나의 불안은 '무엇이 참인가'에 대한 것인가, '무엇이 의미 있는가'에 대한 것인가, '무엇이 유용한가'에 대한 것인가?

2. 상대방에게 같은 질문을 던지라. 그들의 대답은 여러분과 같은가, 다른가?

3. 각자 무엇이 불안한지 토로한다(이렇게 하면 시간을 벌고 분위기를 누그러뜨릴 수 있다). 각자가 질문에 어떻게 답했는지 복기하면서 이것이 자신에게나 상대방에게 새로운 연결로 이어지는지 점검하라.

4. 여러분 중 어느 쪽이 자신의 관점을 버리고 상대방이 불안해하는 원인으로 화제를 전환할 의향이 있는지 확인하라. 누가 인지 부조화를 더 많이 겪고 있으며 상대방에게 도움을 받을 수 있는가?

'무엇이 참인가'에 대한 질문을 다루기로 합의했다면 이렇게 물을 수 있다.

- 이 질문에 대한 답을 제시할 수 있으며 우리 둘 다 신뢰할 만한 그런 정보 출처가 있을까?
- 신뢰할 만한 출처의 판단 기준은 무엇일까?

'무엇이 의미 있는가'에 대한 질문을 다루기로 합의했다면 이렇게 물을 수 있다.

- 이것이 왜 우리에게 중요할까?
- 과거의 어떤 경험 때문에 우리가 이런 선호나 가치를 품게 되었을까?

'무엇이 유용한가'에 대한 질문을 다루기로 합의했다면 이렇게 물을 수 있다.

- 우리가 아무 일도 안 하면 어떤 일이 일어날까?
- 여러 제안된 조치의 결과에 대해 우리는 얼마나 확신할까?

유념해야 할 또 한 가지는 그 공간 안(가상의 공간도 마찬가지다)의 불안 또는 인지 부조화의 수준이다. 사람들이 경험하는 인지 부조화의 양은 베이글에 깐깐하게 구는 행위에 그들의 내집단이 얼마나 정체성을 부여하는가에 따라 달라진다. 뉴요커들은 베이글에 '몹쓸' 짓을 한다고 어찌나 호들갑을 떠는지 자신의 선호가 침해되면 당장 트위터에 불이 난다. 반면에 베이글에 대해 중립적인 집단에 속한 사람들(나도 그중 하나다)은 인지 부조화를 별로 느끼지 않을 것이다. (세인트루이스 주민처럼) 빵처럼 썬 베이글에 친숙한 사람들은 무덤덤할 텐데, 이것은 (친숙한 것을 선호하는 성향을 일컫는) **노출 효과**

때문에 인지 부조화가 이미 감소했기 때문이다.

상충하는 관점을 제한적으로 인정하거나 거부하는 것을 넘어서 인지 부조화를 줄이는 또 다른 방법은 새로운 정보로 **자신의 관점을 업데이트**하는 것이다. "베이글을 빵처럼 써는 것은 일부 사람들이 실제로 베이글을 써는 색다른 방법이다"라는 반응은 소셜 유희에서 찾아보기 힘든데, 그 이유는 촌철살인의 재치를 부릴 수 없기 때문이다.

베이글 트윗을 보았을 때 나의 첫 반응은 거부였다("말도 안 돼. 저건 잘못이야!"). 나는 재미있는 트윗 몇 개에 '마음에 들어요'를 누르긴 했지만 직접 트윗을 올리진 않았다. 그 트윗을 두 번째로 보았을 때는 이 방법이 세인트루이스에서 실제로 쓰이고 있음을 알았다. 처음에는 놓쳤던 정보였다. 시애틀에서도 비슷하게 괴상한 습관(핫도그에 크림치즈를 뿌려 먹는다)을 목격했다가 그날 밤 나들이가 끝날 즈음에 크림치즈 핫도그에 푹 빠진 일이 떠올랐다. 그렇다고 해서 빵처럼 썬 베이글을 좋아하게 된 것은 아니지만, 밖에서 보기에는 괴상한 일들이 실제로 벌어지고 있다는 사실을 이해할 수는 있었다. 이 약간의 공감을 길잡이 삼아 나는 다른 관점을 제한적으로 인정하고(사람들이 베이글을 이런 식으로 썰어도 무방하다) 결국은 경우에 따라 차이를 허용할 수 있다는 쪽으로 믿음을 업데이트했다("세상은 넓으니까"). 이것은 인지 부조화를 내면에서 줄이는 한 가지 방법이다. 그런데 어떻게 생각하면 남들에게 아무 해도 끼치지 않는 일을 승인하네 마네 하는 것 자체가 우습지 않은가?

나의 반응은 부분적으로 내가 내면에서 느낀 불안이 표출된 것이었다. 나는 뉴요커가 아니며 열렬한 베이글광도 아니기에, 불안을 해소하는 일이 그다지 버겁지 않았다. 부조화가 낮을 때는 '무엇이 유용한가?'라는 질문만으로 얼마든지 해결할 수 있다. 반면에 부조화가 높을 때는 이걸로 충분하지 않은데, 이 말은 불안을 해소할 또 다른 방법을 계속해서 찾아야 한다는 뜻이다.

농담과 소셜 유희는 불안 정도가 큰 인지 부조화의 부담을 줄이는 데 효과적이다. 당혹스럽게도 조롱, 모욕, 부정도 바로 그 순간에는 인지 부조화를 줄여준다. 뭉뚱그려서 보면, 애당초 우리에게 불안을 던져주면서 눈길을 붙잡았던 소셜 네트워크에 우리가 점점 더 의존하게 빠져드는 구조이다. 밈 문화가 이 네트워크에서 그토록 빠르게 생겨난 데는 이런 이유도 있는 듯하다. 모두가 이 네트워크를 이용해서 불안을 줄이려 할 뿐만 아니라 새로운 불안에 마주서는 기회도 기꺼이 늘리려 한다면, 이는 성장의 선순환 고리로 작동하기 시작할 것이다.

이제 불안 수준(1부터 5까지)과 불안 유형(머리, 가슴, 손)의 개념을 정립했으니 인지 부조화를 해소하기도 조장하기도 하는 농담과 소셜 유희들에 대한 지나친 의존에서 벗어나 보자.

불꽃에서 출발하라

며칠 뒤 아이 학교가 쉬는 날인데 미처 달력에 적어놓지 않은 것을 아내 켈리앤이 발견했다. 그날 니코는 집에 있어야 한다. 나는 여느 때처럼 일할 계획이었고 켈리앤은 처리해야 할 중요한 일이 있었다. 아내는 내게 오전에 니코랑 놀아주다가 한두 시간 뒤에 출근하면 안 되겠느냐고 물었다. 나는 그 시간 정도면 니코를 집에 혼자 둬도 괜찮을 것 같다고(아마도 너무 태평스럽게) 말했다. 책임감 있는 아이니까. 이런 일이 이따금 일어날 때 으레 그랬듯, 이 대화는 여덟 살배기를 집에 혼자 두는 것이 합법인가 아닌가의 논쟁으로 비화했다.

돌이켜 생각하면, 그날 내가 일하지 못할 수도 있다는 낭패감으로 1~2점의 불안을 느꼈을 것이다. 나는 그 낭패감을 지워버리는 쪽으로 반응했고, 가장 쉬운 해결책에 손을 뻗었다. 니코를 집에 혼자 두자. 문제 해결!

켈리앤에게는 해결되지 않았지만, 아니, 의견 대립이 해소되기는커녕 오히려 커졌다.

켈리앤　그럴 수 없어! 그건 불법이야. 아이 혼자 집에 두면 안심이 안 돼. 무슨 일 생기면 어떡해? 사고 나도 알 방법이 없잖아.

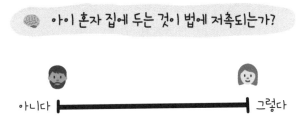

불안의 불꽃이 촉발되는 광경을 내가 차분히 관찰할 수 있었다면 불안을 가라앉히려는 나의 전략이 켈리앤에게 통하지 않았음을 알아차렸을 것이다. 그랬다면 그녀에게 다른 해결책이 필요하다는 것을 틀림없이 깨달았을 것이다. 내 불안의 원천은 내가 일하지 못할지도 모른다는 우려였던 반면에 이것이 켈리앤에게는 불안의 원천이 아니었을 테기 때문이다. 이 시점에서 내가 켈리앤에게 무엇이 걱정되느냐고 물었다면 의견 대립의 진짜 원인을 더 정확히 파악할 수 있었을 것이다. 적어도 내게만 효과가 있는 해결책을 제쳐놓고 우리 둘 모두에게 효과가 있는 해결책을 계속 찾아봤을 것이다. 하지만 나는 내 해결책이 캘리포니아에서 합법적인지 아닌지에 대한 새로운 의견 대립을 시작하는 쪽을 선택했다. 이것이야말로 그녀의 실제 걱정거리일 거라 맹목적으로 희망하며.

나   불법 아닌 거 확실해.

켈리앤   그래도 안 돼. 두말하지 마. 내가 안심이 안 돼서 그래. 당신이 한두 시간 집에 있으면 왜 안 되는지 모르겠어. 지금까지 아이가 아플 때마다 내가 돌봤잖아. 당신은 한 번도 안 돌봤고.

나   애가 아프면 나도 집에 있을 수 있어. 하지만 니코가 한두 시간 정도는 혼자 있을 수 있잖아. 책임감 있는 아이니까.

나는 내 불안의 원천에 주의를 기울이지 않았기 때문에 이것이 켈리앤의 원천과 다르다는 것을 알아차리지 못했다. 따라서 내 해결책으로는 그녀의 문제가 해소되지 않음을 이해할 수 없었다. 설상가상으로 나는 그녀의 관심사가 아닌 엉뚱한 의견 대립에 집착하면서 그녀가 정말로 논의하고 싶어 하는 것은 외면했다.

내가 이 모든 문제에 좀 더 관심을 쏟았다면 켈리앤의 입장에서 우리의 의견 대립은 캘리포니아의 법률과는 아무 상관이 없고 심지어 니코를 집에 혼자 둘 수 있는가 여부와도 무관하다는 것을 쉽게 알아차렸을 것이다. 그녀가 바라보는 의견 대립은 내가 가족을 위해 얼마나 헌신할 것인가에 대한 가치 판단과 관련된 것이었다. 하지만 이 사실을 분명히 깨달았을 즈음(안타깝게도 제때 깨닫지는 못했다) 집에 머무르겠다는 나의 제안으로는 이제 대화를 구원할 수 없었다. 나의 전반적인 행동 성향과 심지어 효과적 소통을 방해하는 나의 언어 습관에 대해서까지 전선이 넓어져서 의견 대립이 걷잡을 수 없게 번졌기 때문이다.

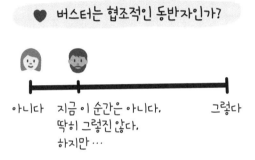

커다란 불안의 원천을 해결하려 할 때 그 불안을 해소하기에 충분한 전략에 대화의 초점이 맞춰지지 않으면 의견 대립이 점차 격화된다. 이젠 불안을 관리하려면 과거의 의견 대립을 끄집어내고, 남과 비교하고, 소리 지르거나 모욕, 분노, 부정 같은 덜 건강한 해결 방법을 모색할 수밖에 없다.

이 당혹스러운 개인적 사례는 '합리적' 토론에 유난히 이끌리는 사람들이 흔히 저지르는 실수 중 하나다. 냉철한 합리성을 높이 평가하는 사람들이 늘 이 실수를 저지른다. 모든 감정적 증거로 볼 때 자신의 논쟁이 의미, 가치, 목적에 깊이 뿌리내렸음이 분명한데도 가장 단순한 형식(무엇이 참인가?)의 논쟁에 초점을 맞추는 것이다. 정보에 대한 의견 대립은 가장 간단하게 해소할 수 있는 갈등이다. 손 닿는 곳 어딘가에 진실의 원천이 있기 때문이다. 우리가 해야 할 일은 손을 뻗는 것뿐이다. 그러면 문제는 해결된다. 하지만 이 쉬운 해답은 쉬운 질문에만 통한다. 여기에 지나치게 매달리면, 쉽게 해결할 수 없는 모호하고 뒤죽박죽인 관계들을 보지 못한다. 우리가 평소에 생각하는 것보다 훨씬 많은 논쟁이 개인적 선호(나는 왜 일을 가족보다 우위에 두었는가?)나 전략 및 현실주의(니코를 집에 혼자 두는 것이 현 상황에서 최선의 선택이었는가?)에 대한 것이다. 나는 정보에 바탕을 둔 수월한 갈등에 집착하다 나머지 두 종류의 갈등을 악화시켰다. 늘 가족을 일보다 우선시하고 필요할 때 기꺼이 집에 있을 거라고 켈리앤에게 장담했건만 이것이 빈말이었음을 행동으로 입증하고 말았다.

손쉽지만 방향이 틀려먹은 의견 대립을 밀어붙일 것이 아니라 스스로에게 이렇게 물었어야 했다. "내가 우리 가족에게 충분히 헌신하고 있지 않을 가능성이 있을까?" 그렇다. 단연코 그럴 수 있다. "니코가 혼자 집에 있을 준비가 되어 있지 않을 가능성이 있을까?" 이 또한 엄연한 사실이다. "이 가능성을 고려할 때 내가 물을 수 있는 질문은 무엇이며 이 가능성들을 확실하게 배제하기 위해 내가 할 수 있는 일은 무엇일까?" 이 질문들은 내 머릿속에 들어 있던 갈등으로부터 내가 하루 뒤에 끄집어낸 것이며, 이를 토대로 켈리앤과 나는 이후 몇 주에 걸쳐 후속 논의와 브레인스토밍을 진행했다.

이런 질문을 던지는 것은 그 당시에는 자연스러운 일이 아니었으며 나는 지금도 많은 대화에서 이를 연습한다. 평생 살아오면서 깊숙이 뿌리박은 대화 습관을 바꾸기 위한 열쇠는 불꽃에서 출발하는 것이다.

2

내면의 목소리에 말걸기

내면의 목소리는 우리가 부모와 문화로부터 물려받은
기본적 불안 대처법이다.

여러분이 예방 접종에 찬성하는 강경파이고 모든 사람이 예방 접종을 받아야 한다고 믿는다면, 여기엔 논의의 여지가 없다. 여러분이 이런 믿음을 가지고 있는데 백신 반대론자를 만난다면 여러분은 어느

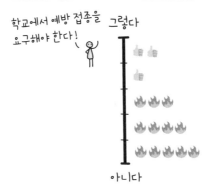

정도 불안을 겪을 것이다. 아마도 많이. 이렇게 표현해보자.

이것은 인지 부조화를 시각적으로 나타내는 한 가지 방법이다. 상충하는 관점이 자신의 관점과 동떨어질수록 인지 부조화가 커진다. 우리가 어떤 입장에 대해 느끼는 불안의 양은 그 불안을 야기한 견해의 소유자를 우리가 어떻게 생각하는가에 영향을 미친다. 첨예하게 대립하는 사안을 논의하다 보면 (우리가 믿기에) 도무지 받아들일 수 없는 견해를 고집하는 사람을 악마화하기도 한다.

물론 한쪽만 그러는 것은 아니다. 양쪽 당사자 둘 다 상대방의 입장을 받아들일 수 없다며 강경한 태도를 취하는 것이야말로 양극화의 본질이기 때문이다. 아래는 예방 접종이 해로울 수 있다고 믿는 사람들이 이 주제에 대해 어떻게 느낄지 표현한 것이다.

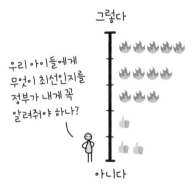

여기서의 목표는 인지 부조화를 양쪽 입장에서 시각적으로 표현하는 것이다. **설령 여러분은 양쪽이 다 이성적이라고 생각하지 않을지라도.** 이 구분은 중요하다. 우리는 이런 주제에 대해 누구나 나름의 입장이 있다. 또한 대체로 한쪽이 다른 쪽보다 더 타당하다고 믿으며 논쟁에서 상대방을 얼마든지 묵사발 낼 수 있다고 자신한다. 하지만 그러기 전에 우선 논쟁을 이해하는 것이 유익하다. 시각화는 여기에 도움이 된다.

상대방의 신념에 담긴 '내면의 견해'를 인정하는 이 첫 단계는 섣불리 상대방을 악마화하지 않기 위한 것이다. 우리가 상대방에게 공감하지 못하는 것은 어느 지점에서일까? 상대방의 눈에 우리가 어떻게 비치는지를 우리는 얼마나 잘 이해하고 있을까? 상대방을 너무 성급하게 악마화하지 않기 위한 열쇠는 상대방을 덮어놓고 악마화하려는 경향이 어디서(우리 내면의 목소리에서!) 오는지 이해하고 이 내면의 목소리를 재점검하여 그 고정 관념이 옳은지 따져보는 것이다.

언론인이자 이른바 '대화 저널리즘'을 주장하는 신생 기업 스페이스십미디어의 최고 경영자 이브 펄먼은 양극화된 주제의 양편을 불러 모으는 실험을 페이스북과 현실 세계에서 진행하고 있다.[1] 초창기 실험에서는 도널드 트럼프에게 투표한 스물다섯 명과 힐러리 클린턴에게 투표한 스물다섯 명을 한 달간 페이스북 그룹에 초대했다.[2] 이브는 "반대편이 당신을 어떻게 생각하는 것 같으세요?"라는 질문으로 대화의 문을 열었다. 트럼프에게 투표한 사람들은 클린턴 투표자들이 자신을 "예수쟁이"에 "덜떨어지고 천박하고 멍청하다"고 여기는 것 같다고 말했다. 한편 클린턴에게 투표한 사람들은 트럼프 투표자들이 자신을 "비애국적이고 부유하고 일을 가족보다 우선시하는 광적이고 진보적인 캘리포니아 사람"으로 여기는 것 같다고 말했다.

어느 진영이든 상대방이 자신을 악마화한다고 생각하면, 그대로 되돌려줘서 상대방을 악마화하는 것도 정당화된다. 이런 입장은 (문젯거리가 될 수도 있는) 무력을 정당화하는 일에 악마화를 동원한다. 이브의 실험에서는 그런 단세포적이고 험악하고 옹졸한 희화화가 노출을 통해 퇴치되었다. 양편은 상대방이 생각만큼 단세포적이고 험악하고 옹졸하지 않음을 알 수 있었으며 이 덕에 악마화는 설 자리를 잃었다.

부당한 희화화는 심리학자이자 경제학자 대니얼 카너먼이 '시스템 1'이라고 부르는 정신 작용의 수많은 부작용 중 하나다.[3] 이것은 우리 뇌의 시스템 중에서 빠르고 본능적이고 감정적인 요소로, 뇌가 대부분의 결정을 내릴 때 에너지를 최소한으로 이용하려고 하는 데서 비롯한다. 이 시스템의 한 가지 토대는 생각의 습관이고 다른 토대는 문제를 해결하는 빠르고 믿을 만한 지름길 전략이다. 이에 반해 '시스템 2'는 느리고 더 신중하고 논리적인 사고 시스템으로, 에너지를 많이 소비하며 대체로 의식적 사고가 이에 해당한다.

불안이 내놓는 조언이 빠르고 값싸고 본능적인 시스템 1에 해당한다는 것은 놀라운 일이 아니다. 미국의 부유한 도시에서 낮은 예방 접종률 때문에 홍역이 창궐했다는 뉴스를 들었을 때 백신 찬성파 시스템 1의 조언은 "그들을 우리 가족에게서 최대한 멀리 떼어놓고 예방 접종을 의무화해!"일 것이다. 찬성파가 백신 반대파가 아이들을 죽인다고 비난하면 반대파의 시스템 1은 (자신이 느끼기에) 억울한 비난을 면하기 위해 달아나라고 조언할 것이다. 이런 내면의 목소리는 빠르게 솟아오른다. 이것이 시스템 1의 작동 방식이다. 우리 내면의 목소리는 자동적이며, (종종 안전과 연관된) 감정적이고 급박한 단언으로 가득하다. 또한 고정 관념과 집단 꼬리표를 활용하여 위협과 기회, 이것들과 우리의 관계를 규정한다. 시간의 흐름도 무시한다. 지금 일어나는 모든 것은 언제나 일어났고 (특단의 조치를 취하지 않는 한) 언제나 일어날 것이라고 생각한다. 내면의 목소리는 권력의 역학에 민감하며 위협이 오면 관계의 역학에 따라 싸움이나 도망을 해결책으로 채택할 것이다. 상사는 고함치고 공격하고 직원은 피난처를 찾아 달아날 것이며 부모는 장난감을 빼앗고 자녀는 울음을 터뜨릴 것이다.

하지만 연습을 하면, 한발 물러서 시스템 1에 귀를 기울이되 그 메시지를 명령보다는 제안으로 받아들이는 법을 배울 수 있다. 자신에게 말하는 방식에 좀 더 주의를 기울인다면 우리는 불안의 불꽃에서 저절로 흘러 나오는 생각과 감정이 우리 내면의 목소리일 뿐 우리가 반드시 그렇게 생각하고 느껴야 하는 것이 아님을 알게 될 것이다.

네 가지 내면의 목소리

시스템 1에 얼굴을 씌우라

대략적으로 말하자면 우리에게는 네 가지 내면의 목소리가 있다. 이 목소리들은 생각을 자동으로 분출하여 우리를 갈등 모드로 이끈다. 모든 사람의 머릿속에는 미리 프로그래밍된 이런 목소리가 어떤 형태로든 들어 있지만, 여기서 제시하는 서술은 전혀 과학적이지 않으며 논의의 편의를 위한 얼개로만 해석해야 한다. 이 목소리들을 우리에게 주입한 것은 우리의 문화, 우리의 부모, 우리의 공동체, 우리의 경험이다.

내가 호명하고 싶은 네 가지 목소리는 힘의 목소리, 이성의 목소리, 회피의 목소리, 가능성의 목소리다. 그들은 불안과 인지 부조화의 불꽃이 생길 때 더더욱 목소리를 높인다. 우리의 불안을 어떤 식으로든 가라앉히는 것이 존재 이유이기 때문이다.

힘의 목소리

"힘이 정의다." "절이 싫으면 중이 떠나야지." "시키는 대로 안 할 거면 꺼져." "내 말대로 해." "명령이다!" "말대답하지 마!" "거지에겐 선택의 여지가 없어." "찾은 사람이 임자다."

힘의 목소리는 우리 머릿속에서 **가장 원초적이고 오래된 목소리**다. 이 목소리가 의견 대립을 해소하는 방법은 억지로 입 닥치게 하는 것이다. 힘의 목소리는 논의를 제멋대로 종결하며 필요하다면 악역을 서슴지 않는다. 무언가를 누가 가질 것인가를 놓고 의견이 대립했을 때 힘의 목소리는 "내 거야!"라고 외치며 상대방의 손에서 낚아챈다. 이 방법이 통하지 않으면 물고 할퀴고 온갖 방법을 동원한다.

이 목소리를 우리 내면에 심는 문화적 토양은 아래와 같다.

- 힘과 권력이 진화적으로 유리한 성질이라는 믿음
- 『손자병법』과 군사 전략 일반
- "해낼 때까진 해내는 척하라"라는 실리콘 밸리의 금언
- "하면 된다!"라는 나이키 광고 문구
- 19세기 열강들이 무력 시위로 약소국을 위협하여 주권을 빼앗는 데 동원한 정책인 함포 외교. 시어도어 루스벨트의 명언 "큼지막한 몽둥이를 들고 있으면 나직하게 말해도 목적을 이룰 수 있다"에도 이 전략이 담겨 있다.[4]
- 패자는 서럽도다!

우리 둘째 아들 루이는 두 살 즈음에 로지라는 분홍색 장난감 기차를 좋아했다. 녀석은 이따금 아침에 일어나자마자 "분홍 칙칙폭폭 기차!"라고 고함치며 집 안을 헤집고 다녔다. 우리는 그 소리를 들으면 기차를 마지막으로 본 게 어디였는지 기억해내어 녀석이 사태를 다음 단계(벽을 발로 차 온 집 안을 흔들리게 하는 것)로 키우기 전에 그 앞에 대령해야 했다. 나는 우리가 세상에 나온 첫날부터 힘의 목소리를 머릿속에 가지고 태어난다는 사실을 똑똑히 목격했다. 필요한 게 있는 신생아나 젖먹이에게는 협상의 여지가 없다. 물론 루이에게 힘의 목소리는 아직은 중대한 위협에만 쓰도록 조정되지 않았으며, 절친한 친구(엘리라고 해두자)가 동네 카페에서 우리와 같이 점심을 먹다가 로지를 우연히 가지고 놀기 시작했을 때에도 이 목소리가 어김없이 터져 나왔다.

루이   내 기차야!

엘리는 루이처럼 두 살밖에 안 됐으며 루이가 5점짜리 불안을 느끼고 있음을 몰랐지만, 느닷없는 고함을 듣고 자신도 5점짜리 불안을 느끼며 이렇게 대꾸했다. **"아냐, 내 기차야!"**

루이가 엘리의 꽉 쥔 손에서 기차를 억지로 빼앗으려 하자 엘리는 비명을 지르며 녀석을 후려쳤다. 이 광경을 지켜보던 나의 훈육 전략 중 하나는 누가 다치지 않는지 주시하되 둘이서 문제를 해결하게 내 버려두는 것이었다. 하지만 이 모든 장면이 내게도 불안을 촉발한 것은 물론이었다. 내게도 힘의 목소리가 있으며 이 목소리는 아이들에게 고함질러 조용히 시키라고 내 귀에 속삭였다. 하지만 이 목소리만 있는 것은 아니었다. 실은 또 다른 목소리가 있어서 힘의 목소리를 억제한다. 그것은 다음으로 살펴볼 이성의 목소리다.

힘의 목소리는 궁극적인 갈등 해소 전략이다. 힘만 가지고는 논쟁을 벌일 수 없기 때문이다. 그것이 바로 힘의 역할이다. 힘은 논쟁을 억지로 종식하고 갈등을 내게 유리한 쪽으로 이끈다. 진화에서도 득이 된다는 것이 분명하다.

힘의 목소리가 요긴한 것은 일대일 대결에서만이 아니다. 전체주의 독재는 이 통치 전략을 이용하여 반대파를 침묵시키고 심지어 살해한다. 혁명 세력이 이 독재자들을 몰아내고 새출발을 할 수 있는 것도 힘의 목소리 덕분이다. 힘의 목소리가 가진 유일한 단점은 싸움을 피할 수 없다는 것인데, 그러면 양측 모두 피해를 입을 수 있다. 힘의 목소리는 상상할 수 있는 어떤 의견 대립도 해소할 수 있는 가장 오래된 전략일 뿐 아니라 비용이 가장 많이 드는 전략이기도 하다. 힘을 가졌더라도 만일 모든 적과 싸워야 한다면, 두둑한 보상이 없는 한 힘의 목소리를 유지할 수 없다. 이는 이성의 목소리가 효율과 계산을 협상

테이블에 올려놓을 가능성을 열어준다.

　자신이나 누군가가 "대화는 끝났어!"라거나 "여기까지 하지!" 아니면 다짜고짜 "아니라면 아닌 줄 알아!"라고 말하는데 그 사람이 발언을 실현할 위치에 있다면, 그는 힘의 목소리를 이용하고 있는 것이다. 다른 사람을 (또는 그들의 위험한 발상을) 묵살하거나 검열하거나 추방하려 들 때 우리는 힘의 목소리를 휘두르고 있는 것이다. 물론 이런 조치에는 부정할 수 없는 만족감이 있으며 비생산적 갈등을 내게 유리하도록 종식하는 데에는 즉각적인 유익이 있지만, 단점 또한 존재한다.

이성의 목소리

"왜지?" "증거를 내놔봐." "입증해." "앞뒤가 안 맞잖아." "옳은 건 옳은 거야." "내가 만든 규칙이 아니라고." "그런 식으로 되는 게 아냐."

　이성의 목소리는 **이성**을 효과적으로 구사하여 논쟁을 끝내고자 한다. 이성은 무력의 위협만큼 단순할 수도 있지만 대개는 적나라한 힘보다는 더 큰 선, 상식, 전통이나 관습처럼 더 높은 권위에 의지한다. 이성의 목소리가 힘의 목소리보다 업그레이드되었다고 볼 수 있는 이유는 싸우지 않고도 이길 수 있기 때문이다. 그렇다고 해도 힘의 목소리를 구사하는 사람에게 반드시 통한다는 보장은 없지만.

매와 나이팅게일 우화가 이 관계를 잘 보여준다. 이야기는 이렇게 시작된다.

나이팅게일이 노래하다가 자기보다 훨씬 큰 매에게 붙잡힌다.[5] 나이팅게일이 울면서 항의하자 매가 말한다. "가엾은 것, 왜 우느냐? 나는 너보다 훨씬 강하니 널 잡아먹고 싶으면 잡아먹을 것이다." 매는 힘의 목소리를 상징한다.

힘없는 나이팅게일은 이성에 의지하여 매에게 간청한다. "잠깐만요! 저는 너무 작아서 당신의 배를 채우지 못해요. 이렇게 하면 어떨까요? 저를 놓아주시면 아름다운 노래를 불러 당신의 기분을 달래드릴게요. 그럼 저기 있는 큰 새를 잡아먹으시면 되잖아요!"

매가 말한다. "흥미로운 제안이군. 하지만 내 시장기를 달래주면 더 고맙겠어."

이 이야기의 교훈은 굶주린 위장에는 귀가 없다는 것이다. 나이팅게일의 아름다운 노래조차 소용이 없다. 이성의 목소리는 이 문제를 어떻게 해결할까? 간단하다. 숫자를 이용하면 된다.

나이팅게일 같은 새들이 오늘날까지 살아남은 것은 매에 대항하는 효과적인 방어 수단이 있기 때문이다. 그것은 모빙이라는 집단 행동이다. 매가 새들의 영역에 침입하면 이를 맨 처음 발견한 새가 모빙 부름소리를 낸다. 다른 새들에게 위험을 경고하는 비상벨인 셈이다. 그러면 새들은 매를 에워싸 쫓아낸다. 작은 새들도 뭉치면 매보다 강하기 때문이다.

이성의 목소리는 힘의 목소리 위에 얹혀 이를 더욱 강화하는 역할을 한다. 이성의 목소리가 권좌에 자리 잡으면 **더 높은 권위**(이를테면 종교적이거나 법적인 체제)를 확립함으로써 (끊임없이 싸움을 벌여야 하는) 힘의 목소리와 달리 값비싼 대가를 치르지 않고도 권력을 유지할 수 있다. 이성의 높은 권위는 한 번에 두 가지 일을 한다. 하나는 집단을 뭉치게 하는 것이고(집단이 외부의 위협으로부터 개체를 지켜주기 때문이다) 다른 하나는 분쟁이 생겼을 때 집단에 피해가 가지 않도록 내부적으로 해결하는 것이다.

이성의 목소리를 힘의 목소리에 덧씌워 이를 보강하는 제도는 아래와 같다.

- **종교** 헌신하면 영적 보상을 받을 수 있는 믿음 체계. 이성이 통하지 않으면 폭력적 극단주의에 호소하기도 한다.
- **민주주의** 시민이 투표로 권력을 행사하고 시민으로서 규칙을 따르기로 합의하여 혜택을 누리는 통치 체제. 이성이 통하지 않으면 혁명에 호소하기도 한다.
- **자본주의** 모든 것이 화폐로 교환되며 가격에 따라 가치가 매겨지는 경제·정치 체제. 이성이 통하지 않으면 제재, 매수, 로비, 협박, 뇌물을 동원하기도 한다.
- **과학** 관찰, 실험, 재현성을 통해 얻은 지식과 의미의 총체. 이성이 통하지 않으면 기술 또는 경제 전쟁을 벌이기도 한다(넷 중에서 가장 덜 두려울 수도 있지만 어쩌면 가장 효과적일 수도 있다).

이 제도들의 공통점은 힘의 체계 위에 건설된 이성의 내부 체계라는 것이다. 각 제도는 무엇이 합리적이고 무엇이 비합리적인가에 대한 근본적 믿음과 그로부터 파생된 신념 체계를 온전히 갖추고 있다. 이 체계들은 추종자들의 눈에 자명하고 내적 일관성을 갖춘 것으로 보인다. 하지만 무엇이 합리적이고 받아들일 수 있는가를 정하는 기준은 제도마다 다르다. 과학의 제도 내에서는 완벽하게 합리적인 진술이라도 종교의 제도에 속한, 심지어 과학 안에서도 다른 제도에 속한 사람에게는 매우 비합리적으로 비칠 수 있다.

이 제도들은 집단 구성원들이 이성의 내부 체계를 따르는 대가로 그들을 보호하며 이는 집단 내의 다른 구성원들과 협력할 수 있는 수단과 유인의 형태로 이루어진다. 이성의 목소리를 이용하여 갈등에 대처할 경우 가장 중대한 범죄는 집단을 배신하는 것이며 가장 무거운 처벌은 집단에서 추방하는 것이다. 이를테면 세율이 너무 높다며 정부에 세금을 내지 않으려 드는 기업은 오래 장사하지 못할 것이고, 교황의 권위를 인정하지 않으려 드는 가톨릭 주교는 자리를 오래 보전하지 못할 것이고, 업무 시간에 반대하는 직원은 직장에 오래 다니지 못할 것이다.

집단 내에서 이성의 목소리가 가진 힘을 강화하는 역학은 역으로 가장 큰 결함을 드러내기도 한다. 각 제도가 집단 내에서 의견 대립을 해소할 때 쓰는 전략은 다른 제도들 사이에서 의견 대립을 해소할 때 쓰는 전략과 달라야 한다. 이성의 제도들은 자신의 핵심적 권위 체계를 존중하지 않는 타 제도와 생산적 의견 대립을 벌일 준비가 제대로 되어 있지 않다. 추방이라는 가장 무거운 처벌도 집단 바깥의 사람들에게는 무용지물이다. 그들은 애초에 집단 구성원이 아니기 때문이다.

이성의 목소리가 빛나는 것은 같은 집단에 속한 사람들에게 말할 때다.

루이와 엘리가 분홍 기차를 놓고 싸울 때 이성의 목소리는 우리 모두가 속한 공동체의 더 높은 권위에 호소할 수 있었다. 이런 상위의 권위는 집단 내의 모든 사람에게 문화적 규범과 '선한 행동'을 규정한다.

두 아이의 다툼을 목격하는 동안 이성의 목소리는 분쟁에 개입하여 이를 해소하는 방안으로 아래와 같은 문화적 규범을 제시했다.

- 같이 가지고 놀기
- 차례로 가지고 놀기
- 다른 놀거리 찾아보기
- 소리 지르지 말기
- 때리지 말기

나　　루이, 착하지. 기차 엘리랑 같이 가지고 놀까?
루이　　싫어!

음, 이 방법은 통하지 않는군. 다음으로는 실내를 둘러보며 다른 기차와 장난감을 찾아보았다. 엘리는 30초도 안 되어 기차에 싫증을 낼 테니 그때까지만 루이에게 다른 장난감 가지고 놀라고 설득할 생각이었다. 하지만 이 분홍 기차는 유일무이한 분홍 기차였다. 그래서 이 방법도 먹히지 않았다. 루이에게 분홍 기차는 대체 불가능한 재화였다. 하지만 엘리는 어떨까? 뇌물이 통하지 않을까? 내가 알기로 엘리는 딸기를 좋아했다. 나는 활기찬 '아빠 목소리'로 말했다. "이것 좀 봐, 삼촌이 딸기 가져왔어. 엘리 하나 줄까?"

엘리   네.

루이는 왜 엘리는 딸기를 받는데 자기는 못 받는지 궁금해하느라, 당장 기차를 가지고 놀아야겠다는 생각이 조금 사그라들었다. 두 아이가 딸기를 먹는 동안 나는 분홍 기차를 숨겼다.

　다른 사람들이 이 광경을 보았다면 그들은 짜증을 내거나 당혹해하거나, 그 사이의 어디쯤에서 반응을(카페에서 갖춰야 할 예절에 대해 각자 배워온 모습이 아동 친화적인지 노키즈존에 가까운지에 따라) 나타냈을 것이다. 하지만 내가 아들과 아들 친구가 아니라 낯선 아이에게 다가가 허락도 받지 않고 딸기를 내민다면 반응이 어떨지 상상해보라. 그 행동은 전혀 다른 규범을 촉발할 것이며, 그 규범에 따르면 나의 행동은 받아들일 수 있는 행동의 테두리를 넘어설 것이다. 이를테면 사람들이 중대한 사업 목표에 대해 논쟁을 벌이고 있는데 내가 논쟁을 중단시키겠다며 회의실에 딸기를 가져왔다고 상상해보라. 이성의 목소리는 참가자들의 집단 역학과 문화적 규범 내에서 작동하기에, 그 집단에서 가장 지배적인 문화적 규범 바깥에서 문제를 해결하려 들면 일을 완전히 망친다.

　중요한 회의에서 이성의 목소리가 제시할 만한 개입 방법은 아래와 같다.

- 제안된 해법이 타당한지 아닌지 검증하는 데 합의하는 것

- 권위에 호소하여 다들 존경하는 의사 결정권자에게 결정을 맡기거나 회의 이후에 권고 사항에 대한 후속 조치를 취하는 것
- 당사자가 반대하되 헌신할 수 있도록 협상하여, 사업의 추진력을 훼손하지 않으면서도 안전하게 반대 의견을 낼 수 있도록 하는 것

이 개입들은 딸기를 나눠주는 것과는 거리가 멀지만, 카페의 아이들에게 적용되는 나누기, 번갈아 가며 하기, 부모에게 결정 맡기기 같은 기본적 규범과 똑같은 규범에 호소한다.

이성의 목소리가 가진 장점은 우리가 문화적 규범을 공유하고 똑같은 상위의 권위를 존중할 때 관점의 차이를 비폭력적으로 해소할 효과적 수단이 많다는 것이다. 반면에 단점은 문화가 변화하거나 집단이 확대·축소 또는 진화함에 따라 한때 널리 받아들여지던 문화적 규범이 찬밥 신세가 되고 유용성이 낮아진다는 것이다. 이를테면 얼마 전까지만 해도 자녀가 버릇없이 굴면 부모가 (심지어 남들 앞에서) 체벌하는 것이 허용되었으며 회사 내에서 여성 혐오가 만연해도 문제 삼지 않았다.

내가 카페에서 딸기가 아니라 체벌을 동원했다면 손님들의 반응은 사뭇 달랐을 것이다. 마찬가지로, 어떤 직업적 환경에서 무엇이 용인되는가는 이제 하나의 공유된 합의에 의해 정해지지 않으며 무엇이 용납 가능하고 무엇이 용납 가능하지 않은가에 대해 더 건전한 문화적 규범을 확립하기 위해 많은 토론이 벌어지고 있다. 그 과정에서 과거에 괜찮던 행동이 명백히 도를 넘은 것으로 재평가되기도 한다. 요즘 세상이 문화적 전통과 규범의 측면에서 점차 다원화되고 이전에는 배제된 집단에 목소리를 부여함에 따라, 우리 주변의 모든 사람이

우리의 규범을 정상으로 여기리라 확신할 수 없는 경우가 늘고 있다. 합리적인 사람이 용납 가능하다는 기준은 움직이는 표적이며, 우리는 모두 이 경계선을 재정의하는 데 동의해야 한다. 하지만 이 사실은 또한 경계선이 합의에 의해 그려지는 것이지 보편적 도덕의 절대적 의미에 따라 정해지는 것이 아님을 보여준다.

모든 이성의 목소리가 의지할 수 있는 단 하나의 객관적 권위는 없다. 회의실의 규범으로 인간관계에서의 의견 대립을 해소할 수 없듯 과학 연구를 이용하여 삶의 목적에 대한 의견 대립을 해소할 수는 없다. 상충하는 규범을 가진 집단들의 경계선을 넘어서까지 이성을 적용하려 드는 것은 엄청난 고성과 짜증을 자초하는 일이며 허무만 남을 때도 많다.

핵심은 이것이다. 이성의 목소리는 갈등이 격앙되는 것을 제대로 제어할 수 있는 힘의 목소리를 갖고 있을 때 위력이 커진다. 또한 이성의 목소리는 더 높은 권위에 대한 존중을 공유하고 (이성의 원천인) 똑같은 집단과 제도에 속하는 사람들과의 의견 대립을 해소하는 데 가장 알맞다. 이성의 목소리가 통하지 않으면 여러분과 상대방이 스스로를 어느 집단과 동일시하는지 점검하라. 그래야 여러분이 맞닥뜨린 인지 부조화가 적어도 하나의 공통 집단의 관심사인지 확인할 수 있다.

이는 우리를 세 번째 목소리인 회피의 목소리로 인도한다. 지금처럼 양극화된 시기에는 사람들이 회피의 목소리를 선택하는 경우가 점점 많아진다. 힘과 이성이 효과가 없을 때는 대화를 아예 회피하는 것이 유일한 대처법일 때가 있다.

회피의 목소리

"이길 수 있는 유일한 수는 안 두는 수다." "안 하고 싶어." "날 좀 내버려 둬."

안 해.

　내가 논쟁과 의견 대립에 매혹되고나서 사람들에게 가장 자주 들은 말은 가능한 한 논쟁을 피하고 싶다는 것이었다. 여러분만 그런 게 아니다. 사실 여러분은 침묵하는 다수에 속할 가능성이 크다. 이것은 '갈등 회피자의 방식'으로도 알려져 있다. 이 용어는 긍정적으로 들릴 수도 있고 부정적으로 들릴 수도 있겠지만, 일단은 '우리가 모두 어느 정도까지 동원하는 조용하지만 효과적인 전략'이라는 중립적 표현으로 정의하도록 하자.

　갈등 회피자는 힘의 목소리와 이성의 목소리에 있는 결함을 발견했으며 그렇기에 애초에 논쟁에 참여하기를 거부함으로써 갈등을 해소하는 길을 택한다. "남들이야 싸우고 싶으면 싸우라지. 나는 사양일세!" 어떤 사람이 최선을 다하지 않는 것을 보고서도 아무 말 하지 않는다. 배우자가 수건 개는 방식이 맘에 들지 않아도 내색하지 않는다. 친척 중에 인종주의자가 있어서 명절 식탁에서 혐오 발언을 해도 그에게 한 방 먹이거나 논쟁하기보다는 딴청을 피운다. 출마한 정치인 두 명이 다 맘에 안 든다며 아예 투표를 하지 않는다. 모든 선택지에 결함이 있는 것처럼 보일 때 침묵을 지켜도 된다고 회피의 목소리는 큰 소리로 말한다. 모든 선택지가 똑같이 나쁘게 보일 경우에는 회피야말로 유일하게 합리적인 선택으로 보일 것이다.

「필경사 바틀비」는 『모비 딕』의 저자 허먼 멜빌의 덜 알려진 단편 소설이다.[6] 바틀비는 처음에는 수준 높은 작업물을 엄청난 분량으로 쏟아내지만, 어느 날 문서 교정을 도와달라는 요청을 받고서 "안 하는 편을 택하겠습니다"라고 대답한다. 머지않아 그는 모든 요청에 이렇게 대답한다. 상사에게는 실망스럽게도, 바틀비는 업무를 점차 줄이다 급기야 아예 전폐한 채 사무실 창너머 벽돌 담을 멍하니 바라보며 시간을 보낸다. 화자는 바틀비를 논리적으로 분석하고 그에 대해 무언가를 알아내려고 여러 차례 시도하지만 결국 포기하고 만다. 바틀비는 갈등 회피 전략을 유머러스하게 희화화한 것이라고 볼 수 있지만, 이 이야기에서는 이 전략이 얼마나 은밀하게 효과를 발휘할 수 있는지(특히, 힘의 목소리와 이성의 목소리를 동원하여 갈등에 접근하는 사람들을 상대할 때) 잘 보여준다.

회피의 목소리는 학습된 목소리다. 루이 같은 두 살배기가 장난감을 빼앗기고서 당장은 이 때문에 싸움에 휘말리고 싶지 않다며 물러나는 장면을 상상하기란 쉬운 일이 아니다.

이 목소리를 힘의 목소리나 이성의 목소리와 구별하는 것은 **숨는 능력**이다. 회피에는 겉으로 표현되는 규칙이나 이 규칙을 어겼을 때의 결과를 전혀 찾아볼 수 없다. 포춘 500대 기업 중에서 갈등 회피를 핵심 가치로 벽에 써붙이거나 갈등 회피를 위한 회의와 워크숍을 해마다 개최하는 곳은 하나도 없다. 그런데도, 『의도적 눈감기』의 저자 마거릿 헤퍼넌에 따르면 직원들에게 "업무와 관련하여 사람들이 꺼내기 꺼려하는 문제가 있는가?"[7]라고 물었더니 85퍼센트 이상이 그

렁다고 답했다.[8]

갈등 회피를 선택했을 때 아무런 여파가 없을 수는 없다. 심지어 회피하는 당사자도 예외가 아니다. 스웨덴의 중립국 선언은 집단적 회피의 목소리에 국가가 귀 기울인 사례다. 스웨덴이 중립국 지위를 선택한 것은 나폴레옹 전쟁에서 핀란드를 비롯하여 영토의 3분의 1을 러시아에 빼앗기는 피해를 입었기 때문이다. 스웨덴인들은 제2차 세계대전에서 중립을 지킨다면서 결국 나치 독일에 항구와 자원을 내주어 많은 비판을 받았는데, 그 뒤 나토 회원국이 되기로 결정하면서 중립 정책을 일부 폐기했다. 결국 회피의 목소리도 어느 목소리 못지않게 책임을 질 수밖에 없다. 책임이 약간 미뤄질 뿐이다. 회피의 목소리는 단기 결과에 치중하는 또 다른 방식의 해결책에 불과하다.

스웨덴 역사에서 보듯 회피 전략이 가장 효과적인 경우는 갈등이 낮은 수준에 머물러 있을 때다. 세계가 전쟁을 벌이고 있지 않고 우리가 철저히 부당한 요구에 내몰리지 않았을 때는 갈등에 관여하지 않겠다고 선언해도 부정적 여파를 거의 겪지 않을 수 있다. 기껏해야 갈등을 겪는 주변 사람들의 속을 긁을 뿐이다. 우리가 뭐라고 말해도 변화가 일어나리라는 확신이 없을 때는, 아무 말도 하지 않는 것이 왜 매력적인지 쉽게 알 수 있다. 어차피 결과가 똑같을 텐데 군이 나섰다가 긁어 부스럼 만들 이유가 어디 있겠는가.

이 전략의 유일한 문제는 회피로 문제를 해결할 수 없다는 것이다. 회피 갈등이 사라지기를 바라며 갈등을 고스란히 방치하는 것에 지나지 않으며, 그렇게 문제는 한동안 모습을 감춘다. 회피의 목소리는 땅속 깊이 숨은 괭이밥 알뿌리와 같아서 잔뿌리를 내리고 조용히 자신의 때를 기다린다. 하지만 회피가 생산적 의견 대립의 기술을 얻기 위한 열쇠는 아닐지라도 우리를 올바른 방향으로 이끄는 것도 사실이다. (그것은 힘의 목소리와 이성의 목소리가 때때로 충분하지 않다는 것을 인정하는 것이다.) 더 나은 방법이 틀림없이 있을 것만 같다. 그리고 그런 방법이 실제로 있다!

네 번째 목소리

힘, 이성, 회피의 세 가지 기본적 목소리는 모두 문화적으로 계승된

산물이다. 이 목소리들은 모두 갈등을 바로 그 순간에 해소하는 데는 부분적으로 성공할 수 있다. 하지만 잡초 뿌리를 뽑는 것과 마찬가지로 미봉책에 불과하다. 각 목소리는 음침한 부작용을 만들어내며, 이 부작용은 끈질기게 머물러 있다가 결국 돌아와 우리가 애초에 이뤄낸 진전을 일부 아니면 모조리 허사로 만든다.

힘의 목소리는 고려할 수 있는 선택지를 제한하기 때문에 분노와 양극화를 부추긴다. 배제된 선택지는 영영 사라지는 것이 아니다. 바깥에 숨어 있다가 기회가 되면 더욱 강해져 돌아온다.

이성의 목소리는 현실성과 효율이라는 이름으로 지름길을 택하며, 사소하지만 비용이 많이 드는 문제를 뒷전으로 미루려 든다. 기업에서 이 결함을 잘 보여주는 것은 커트라인이다. 하한선을 넘기기만 하면 인력과 예산을 지원받아 계획을 추진할 수 있지만 못 넘기면 죄다

다음 분기로 넘어간다. 개인 차원에서 이 결함은 내가 늘상 듣는 단순한 조언에 담겨 있다. 그것은 약점을 보강하기보다는 강점을 극대화하는 데 치중하라는 조언이다. 물론 제약이 있고 경쟁이 치열할 때는 이것이 지극히 합리적인 방안일 것이다! 하지만 미뤄진 문제와 방치된 약점은 계속해서 쌓이고 뭉치고 새로 팔다리를 뻗고 결국은 훨씬 강해져 돌아올 것이다.

관여하지 않음으로써 갈등을 회피하는 방법은 갈등의 불안으로부터 한숨 돌릴 여유를 벌어줄 수는 있어도 결코 문제를 해결하는 것이 아니다.

이 세 가지 전략은 지금껏 수천 년간 인류의 의사 결정을 이끌었으며, 그 부작용과 미뤄 둔 문제는 오랫동안 쌓여 더욱 해결하기 힘들어졌다. 게다가 이 세상은 날이 갈수록 점점 더 말썽에 휘말리고 있는 듯하다. 기후는 변화하고, 기술은 우리의 주의력을 파편화하여 조각조각 판매하고, 대출 이자와 학비와 의료비는 오르기만 하는데 임금은 오히려 내려가고 있다. 우리의 현실 공간과 온라인 공간은 나날이 더 무례하고 불안하고 분노하는 듯하다. 무엇보다 자신과 다른 의견,

경험, 가치 체계를 가진 사람들과 중요한 주제에 대해 열띤 토론을 벌일 능력이 상실되었다.

우리가 갈등과 맞닥뜨리기를 아예 포기하면서 대탈주가 일어나고 있다. 많은 사람들이 한때 자신이 사랑했던 공동체와 공간, 대화를 버릴 것을 적극적으로 고려하거나 이미 버리기 시작했다. 해롭고 불쾌한 곳이 되어버렸기 때문이다. 심지어 위험해진 곳도 있다. 화성을 식민지로 삼는다는 발상이 날이 갈수록 매력적으로 보이는 것은 우연이 아니다.

우리는 자신의 운명과 매일매일의 현실에 대처할 능력에 대해 집단적으로 불안을 겪고 있다. 오로지 예전의 자신을 되찾기 위해서라도 자신에게 더 많은 시간을 쏟아야 함을 깨닫고 있다. 이 모든 현상은 우리가 더는 슬기로워지고 있지 않음을 뜻하며 문제에 대한 해결책을 찾고 만들어가는 일에 조금도 진척이 없음을 의미한다. 왜 그럴까? 우리는 그 이유에 대해서조차 말을 꺼내지 못한다. 우리는 소리를 훨씬 많이 지르는 듯하다. 서로에게가 아니라면 베개에 얼굴을 파묻고라도.

가능성의 목소리

"뭐가 빠졌을까?" "다른 가능성은 무엇이 있을까?" "지금 있는 것으로 달리 할 수 있는 게 뭘까?" "어떤 사람을 대화에 합류시키면 새로운 관점을 얻을 수 있을까?"

내가 놓치고 있는 게 뭘까?

네 번째 목소리인 가능성의 목소리는 처음의 세 가지 목소리에서 갈라져 나온 갈등 대처법이다.

우리가 논쟁하는 방식은 이제 우리에게 도움이 되지 않으며 오늘날의 대화 환경에 맞는 새로운 대화 습관과 생각 습관이 필요하다. 앞의 세 가지 목소리는 갈등을 '문제'로 바라보고 갈등을 '해소'하려고 했다. 가능성의 목소리는 갈등을 **생산적**으로 바꿀 방도를 찾으려 한다. 정원을 오래 가꾼 사람이 잡초가 단지 사랑받지 못하는 꽃일 뿐이며 이따금 이 사랑받지 못하는 꽃이 맛있는 파이의 재료인 달콤한 베리를 선사한다는 사실을 알게 되듯 말이다.

우리가 갈등을 길들인다면, 갈등은 블랙베리 덤불처럼 정원에 받아들여져 화초와 하나가 된다. 물과 거름을 주고 건강하게 가꾸면 제 몫을 해낼 수 있다. 어떤 마당에서는 블랙베리 덤불을 독초로 여겨 녀석을 박멸하려고 나머지 모든 식물이 희생되든 말든 정원을 초토화하기도 한다. 하지만 또 어떤 마당에서는 블랙베리 덤불이 중심이 될 수도 있다. 블랙베리 덤불과 싸우는 게 아니라 **협력**할 방법이, 블랙베리 덤불과의 싸움을 식물, 정원, 정원 주인에게 유익한 협력으로 바꿀 방법이 있다. 그런 방법이 있다면 블랙베리를 뽑아야 할 이유는 전혀 없다.

가능성의 목소리는 나머지 세 목소리가 우리에게 습관으로 주입한 일을 하지 말라고 분명히 말한다. 그 습관은 갈등을 뿌리 뽑아 죽이

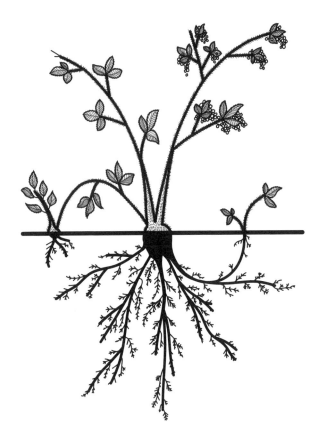

는 방법을 찾는 것이다. 그보다는 문제를 해소하려는 자동 충동에서
한 걸음 물러서서 갈등을 생산적으로 바꿀 다른 방법을 찾으라고 말
한다. 가능성의 목소리는 의견 대립을 우리가 아직 온전히 이해하지
못한 무언가를 가리키는 표지판으로 여기며 의견 대립을 없애기보다
는 거기서 무언가를 배우고자 한다. 우리의 갈등 해소 습관과 여기에
서 비롯한 대화 습관은 위험 감수를 극히 꺼리고 단기 승리를 추구하
는 환경에서 진화했다. 단기 승리인 문제 해소야말로 우리가 지금 문
제 삼고자 하는 것인데, 그 이유는 의견 대립에서 우리가 거두려는 결

실이 문제 해소 말고도 얼마든지 더 있기 때문이다.

현실에서 가능성의 목소리는 의견 대립의 모든 불꽃을 부조화의 원인을 찾는 출발점으로 삼는다. 여기서 출발하여 깊은 호기심을 품은 채 다른 관점들을 들여다보면 우리는 차이가(심지어 상충하는 차이가) 존재한다는 사실에 더는 놀라지 않을 것이다.

의견이 다른 사람을 팀에서 쫓아내지 말고 여러분의 의사 결정 과정 이면에서 어떤 일이 벌어지는지 드러내고 그 속에 있는 결함을 찾거나 개선 방향을 제안해달라고 요청하라.

까다로운 과제를 더 오래 외면하는 것에 어떤 장단점이 있는지 따지기보다는 지금의 제약 안에서 공동의 목표를 향해 어떤 진전을 이룰 수 있을지 제안해달라며 문호를 열라.

배우자가 끊임없이 제기하는 불만을 묵살하지 말고 그 불만을 더 깊이 들여다보면서 수면 아래에 숨어 있는 진짜 소망을 찾으라.

마당에 있는 블랙베리 덤불과 씨름하다 허리가 나가고 팔이 베이지 말고 어떻게 하면 블랙베리 덤불을 블랙베리 파이로 바꿀 수 있을지 생각하라.

"걸림돌이 길이다"라는 스토아 철학의 격언에는 가능성의 목소리의 알맹이가 담겨 있다.

갈등을 해소하거나 회피하는 사람들이 인정하고 싶어 하지 않는 것을 이제는 인정하도록 하자. 세상의 극단적인 정치적 대립을 단기간에 해소할 수 없다. 기후 변화에 대한 모든 토론을 평정하고 우리의 해결책을 관철하여 이 문제를 해결할 수 없다. 이미 제시된 해법들로 정신 질환, 조직적 학대, 기업 부패, 극단주의적 증오 범죄 같은 문제들을 완전히 해결할 수 없다. 단기 승리에 대한 우리의 문화적 강박은

애초에 이 문제들이 생겨난 이유이기도 하다.

단기 승리에 대한 끈끈한 갈망을 놓아버리기란 쉬운 일이 아니다. 이것은 우리의 습관적 사고 과정을 형성하는 사탕과 같다. 하지만 우리는 조금씩 더 많은 가능성의 여지를 만들어낼 수 있다. 우리는 이 가능성을 받아들이지 않고도 음미할 수 있으며 가능성이 솔직하고 진정성 있게 스스로를 나타낼 수 있도록 기회를 줄 수 있다.

두 번째 실천 지침

내면의 목소리에 말걸기

힘, 이성, 회피, 가능성의 목소리는 사람들의 머릿속마다 다르게 나타난다. 중요한 것은 이 책의 기본적 설명을 토대로 이 목소리들이 여러분에게 실제로 어떻게 들리는지 알아내는 것이다. (때로는 목소리를 거슬러 올라가다가 자신이 살아오면서 겪은 사람들을 맞닥뜨리기도 한다. 나는 부모 노릇이란 게 아이들의 머릿속에 내면의 목소리를 심어 아이가 자라 독립하더라도 여전히 우리 목소리를 들을 수 있게 하는 과정에 불과하다고 친구들에게 곧잘 농담한다.) 이 목소리들의 성격은 우리가 실수를 저질렀을 때 스스로를 꾸짖는지 연민을 느끼는지를 결정한다. 이 목소리들은 우리가 성공을 거머쥘 자격이 있는지 여부를 말해준다. 또한 우리가 인지 부조화와 불안을 겪을 때마다 즉시 조언을 내놓아 우리를 이끈다.

이 목소리들은 누구를 섬기는가?

바로 여러분이다. 목소리의 주인은 바로 여러분이다.

목소리가 지금 뭐라고 말하는가? 목소리들이 이런 식의 질문에 열광하는가, 아니면 바보 같은 질문이라고 말하는가? 어느 쪽이든 잠시 머릿속의 목소리에 귀를 기울이고 이것이 힘의 목소리인지, 이성의 목소리인지, 회피의 목소리인지, 가능성의 목소리인지 판단해보라. 그런 다음 이런 질문을 던지라.

지금 당장 시급한 것은 무엇인가?

지금 당장 위협적인 것은 무엇인가?

이것 말고 지금 당장 할 수 있는 일은 무엇인가?

이 답들이 정말로 내게 최선인지 어떻게 알 수 있을까?

내가 아무것도 안 하면 어떤 일이 일어날까?

이 질문의 답은 언어의 형태를 띨 수도 있고 그림이나 감정이나 소리의 형태를 띨 수도 있다. 뚜렷하게 떠오를 수도 있고 꼬집어 말하기가 무척 힘들 수도 있다. '머릿속 목소리'라는 개념에서 무언가가 연상될지도 모르겠지만, 이런 '혼잣말' 연습은 정신 질환의 증상이 아니다. 이런 목소리는 누구에게나 있다. 혼잣말을 하는 것은 지극히 정상이며 누구나 아무렇지 않게 혼잣말을 한다. 목소리가 우리의 내면에서 오는 것이 아니라 외계인으로부터, 정부로부터, 우리의 현실을 파괴하는 사악한 고차원적 존재로부터 온다는 생각이 들 때야말로 정신과 의사를 찾아가야 할 때다.

무엇이 자신의 머릿속에 있고 무엇이 바깥 세상에 있는지 구별할 수 있다면, 내면의 목소리와 나누는 대화는 진정한 통찰을 가져다줄 수 있다. 자가용으로 출근할 때 여러분의 목소리와 허심탄회하고 자유분방한 대화를 나눌 수도 있고 목소리의 대답을 일기장에 적어둘 수도 있다. 하지만 이 책의 취지에 비춰보자면 목소리에 이름을 붙이는 것만으로 충분할 것이다(힘, 이성, 회피, 가능성도 좋지만 여러분 마음에 드는 아무 이름이나 붙여도 괜찮다. 폴라, 레이철, 애나, 파이퍼도 안 될 것 없다). 이제부터 우리의 유일한 목표는 내면의 목소리에 대해 이야기하고 내면의 목소리가 우리에게 주로 말하는 것들에 귀를 기울이는 방법을 찾는 것이다. 혼자만의 시간에 내면의 목소리와 나누는 대화는 여러분 둘만의 비밀이다. 즐거운 시간 보내시길!

3

솔직한 편향 기르기

자신의 편향을 인정하지 않으면
편향이 어둠 속에서 우리를 조종할 것이다.

우리가 편향 없는 상상 속 세상에서 산다면 이 세 단계가 항상 차질 없이 진행될 것이다.

안타깝게도 우리는 무엇을 바라볼지 알아내고 우리에게 의미 있는 것을 지향하고 무엇을 할지 결정할 때마다 인지 편향이라는 특별한 두뇌 꼼수를 써서 시간과 에너지를 절약한다. 그러다 보면 실제로

는 존재하지 않는 것을 보기도 하고 실제로는 의미하지 않는 무언가를 의미한다고 생각하기도 하고 주어진 상황에 걸맞지 않은 조치를 취하기도 한다.

두 사람 사이의 의견 대립은 무엇을 보는가의 차이, 그것이 무엇을 의미한다고 생각하는가의 차이, 무엇을 해야 한다고 생각하는가의 차이에서 촉발될 수 있으며 그런 차이는 이 은밀한 **인지 편향**에서 비롯할 수 있다. 인지 편향이 무엇인가, 생산적 의견 대립과는 어떤 관계인가, 인지 편향과 관련하여 무엇을 해야 하는가에 대해 합의하는 것은 무엇보다 중요한 일이다.

이 관찰 및 행동의 주기를 구성하는 각 단계는 진실의 세 왕국인 머리의 왕국, 가슴의 왕국, 손의 왕국 중 하나에 묶여 있다. 이를테면 우리가 무언가를 본다는 것은 직접 증거를 처리하는 것이자 '무엇이 참인가'에 대해 생각하는 것일 가능성이 가장 크며, 이것은 머리의 왕국에 해당한다. 자신의 심적 모형, 믿음, 선호 내에서 그 증거의 방향을 정하는 것은 '무엇이 의미 있는가'에 대해 생각하는 것이며, 이것은 가슴의 왕국에 해당한다. 이 모든 것이 무엇을 의미하는지 파악한 뒤에 행동을 취할 준비를 하는 것은 '무엇이 유용한가'에 대해 생각하는 것이며, 이것은 손의 왕국에 해당한다.

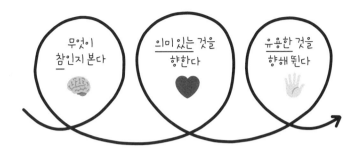

무엇이
참인지 본다

의미 있는 것을
향한다

유용한 것을
향해 뛴다

　편향은 이 모든 과정에 어떤 영향을 미칠까? 좀 있다 보겠지만 어마어마한 영향을 미친다. 우리는 인지 능력에 한계가 있어서 아무리 노력하더라도 완벽히 객관적으로 보거나 향하거나 뛰지 못한다. 인지 편향 연구가 본격적으로 시작된 뒤로 대니얼 카너먼 같은 심리학자들은 우리와 객관적 세상 사이에 들어앉은 200여 가지 편향을 찾아냈다.

가장 흔히 언급되는 편향들

회상 용이성 어림짐작 우리는 결정을 내릴 때 머릿속에 쉽게 떠오르는 선택지만 고려한다. 따라서 어떤 이유에서든 쉽게 떠오르지 않는 선택지는 심한 불이익을 받는다.

• 딴 사람의 결정에 대해 생각할 때 우리에게는 명백해 보이는 선택지가 그들에게는 명백하지 않을지도 모른다. 이 때문에 우리는 그들이 명백히 나은 선택지를 일부러 배제했다고 오해할 수 있다.

- 무언가 좋은 일이나 나쁜 일이 일어날 가능성을 예측하려 할 때, 우리는 머릿속에 떠오르지 않는 평범하고 지루한 선택지보다는 쉽게 떠오르는 가능성에 더 무게를 싣는다(드물 수도 있지만 생생하고 극단적인 가능성이 대체로 선호된다). 전자의 가능성이 훨씬 큰데도 말이다.

내집단 편애 우리는 자기 집단에 속한 사람들을 호의적으로 대하고 선의로 해석하는 경향이 있다.
- 자신의 출신 대학 셔츠를 누군가 입고 있으면 딴 대학 셔츠를 입은 사람보다 더 신뢰할 가능성이 크다.
- 우리는 자신과 같은 인구 통계학적 집단이나 공동체에 속하는 사람들에게 투표하고 그들을 채용하고 그들의 아이디어를 받아들이는 경향이 있다.

손실 회피 우리는 아직 가지지 못한 것보다 이미 가지고 있는 것의 가치를 더 높이 평가하며, 그것을 간직하기 위해 애초에 그것을 얻으려고 지불한 것보다 더 많은 대가를 치른다.
- 누군가 여러분에게 쿠키 한 상자를 건넸다가 돌려달라고 하면 여러분은 그것을 계속 가지기 위해 (그냥 테이블 위에 놓여 있던 것을 보았을 때보다) 더 많은 가격을 지불할 것이다.
- 우리는 같은 금액의 돈을 얻으려고 할 때보다 잃지 않으려고 할 때 더 번거로운 절차를 기꺼이 감수한다.

편향은 우리의 판단을 변화시켜 더 많은 의견 대립 기회를 만들어낸다. 세상에 대한 두 가지 폭넓고 체계적인 단순화는 의견 대립의 촉발에 중요한 역할을 한다. 그것은 자신과 비슷한 사람들을 선의로 해석하는 것(또한 자신과 다른 사람들을 더 회의적으로 대하는 것)과 자신과 비슷한 사람들이 복잡하고 모순으로 가득하다고 가정하는 것(또한 자신과 다른 사람들이 단순하고 동기가 뻔하다고 가정하는 것)이다. 이 두 가지 단순화로부터 온갖 고정 관념, 편견, 차별 습관, 외국인 혐오 성향이 생겨난다.

그렇다면 세상의 모든 말썽을 편향 탓으로 돌릴 수 있을까? 안타깝게도 그렇게 단순한 문제가 아니다. 대다수 사람들은 편향의 문제란 우리에게 편향이 있는 것 자체라고 여겨 편향을 없애면 문제가 해결될 것이라 생각한다. 하지만 인지 편향은 오명에도 불구하고 종종 요긴할 때가 있다. 인지 편향은 간단하게 고칠 수 있는 생각의 고장이 아니다. 우리는 디버거를 돌릴 수도 없고, 버그를 찾아낼 수도 없고, 이름을 붙일 수도, 오류 보고를 할 수도, 각 편향을 우리의 사고 패턴에서 체계적이고 영구적으로 없앨 수도 없다. 편향은 피할 수 없다. 편향을 피하려 할수록 자신의 편향을 보지 못하고 편향 때문에 판단이 왜곡되기 쉽다.

편향이 존재하는 이유는 생각의 토대가 되기 때문이다. 우리 뇌가 방금 들은 정보의 중요성을 무작정 부풀리지(최신 편향) 않으면 대화를 따라가기가 얼마나 힘들지 상상해보라. 우리 뇌가 기이하거나 색다른 것에 저절로 관심이 쏠리지 않으면 (심지어 운전하면서 누군가와 전혀 상관없는 대화를 나누고 있을 때에도) 고속도로를 운전하기가 얼마나 위험할지 상상해보라. 편향이 없으면 우리는 여간 난감하지 않을 것이다. 날것의 정보가 소방 호스에서처럼 분출되어 들어오는데 거름망도 전혀 없고 이야기나 결정을 끌어낼 수단도 전혀 없고 아무리 사소한 결정을 내릴 때에도 엄청난 정보와 선택지에 압도당할 테니 말이다. 편향은 습관적 사고의 길을 잘 다짐으로써 정보 과부하와 불확실성의 충격을 완화하도록 진화했다. 그 덕에 우리는 소란하고 혼란스럽고 종종 무의미한 세상에서 보고 향하고 뛸 수 있다.

힘의 목소리는 편향에게 "꺼져!"라고 말할 수 있지만 그래봐야 소용없다. 이성의 목소리는 편향 하나하나에 이름을 붙이면서 편향이 자신의 모습을 들키면 짐 싸서 떠나리라 기대하지만 그렇게는 되지 않는다. 회피의 목소리는 편향이 존재하지 않는 척 눈 가리고 아웅할 수 있지만 편향은 버젓이 존재한다. 이 전략들 중에서 어느 것도 우리 머릿속과 우리의 공동체에 실제로 존재하는 인지 편향에 대처하는 데 도움이 되지 못한다. 다시 말하지만 우리는 이 문제에 새롭게 접근해야 한다!

앞으로 나아가는 유일한 길은 편향을 받아들이고 편향이 결국에는 우리를 인간으로 만드는 필수적이고 영구적인 특징임을 인정하는 것이다. 우리가 할 수 있는 최선은 주변 세상을 인식하는 우리의 능력에 한계가 있다는 사실을 솔직히 인정하는 것이다. 이 한계를 인식하면 전체 그림에서 우리가 보지 못하는 부분들을 채우기 위해 서로에게 의지하고 우리가 놓쳤을지도 모르는 새로운 관점에 마음을 열 가능성이 열린다.

인지 편향 커닝 페이퍼

이 책을 쓰게 된 계기는 위키백과 '인지 편향 목록'에 두서없이 서술되어 있는 200여 가지 인지 편향을 종합하려는 2016년의 기획이었다.[1] 내가 올린 글은 심리, 경제, 학계 등 분야를 막론하고 100만 명 이상에게 도달했으며 이 분야에 대해 전문성보다는 호기심을 가진 수많은 사람들에게도 읽혔다. 그 글에서 나는 바로 위의 주장을 내놓았다. 그것은 우리에게 인지 편향이 있는 것은 우리 뇌에 밀려드는 수많은 문제를 해결하기 위해서이며 인지 편향이 우리의 생각에 들어 있는 '버그'라기보다는 여러 면에서 유익한 지름길이라는 것이다. 물론 인지 편향에는 부작용도 있지만, 부작용을 없애려다 보면 인지 편향이 해결해주던 문제를 다른 식으로는 해결할 수 없음을 알게 된다.

나는 우리의 모든 편향을 우리 자신의 지성뿐 아니라 나머지 모든 사람, 집단, 생물, 기계, 외계인, 상상 가능한 신의 지성을 제약하는 우주적 난국 몇 가지로 요약했다. 200여 가지 편향은 모두 이 난국에서 벗어나려는 시도다. 우리가 이 난국을 헤쳐 나가는 데 도움이 되는 기술과 행동, 습관을 발달시킨 것은 순전히 진화적 필요에 의해서다. 이 난국들은 아래와 같다.

1. **정보가 너무 많다** 세상에는 정보가 너무 많아서 누구도 제대로 처리할 수 없다. 사람들은 시간과 공간에서 나름의 위치를 차지하고 있으며, 자신의 위치는 그럭저럭 알지만 남들의 위치에 대해서는 많은 정보를 놓치고 있다. 하긴 애초에 우리가 무언가를 바라볼 수라도 있는 유일한 이유는 거의 모든 것이 처음부

터 걸러지기 때문이다.

2. **의미가 부족하다** 그 어떤 것도 우리가 연관 지을 수 있는 이야기로 포장되기 전에는 의미가 없다. 정보는 조각조각 분리된 채 두서없이 입력되며 우리는 이 점들을 연결하여 의미를 부여해야만 한다. 이런 방법으로 우리는 세상을 바라보는 방향을 정하지만, 다른 사람들이 다른 방법으로 점을 연결하지 못하도록 막을 방법도 별로 없다.

3. **시간과 자원이 부족하다** 우리는 시간, 자원, 주의력, 에너지, 기회의 제약을 받으면서도 목표를 달성해야 한다. 시간과 자원을 무한정 누리는 사람은 아무도 없다. 그래서 언제나 부분적 정보만 가지고 행동에 뛰어들 수밖에 없다.

이것은 거대하고 어마어마한 우주적 난국으로, 우리가 이 문제를 완전히 해결할 가망은 전무하다. 우리가 할 수 있는 일, 언제나 해왔던 일은 이 해결 불가능한 문제의 제약 안에서 행동하는 것이다. 바로 여기서 편향이 생겨난다. 편향은 각자의 처지에서 최선의 결과를 만들어낸다. 세 가지 난국에 대해 우리로 하여금 이를 해결할 수 있도록 도와주는 인지 편향 범주가 3~5개씩 있으며 각 범주에 속한 편향의 전체 개수는 200개를 넘는다.

난국, 전략, 편향은 어떻게 연결되었나

난국 시간과 자원이 부족하다(손의 왕국)

전략 계획을 고수한다

편향 손실 회피

직장에서 흔히 볼 수 있는 의견 대립인 "X 업무에 누구를 채용해야 할까?"를 예로 들어보자. 이것은 전통적 의미에서의 의견 대립처럼 들리지 않을지도 모르지만, 곰곰이 생각해보라. 채용 과정은 지원자와 면접관 사이의 대결이다. 지원자가 면접관에게 자신이 그 일에 적격임을 설득할 수 있다면 그는 승리한다. 면접관을 설득하지 못하면 패배한다. 그런가 하면 공동의 목표도 있다. 면접관과 지원자가 협력하면 둘 다 유익한 결과를 얻을 수 있으며 그 결과를 도약대 삼아 자신들에게 더욱 이로운 업무상 관계에 도달할 수 있다. 다만, 이렇게 순기능이 큰 의견 대립에도 편향이 스며들 여지는 얼마든지 있다.

나는 1998년에 아마존에 몸담고 있었는데, 당시 직원은 약2,000명이었다. 그때는 책과 시디만 팔았다. 초고속 성장을 하던 시기여서 면접을 많이 봐야 했다. 7년 뒤 내가 퇴사할 때 아마존 직원은 1만 5,000명을 넘었다. 당시에는 많아 보였지만, 2019년에 마지막으로 확인했을 때는 전 세계 직원이 60만 명에 달했다. 이렇게 면접을 많이 치러본 것은 아마존이 처음이었다. 처음에는 면접이 싫었다. 내가 하기로 한 업무와 무관한 일이었기 때문이다. 엄청나게 고되다는 것도 싫은 이유 중 하나였다. 이렇게 적은 시간과 적은 정보를 가지고서 채용 여부를 결정한다는 것은 불가능해 보였다. 게다가 나는 젊고 미숙했으며 내가 뭘 하는지도 잘 몰랐다. 내 업무에서조차 '해낼 때까진 해내는 척'하던 주제에 어떻게 남을 제대로 평가할 수 있겠는가? 아마존을 그만둔 뒤에는 트위터와 슬랙을 비롯하여 당시에 초고속 성장하던 여러 스타트업에서 일했다(초기 단계의 기술 스타트업은 초고속 성장하는 경우가 많다). 나는 지난 20년간 1,000명 넘는 사람을 면접했는데, 사실 기술 업계에서는 드문 일이 아니다.

이 시나리오를 생각해보자. 여러분은 팀원을 채용하는 인사 위원회에 참석하고 있다. 위원회의 임무는 프로젝트 매니저(상호 의존적인 거대 기획들의 여러 가동 부품을 관리하는 업무로, 지독하게 체계적이어야 한다)를 선발하는 것이다. 그들은 소통 능력이 뛰어나야 한다. 온갖 팀과 대화를 나눌 것이며 이 팀들이 프로젝트 매니저의 보고 라인에 있지 않을 수도 있다. 세부 사항에도 민감해야 한다. 어느 것 하나 누락되지 않게 하는 것이야말로 그들의 임무이기 때문이다. 면접 시간은 한 시간이다. 그 안에 채용 의견을 낼지 탈락 의견을 낼지 결정해야 한다. 이 결정은 여러분 팀의 장래 생산성, 지원자의 경력, 팀과 회사 내에서의 온갖 관계에 예측 불허의 영향을 미칠 것이다. 건투를 빈다.

난국 1
정보가 너무 많다

 정보 과부하는 '머리의 왕국'과 '본다' 단계에 영향을 미친다.

처음에는 적격 지원자를 불러 모으는 것조차 고역이다. 그런 지원자들을 어디서 찾는단 말인가. 적임자가 볼 것 같은 몇몇 장소에 구인 글을 올릴 수는 있지만, 모든 장소에 올릴 수는 없다. (설령 그러더라도 모든 지원서를 읽을 수가 없을 것이다.)

나는 채용 관리자였는데, 자리 하나에 지원서가 500장씩 쏟아져

들어왔다. 이런 경우에 맨 처음 하는 일은 지원서를 몇 사람에게 나눠주어 각자 통독하면서 눈에 띄는 지원자를 골라내게 하는 것이다. 그런데 눈에 띈다는 것이 바로 각자의 편향에 달려 있다. 이 임무에 알맞은 사람에 대한 자신의 가정을 확증하는 '흥미로운' 것들이 눈에 띌 텐데 그것들 모두가 지원자의 능력과 직접 관계가 있는 것은 아니기 때문이다.

현실적으로 검토할 수 있는 것보다 더 많은 선택지가 있을 때 우리는 감당할 만한 규모로 선택지를 솎아내는 다섯 가지 전략에 의존하며 이는 곧 다섯 가지 편향에 해당한다.

 전략 1: 맥락에 의존한다

우리는 사물을 알아차리고 기억하는 능력이 제한되어 있어서 현재의 맥락을 이용하여 무엇에 주의를 기울여야 할지 판단한다.

 전략 2: 마음속에 떠오르는 것을 받아들인다

최근에 생각해봤거나 겪은 것들은 머릿속에서 점화 효과를 일으키기 때문에, 오랫동안 생각해보지 않은 것에 비해 쉽게 접근할 수 있다.

 전략 3: 특이한 것을 부풀린다

우리의 뇌는 이례적이거나 놀라운 것을 과대평가한다. 실제로도 중요할 가능성이 크기 때문이다. 특이한 것들은 위협일 수도 있고 기회일 수도 있다.

전략 4: 새롭고 다른 것에 주목한다

새로운 것이 나타나거나 무언가가 달라지면 뇌는 우리에게 그 사실을 알린다. 중요한 것일 수 있기 때문이다. 우리는 변화뿐 아니라 변화의 방향에도 주목하는데, 그러면 그 변화가 좋은 것인지 나쁜 것인지 판단하는 데 도움이 된다.

전략 5: 챙길 것을 찾는다

고려해야 하는 정보의 양을 줄이기 위해 우리는 나중에 기억해야 할 것 같은 부분들에만 주의를 기울인다.

정보 과부하에 대해 솔직한 편향을 발달시키려면, 우리의 선택 과정이 모든 가능성에 균등한 기회를 부여하지 않고 있다는 사실을 받아들여야 한다. 그러면 이 사실을 이용하여 다량의 선택지를 선별하는 최상의 도구와 절차가 무엇인지에 대한 대화의 물꼬를 틀 수 있다. 게다가 여러분도 알다시피 모든 도구는 개량의 여지가 있다.

제대로만 한다면, 절차가 불공정하다는 지적이 제기되어도 불안하지 않을 것이다. 불공정하다는 사실을 이미 알고 있기 때문이다. 우리는 방어적으로 반응하지 않고, 어떻게 하면 절차를 더 공정하게 바꿀 수 있을지 궁리하면서 그들의 관점을 활용할 수 있다. 또한 이것도 결코 완전히 공정하지 않을 것임을 안다. 그러면 불완전함, 예산 제약, 시간 제약 등 여러 회색 지대 사이의 상충 관계에 대화의 초점을 맞출 수 있다.

의미가 부족하다

 패턴 맞추기는 '가슴의 왕국'과 '향한다' 단계에 영향을 미친다.

우리는 인지 편향을 이용하여 여기저기 흩어진 점들을 모아 의미 있는 이야기를 지어낸다. 이 지름길의 단점은 의미를 좇다가 허깨비를 만들어낼 수도 있다는 것이다. 우리는 가정, 일반화, 고정 관념으로 간극을 메우고는 우리가 만들어낸 부분이 어느 것인지 잊어버린다.

내가 진행한 대부분의 면접은 30분 내지 한 시간이 걸렸다. 이따금 미리 전화 면접으로 지원자를 추릴 때도 있고 면접 과정에서 새로운 질문이 떠오르면 후속 면접을 진행하기도 한다. 그런 뒤에 채용 위원 전원이 지원자에 대해 논의하여(서면으로 할 수도 있고 직접 만나서 토론할 수도 있다) 결정을 내린다. 이 같은 결정을 대량으로 내리려면 대량의 정보를 처리해야 하는데, 실제로는 그렇게 많지 않을지 몰라도 하루의 50퍼센트 가까이를 채용에 소비하는 입장에서는 종종 너무 많게 느껴진다. 그러니 '채용 적격', '채용 부적격' 결정을 뒷받침하는 이야기를 지어내는 수밖에 없다.

이야기를 지어내는 가장 흔한 방법은 성별, 민족, 종교, 나이에 대한 고정 관념을 바탕으로 패턴 맞추기를 이용하는 것이다. 이것들은 모두 이른바 '보호받아야 할 특징'으로, 이에 근거한 차별은 법적으로 불허된다. 그렇다고 해서 이런 일이 벌어지지 않는다는 말은 아니다. 이런 특징에서 떠오르는 연상 자체가 애초에 무의식적일 경우가 많기 때문이다. 정보가 제한적이면 인물 전체를 평가할 방법이 없기에 우리는 성격과 능력을 비롯하여 면접 과정에서 평가할 수 있는 소프트 스킬(조직 내에서 커뮤니케이션, 협상, 팀워크, 리더십 등을 활성화할 수 있는 능력-옮긴이)을 나타내는 단서를 찾기 위해 모든 대용물을 이용할 것이다. 우리는 이 고정 관념을 이용하여 사고 패턴과 미래 행동을 사람들에게 투사한다. 또한 우리는 자신에게 친숙하지 않은 세부 사항보다는 친숙한 세부 사항을 선호한다. 비격식적 대화는 우리가 남들과 공유하는 것을 찾는 섬세한 방법으로, 이는 사람에 대한 전반적 의견을 좌우할 수 있다.

이를테면 "이 문제를 어떻게 해결했는지 물었더니 그 지원자는 설득력 있는 답변을 내놓지 못하더군"이나 "그들이 엔지니어 팀을 단합시킬 수 있을 것 같지가 않아" 같은 피드백을 생각해보라. 이런 피드백이 무의식적 편향에서 비롯했음을 쉽게 알아차릴 방법은 없다. 자신의 견해를 평가할 때조차! 내가 과거에 일한 회사의 채용 담당 임원 몇 명에게 물어봤더니 자기들도 이 상황을 알고 있으며 안타깝게도 피할 수 없었노라고 이구동성으로 털어놓았다. 특정 자질을 평가하는 데 집중하라고 면접관들에게 상기시킬 수는 있겠지만, 고정 관념은 우리의 사고 과정에 너무 깊숙이 박혀 있기에 인식한다고 해서 없앨 수 있는 것이 아니다. 우리가 물을 수 있는 유일한 질문은 자동적 고정 관념을 완전히 없앨 수는 없을지라도 어떻게 하면 이로 인한 피해를 줄일 수 있을까다.

제한된 정보를 바탕으로 견해나 이야기를 만들어내야 할 때마다 (105가지 인지 편향에 해당하는) 아래의 다섯 가지 전략적 지름길을 택하면 뒤죽박죽 세상에 의미를 부여하는 끈을 찾을 수 있을 것이다.

전략 6: 간극을 메운다

우리는 일반화, 고정 관념, 그리고 듬성듬성한 데이터를 의미 있는 이야기로 바꾸는 추측을 동원하여 간극을 메우려 든다. 하지만 나중에 어디가 점이었고 어디가 우리가 메운 것인지 알 수 없을 때가 많다.

 전략 7: 친숙한 것을 선호한다

우리는 친숙하거나 좋아하는 사물과 사람이 그렇지 않은 사물과 사람보다 본질적으로 더 낫다고 생각한다.

 전략 8: 경험은 현실이다

우리는 경험이 현실의 객관적 묘사라고 여겨 현재의 기분, 마음가짐, 가정을 나머지 모든 것에 투사한다.

 전략 9: 심리적 산수를 단순화한다

우리는 확률과 수를 생각하기 쉽게 단순화한다.

 전략 10: 과신한다

우리는 영향을 미칠 수 있는 능력에 자신감을 가지고 자신이 하는 일이 중요하다고 생각해야 한다.

제한된 정보로 이야기를 만들어내는 방식에 대해 솔직한 편향을 발달시키려면 우선 개인 차원에서 개입할 구석을 찾는 일을 그만둬야 한다. 각기 다른 고정 관념을 가지고 참석한 다양한 채용 위원들이 지원자를 평가하도록 하면 최악의 판단 실수를 지적하고 바로잡을 수 있지만, 그러더라도 고정 관념과 일반화 과정을 완전히 없앨 수는 없다. 우리가 미처 알아차리지 못한 일반화와 투사가 있을 수 있음을 받아들이고 이런 일이 일어났을 때 방어적으로 대처하지 않는 것은 언제까지나 중요한 일이다.

난국 3
시간과 자원이 부족하다

 제약은 '손의 왕국'과 '뛴다' 단계에 영향을 미친다.

해야 하는 모든 일을 해낼 수 있을 만큼 시간, 자원, 주의력이 충분한 경우는 결코 없으므로 우리는 가진 것만 가지고 결론으로 비약하며 앞으로 나아간다. 우리는 편향을 이용하여 그때그때 이야기를 의사 결정으로 바꾼다. 이 습관의 단점은 과감한 결정에 심각한 오류가 있을 수 있다는 것이다. 충분히 심사숙고하지 않았으니 그럴 수밖에 없다. 우리가 섣불리 받아들이는 과감한 반응과 결정 중에는 불공정하고 자기 중심적이고 비생산적인 것도 있다.

과감한 의사 결정은 대개 지도력의 귀중한 특질로 평가받는다. 심지어 아마존에서는 '행동을 위한 편향'을 자사의 열네 가지 지도력 원칙 중 하나로 공식 천명하기도 했다.[2] 이 원칙은 아마존 웹사이트에 이렇게 정의되어 있다.

행동을 위한 편향

사업에서는 속도가 중요하다. 많은 결정과 행동은 돌이킬 수 있으며 철저한 조사를 요하지 않는다. 우리는 신중한 위험 감수를 중시한다.

제프 베이조스는 2016년에 주주들에게 보낸 연례 서한에서 이 발상을 확장하여 '1일 차 기업'(언제나 초심자의 마음가짐을 간직한 기업을 일컫는 베이조스의 표현으로, 그는 이런 기업을 선호한다)과 '2일 차 기업'(모든 것을 알아냈다고 생각하는 기업)의 운영상 차이를 논의했다.

고속 의사 결정[3]

2일 차 기업은 수준 높은 의사 결정을 내리지만, 문제는 수준 높은 의사 결정을 뒤늦게 내린다는 것입니다. 1일 차의 에너지와 역동성을 유지하려면 높은 수준의 고속 의사 결정을 어떤 식으로든 내려야 합니다. …

첫째, 범용적이고 복잡한 의사 결정 절차를 결코 동원하지 마십시오. 많은 결정은 돌이킬 수 있는 양방향 출입문입니다. 그런 결정에는 경량급의 절차를 이용할 수 있습니다. …

둘째, 대다수 의사 결정은 자신이 얻고 싶은 정보의 약 70퍼센트만 가지고도 내릴 수 있습니다. 90퍼센트를 얻을 때까지 기다린다면 대부분의 경우 시기를 놓칠 것입니다. … 여러분이 경로를 바로잡는 일에 능하다면 틀려도 생각보다 비용이 적게 들 수 있지만, 머뭇거리다 시기를 놓치면 반드시 호된 대가를 치러야 합니다.

셋째, '반대하되 헌신하라'라는 문구를 쓰십시오. 이 문구가 시간을 많이 절약해줄 것입니다. 합의가 이루어지지 않았으나 자신의 방향이 옳다는 확신이 있다면 이렇게 말하는 것이 유익합니다. "어디 봅시다. 여기에 대해 의견이 다른 건 알지만 도박을 걸어보시겠습니까? 반대하되 헌신하시겠습니까?" 이 시점에서는 아무도 확실한 정답을 알 수 없기에 상대방은 선뜻 수락할 것입니다.

이것은 일방적인 흐름이 아닙니다. 여러분이 상사여도 이렇게 해야 합니다. 저 또한 언제나, 반대하되 헌신합니다. …

넷째, 실제로 존재하는 부조화 문제를 일찌감치 파악하여 즉시 경영진에 의사결정을 위임하십시오. 때로는 팀마다 목적이 다르고 견해가 근본적으로 다를 수 있습니다. 즉, 조화되지 않은 것이죠. 아무리 토론을 하고 아무리 회의를 해도 그 뿌리 깊은 부조화를 해소할 수는 없습니다. 위임하지 않는다면, 이 시나리오에서 기본적인 분쟁 해소 메커니즘은 탈진입니다. 누구든 지구력이 많은 쪽이 결정권을 가져갑니다. …

"그렇게 버티시니 별수 없네요"라는 식으로 승리하는 것은 의사 결정 과정으로서는 끔찍한 일입니다. 뒤늦은데다 맥 빠지게까지 하니까요. 신속하게 위임하는 편이 낫습니다.

제프 베이조스는 인습에 얽매이지 않는 것과 논쟁적이면서도 지극히 실용적인 조언을 제시하는 것으로 유명하다. 특히 의사 결정에 영향을 미치는 시간과 자원의 제약을 중시한다. 모든 정보를 고려하고 모든 결정을 모든 사람에게 설득하기에는 시간이 모자란다. 엄두도 내지 말라. 반대하되 헌신하라. 문이 양쪽으로 열린다면 결정된 사항에 헌신하라. 여러분이 틀려서 다시 돌아와야 할 가능성이 30퍼센트이더라도 말이다. 이것은 우리의 채용 사례에 분명히 시사하는 바가 있다. 어떤 기업들은 지원자가 업무에 적격이라고 100퍼센트 확신할 때에만 채용 결정을 내리기 위해 '꼭 뽑아야 하지 않으면 뽑지 않는다'는 방법을 활용한다. 회사 규모가 작고 채용 결정 하나하나가 사업 전반에 중대한 영향을 미친다면 이렇게 하는 것이 중요하다. 하지만 여러분이 아마존에 있고 해마다 수만 명을 채용한다면(하루에 수백 명을 채용하는 셈이다) 시간 제약은 엄연한 현실이며 간과할 수 없다.

페이스북의 초창기 구호는 '빨리 움직이고 물건을 부수라'였다.[4] 실리콘 밸리와 그 밖의 산업에서 즐겨 쓰는 또 다른 구호로는 '해낼 때까진 해내는 척하라'가 있다. '빨리 실패하라'라는 구호도 있다. 이 격언들은 모두 행동을 위한 편향을 강화하려는 시도다. 이렇게 하지 않고 머뭇거리면 결정이 옳을 가능성을 엄청나게 늘리지도 못하면서 시간만 잡아먹을 것이 틀림없기 때문이다.

의사 결정과 관련하여 이런 태도를 취하는 것은 아마존, 페이스북, 우리 뇌만이 아니다. 이것은 우리 문화의 일부이며 우리 가치 체계의 일부다.

시간을 끌 때 비용이 발생하거나 신속히 움직일 때 이점을 누릴 수 있다면 (34가지 편향이 담긴) 마지막 세 가지 전략을 통해 미루기보다는 행동을 취하는 데 필요한 확신을 키울 수 있을 것이다.

 전략 11: 계획을 고수한다

우리는 경로를 바꾸기보다는 이미 시간과 에너지를 투자한 일을 완수하려는 경향이 있다.

전략 12: 기존 신념을 굳게 지킨다

우리는 신념이 도전받으면 의문을 제기하기보다는 자동적으로 신념을 옹호한다.

 전략 13: 안전한 것을 한다

모든 조건이 동일하다면 우리는 대체로 가장 위험이 적어 보이는 길을 택한다.

불확실한 상황에서 행동할 수 있도록 솔직한 편향을 기르고 싶다면, 제프 베이조스의 조언을 받아들이고 우리가 틀렸더라도 돌아갈 기회가 있음을 인정하라. 내가 좋아하는 아마존의 지도력 원칙이 이것을 잘 보여준다. 제4원칙은 아래와 같다.

옳다, 대체로

지도자는 대체로 옳다. 그들은 확고한 판단력과 훌륭한 본능이 있다. 다양한 관점에 귀 기울이며 자신의 신념을 깨뜨리려고 노력한다.[5]

언뜻 보기에 이것은 우리가 지금까지 한 이야기와 모순되는 것처럼 보인다. 하지만 설명을 읽어보면 지도자가 대체로 옳은 것은 다양한 관점에 귀 기울이고 자신의 신념을 깨뜨리려고 노력할 때뿐임을 알 수 있다. 지도자가 대체로 옳은 것은 자신이 틀렸는지 알려고 노력하고 옳은 방향으로 생각을 바꾸기 때문이다. 이것이야말로 솔직한 편향을 기르는 일의 핵심이다.

하지만 대체 어떻게 해야
편향에서 벗어날 수 있을까?

이 질문에 배어 있는 간절함 나도 이해한다. 입사 지원자를 면접하는 경우라면 편향을 줄이고 싶어 할 만도 하다. 그래야 더 우수한 지원자를 선발할 수 있을 테니 말이다.

백인이 인종주의에 대해 이야기하는 것이 왜 그렇게 힘든지 알려주는 로빈 디앤절로의 책 『백인의 나약함』은 모든 편향의 심장부에 놓인 역설을 깊고도 능수능란하게 묘사한다.

> 성인이 되어서도 인종주의에 명시적으로 반대하는 사람은 자신이 인종적 특권을 누리고 있음을 부정하는 식으로 자신의 정체성을 형성한다.[6]
>
> 즉 인종주의에 반대하는 백인은 자신이 인종주의에 공모하고 있음을 인정하려 들지 않는다.

이 이론은 편향을 줄이려는 우리의 목표와 관련하여 중요한 점을 시사한다. 디앤절로의 말은 우리가 인종주의를 세상에 존재하는 엄연한 문제로 여길 경우 그 문제로부터 거리를 두는 식으로 정체성을 형성하려 한다는 뜻이다. 인종주의 용어로 하자면 "저는 색맹이에요"(영어 'I'm color-blind'는 '인종 차별을 하지 않는다'를 뜻하는 관용 표현으로도 쓰인다-옮긴이)라는 문구는 인종주의 성향이 없음을 스스로 천명한 사람을 일컫는다. 그들은 이것을 자신의 목표로 삼기 때문이다. 어쩌면 그들의 의도가 진심일지도 모른다. 백인은 인종주의로부터 거리를 둠으로써 더 쉽게 인종주의를 손가락질하고 비난할 수 있다.

하지만 안타깝게도 인종주의의 영향이 우리의 생각을 넘어서 제도와 사상과 환경에 확대되면 '색맹'이 되기란 불가능하다. 자신이 인종 편향을 '자각'한다고 여기기만 해도 그 편향을 직시하지 않으려는 유인이 생긴다. 인종적 편견을 영속화하도록 설계된 세상에서 살아간다는 것은 백인이 애초에 백인이기에 이미 인종주의로부터 수많은 혜택을 입고 있음을 의미한다. 그들이 다닌 학교, 그들을 가르친 교사, 그들 부모의 직장, 그들이 본 영화, 그들이 읽은 책, 정부의 법률 등이 모두 백인의 우위를 떠받치는 인종주의로부터 영향을 받았다.

나는 우리가 살아가는 세상에서 최대한 도움이 되려는 사람들에게 디앤절로가 건네는 조언이 마음에 든다. 그것은 자신과 세상에 대한 가정들을 내면화하라는 것이다. 자신과 사회에서 인종주의와 맞서고자 노력하는 사람들에게 그가 제시하는 가정들을 몇 가지만 소개하겠다(각각 머리의 왕국, 가슴의 왕국, 손의 왕국으로 구분했다).

🧠 무엇이 참인가?

- 인종주의는 우리 문화에 배어 있는 다층적 체계다.[7]
- 우리는 모두 인종주의 체계에 사회화되어 있다.
- 우리는 인종주의에서 벗어날 수 없다.
- 내가 사회화되어 있음을 보건대 나는 인종주의 문제를 이해하지 못하는 사람일 가능성이 훨씬 크다.

❤️ 무엇이 의미 있는가?

- 인종주의는 복잡한 현상이며 그 피드백을 입증하기 위해 모든 뉘앙스를 이해해야 하는 것은 아니다.
- 인종주의에 진정으로 반대하는 것은 좀처럼 편안하지 않다. 불편함이야말로 내 성장의 열쇠이며 바람직한 현상이다.
- 나는 집단의 역사와 함께한다. 역사는 중요하다.

✋ 무엇이 유용한가?

- 편향은 암묵적이고 무의식적이다. 나의 편향을 자각하려면 노력을 많이 해야 한다.
- 인종주의에 대해 피드백을 주기란 쉬운 일이 아니다. 내가 어떻게 피드백을 받느냐보다 피드백 자체가 더 중요하다.
- 죄책감의 해독제는 행동이다.
- 무엇도 나를 인종주의의 손아귀에서 벗어나게 하지 못한다.
- 인종주의는 유색인에게 어김없이 상처를 입힌다(심지어 죽인다). 인종주의에 개입하는 것은 나의 감정, 에고, 자아상보다 더 중요하다.

그의 메시지는 분명하다. 백인은 덜 인종주의적이 되려는 노력을 포기해야 할까? 아니다. 백인은 인종주의의 영향으로부터 자유로울까? 아니다. 여기서 인종주의와 편향과 관련하여 꼭 챙겨야 할 것은 **불편함이야말로 내 성장의 열쇠이며 바람직한 현상**이라는 것이다. 포기하는 것(회피)은 불편함을 해소하여 친숙함의 공간으로 돌아가는 길이다. 그 길은 성장으로 이어지지 않으며, 따라서 바람직하지 않다.

불편함이야말로 성장의 열쇠이며 바람직한 현상이다.

나를 따라 외치라. 불편함이야말로 성장의 열쇠이며 바람직한 현상이다.

여러분이 인간이라면 이 발언은 여러분 내면에 틀림없이 모종의 불안을 촉발할 것이며 힘, 이성, 회피의 목소리는 여기에 어떻게 대응해야 하는지를 놓고 옥신각신하고 있을 것이다. 그 목소리들에 귀를 기울이되 섣불리 동의하지는 말라.

세 가지 우주적 난국에 대한 우리의 위치와 방향에서 싹트는 우리 자신의 영구적인 편향적, 인종주의적, 성차별적, 외국인 혐오적, 그 밖의 온갖 혐오적 본성을 직시하고서도 미치지 않으려면 어떻게 해야 할까?

힌트: 자신에게서 편향을 없앨 수 있다고 생각하는 것으로는 안 된다.

불편함이야말로 내 성장의 열쇠이며 바람직한 현상이다. 불안이야말로 내 성장의 열쇠이며 바람직한 현상이다. 그나저나 이 모든 불편함과 불안의 근원은 무엇일까? 그것은 답을 얻고 싶은 마음, 문제를 해결하고 싶은 마음이다. **문제가 사라지기를 바라는 마음.** 잘못된 것을 모조리 없애고 옳은 것으로 바꾸는 것. 나쁜 것을 좋은 것으로 대체하는 것. 수수께끼를 푸는 것. 음을 양으로 바꾸는 것. 위협에서 달아나는 것. 고리를 잇는 것. 의견 대립을 해소하는 것.

고리를 이으려는 욕구는 우리의 심리 깊숙이 내재해 있다. 문장이 중간에서 끊기면—

—느낌이 어떤가? 식빵처럼 썬 베이글이 어떤 사람들에게 그토록 충격적인 이유는 무엇일까? 우리를 농담에 웃게 하고 음악에 맞춰 춤

추게 하고 아침마다 잠자리에서 일어나 하루 일정을 확인하게 하는 이 긴장과 해소의 역학은 무언가가 해소되지 않은 채 있는 것이 정말로 힘든 메커니즘과 똑같다. 그것은 엄청나게 불편하다는 것이다.

이성의 목소리는 해결책을 찾지 못하겠거든 문제를 포기하라고 말한다. 어느 쪽이든 꺼림칙한 느낌에서 벗어나고 싶은 것이다. 우주에서의 자신의 한계(생물학적이든 사회적이든)에 접근하는 문제에서라면 최종 해결책은 없다. 하지만 문제를 무시할 수도 없다. 우리가 해야 할 일은 자신의 불편함을 솔직하게 인정하고 내면에 계속 살려두는 것이다. 불편함이야말로 우리에게 성장에 이르는 길을 가르쳐주기 때문이다. 우리가 도달할 최종적 '다 컸네!' 상태 따위는 없지만, 그래도 우리는 이 길을 택해야 한다. 우리가 솔직한 편향을 길러야 하는 이유는 자각과 해결책 사이에서 문제를 열어두고 그로 인한 불편함을 느끼면서도 세상을 살아가는 데 지장을 받지 않을 수 있기 때문이다.

세 번째 실천 지침

솔직한 편향 기르기

이 장에서 얻은 것이 하나도 없다면, 솔직한 편향을 기르는 다음의 네 단계만이라도 챙겨 가시길 바란다.

1단계: 착수 솔직한 편향을 기르려면 무엇보다 자신의 맹목을 깨우고 맹목이 존재하지 않는 척하는 짓을 그만둬야 한다. 이를 감당할 깜냥

이 되는가를 판단할 수 있는 사람은 여러분 자신뿐이다.

2단계: 관찰(초급) 자신의 편향과 사각지대를 숨기거나 무시하느라 들이는 시간과 에너지를 줄이는 조치를 취한다. 이를테면 이 장을 꼼꼼히 읽으면서 다양한 편향에 친숙해지라. 언제 방어 기제가 촉발되는지 주시하고, 여러분이 (1) 바로 지금 정말로 위험에 처해 있는지, 아니면 (2) 새로운 관점으로부터 조금이나마 배울 기회가 있는지 점검하라.

3단계: 수선(중급) 편향과 사각지대 때문에 본의 아니게 생긴 피해를 파악하고 수선하는 데 드는 시간과 에너지를 줄이는 조치를 취한다. 이를테면 사각지대를 발견하면 여러분과 타인에게 과소평가되었거나 피해를 입었을지도 모르는 사람이나 아이디어를 찾아보라. 그 추세를 역전시켜 피해를 복원할 방법을 모색하라.

4단계: 정상화(고급) 남들이 여러분의 사각지대를 문제 삼고 여러분이 일으킨 피해를 해결하라고 요구하는 데 드는 시간과 에너지를 줄이는 조치를 취한다. 이를테면 자신의 관점과 상충하는 정보와 관점을 적극적으로 찾아보라. 생산적 의견 대립을 위해 자신이 동의하지 않는 입장에 대한 최상의 대변인을 논의에 참가시키라. 자신의 신념을 반박하려고 적극적으로 시도하라.

2~4단계는 기본적으로 우리의 편향으로 인한 피해를 줄인다는 동일한 목표를 지향하지만, 초급 단계는 유입되는 정보에 사후적으로 반응하는 것이며 중급과 고급으로 갈수록 예방에 가까워진다. 1단계

는 편향이 존재한다는 사실을 받아들이고 이 사실에 대처하는 일에 착수하는 것으로, 이를 위해서는 자신이 수용할 수 있는 편향을 받아들이고 자신의 깜냥에 맞게 수정하기로 스스로와 계약을 맺어야 한다. 이 계약은 『백인의 나약함』에 나오는 계약을 모든 형태의 편향을 포괄하도록 확장한 수정판이다. 아래 선언들을 곰곰이 생각하면서 자신의 언어로 자유롭게 바꿔 표현해보라.

나는 편향을 받아들이려고 노력할 것이다. 즉, 아래와 같이 행동할 것이다.

1. 내게 한계와 나름의 관점이 있음을 인정한다.
2. 다양한 관점을 논의의 장에 허용한다.
3. 남들이 내 사각지대를 지적할 때 귀를 기울인다.
4. 이로 인한 불가피한 불편함을 환영 선물로 기꺼이 받아들인다.

- 내가 볼 수 있는 어떤 측면에서, 또한 내가 보지 못하는 또 다른 측면에서 나는 주의력, 의미, 시간, 자원, 기억력의 제약 때문에 특정한 종류의 정보를 체계적으로 무시하는 전략적 지름길을 택할 수밖에 없다. 아무도 편향에서 벗어날 수 없다. 나도 마찬가지다. 이 전략이 없으면 우리는 불확실성에 붙들려 옴짝달싹 못할 것이다.
- 또한 내가 구사해야 하는 전략은 어떤 사람들에게 불이익과 피해를 주는 특정한 종류의 정보를 체계적으로 무시하며, 어지간히 노력하지 않고서는 이를 자각할 수 없다.
- 편향을 피하려고 애쓰는 주된 이유는 편안해지기 위해서이며 이는

현상 유지로 귀결된다.

- 편안함을 성장으로 혼동해서는 안 된다. 솔직한 편향이 편안한 경우는 드물다. 불편함이야말로 내 성장의 열쇠이며 바람직한 현상이다.
- 편향은 주변에 의해 강화된다. 여기에는 내 주위의 모임, 내가 세상에 대해 알려고 이용하는 제품과 서비스, 심지어 내가 속한 기관이 포함된다.
- 편향의 치료법은 없지만, 진솔한 자기 성찰, 사려 깊은 피드백 요청, 피드백이 어떤 식으로 전달되든 직접 대응하려는 의지 등이 있으면 편향을 관리할 수 있다.
- 편향은 치명적이다. 우리는 편향을 피할 수 없으며, 편향을 방치하는 것은 고려 대상이 아니다. 이것은 내가 어딜 가든 지녀야 하는 불편한 깨달음이다.
- 나는 생각과 행동에서 편향을 없애려는 노력을 포기해도 좋다는 허락을 받지 못했다. 자신의 사고 과정을 결코 온전히 신뢰할 수 없다는 사실에 발목 잡혀 나 자신이 옴짝달싹 못하도록 내버려둘 수는 없다.

미래 예측 전문가이자 스탠퍼드 대학 교수 폴 새포는 「살짝 쥔 단단한 견해」라는 유명한 에세이를 썼다.[8] 이 제목은 기술 분야에서 많은 사람들에게 일종의 주문呪文이 되었는데, 그 이유는 한 발을 행동에 걸치고 다른 발을 불완전한 생각의 수용에 걸치는, 직관과 다소 어긋나지만 그럼에도 실용적인 방법을 제시하기 때문이다.

"직관이 당신을 결론으로 인도하도록(아무리 불완전하더라도) 내버려 두라. 이 부분이 '단단한 견해'다. 그런 다음 (이 부분이 '살짝 쥠'인데) 자신이 틀렸음을 입증하라. 창의적 의심을 품으라. 들어맞지 않는 정보나 전혀 다른 방향을 가리키는 표시를 찾아보라. 결국 여러분의 직관이 발동하여 잔해에서 새로운 가설이 모습을 드러낼 것이며 이 또한 사정없이 부서질 것이다. 잇따른 잘못된 예측이 얼마나 빨리 유용한 결과를 가져다주는지 알면 여러분은 놀랄 것이다."

이것은 무함마드 알리의 명언 '나비처럼 날아 벌처럼 쏘라'와 그리 다르지 않다.[9] 나비처럼 난다는 것은 마음을 쉽게 자주 바꿀 의향이 있으며 상황에 더 잘 들어맞는 입장을 언제나 찾아다닌다는 뜻이다. 벌처럼 쏜다는 것은 그럼에도 그 입장에 단단히 기대어 이를 결정적 조치의 근거로 삼아야 한다는 뜻이다.

여기에 더해 우리의 사각지대에 대한 피드백을 청해야 하고, 방어적 태도를 취하지 않은 채 피드백을 직시해야 하고, 무슨 수를 써서든 잘못을 바로잡아야 한다. 이것은 냉소적이거나 헛되거나 무의미한 시도가 아니다. 로빈 디앤절로가 이를 훌륭하게 요약했다.

"그것은 뒤죽박죽이고 평생이 걸리는 과정이지만, 내가 천명한 가치를 실제 행동과 일치시키는 데 꼭 필요한 과정이며 크나큰 설득력과 영향력을 발휘한다."[10]

솔직한 편향을 기르면 자신이 현실을 있는 그대로 본다고 착각할 때 생기는 비생산적 의견 대립을 자신의 삶에서 모조리 없앨 수 있다. 가족, 배우자, 직장 동료, 친구가 나의 신념에 이의를 제기할 때, 그들이 틀렸다는 결론으로 직행하는 것이 아니라 그들은 볼 수 있지만 나는 못 보는 무언가가 있지 않은지 스스로에게 물어볼 수 있으니 말이다.

"내가 무조건 옳아!"라고 단정하지 말고 이렇게 말하라. "당신에게 보이는 게 제게는 보이지 않는군요. 제가 볼 수 있도록 도와주시겠어요?" 내가 생각하기에 상대방이 뭐라고 말하는지와 상대방이 실제로 뭐라고 말하는지가 같은지 알기에는 정보가 부족하다. 그럴 땐 분노가 아니라 호기심을 품으라. 그러면 다른 때 같으면 단박에 일축했을 새로운 관점을 허용함으로써 사람들, 생각, 세상과의 관계를 극적으로 변화시킬 수 있다. 어떤 종류의 부조화가 전반적으로 불안을 촉발하는지에도 영향을 미칠 것이며 가능성의 목소리가 더 자주 더 뚜렷하게 들리도록 공간을 만들어줄 것이다.

4

자기 이야기 하기

다른 사람들, 그들의 관점, 그들의 추론에 대해
짐작하는 우리의 능력은 빈약하다.
그러니 모두에게 스스로를 대변하도록 권하라.

생산적 의견 대립 실험을 하면서 가장 놀란 것 중 하나는 사람들이 자신의 관점에서 이야기하지 않고 상대방의 관점을 넘겨짚으려 드는 순간 토론장이 아수라장이 된다는 것이다. 여러분은 다양한 갈등 해소의 모범 사례에서 '당신은'이나 심지어 '당신 생각에는' 같은 표현 대신 **'내 생각에는'** 같은 표현을 하라는 말을 들은 적이 있을 것이다.[1] 물론 이 말에 고개를 끄덕이는 것과 실천에 옮기는 것은 별개 문제다.

앞에서 살펴본 여러 인지 편향과 전략적 지름길에서 보듯 딴 사람들이 어떻게 생각하는지 짐작하기란 여간 힘든 일이 아니다. 특히 6번('간극을 메운다')과 8번('경험은 현실이다')의 두 전략은 고정 관념과 일반화를 이용하여 이야기를 만들어낸 다음 자신의 내적 상태를 타인과 세상에 투사하도록 한다. 그러면 우리는 어느 부분이 세상에서 온 것이고 어느 부분이 우리 스스로 만들어낸 것인지 금세 잊어버린다.

우리는 자신의 관점이 남들과 다를 때 그들의 관점을 대변하는 일에 능하지 못하다. 지나치게 단순화하고 결함을 과장하고 빈 곳을 고정 관념으로 메우기 일쑤다. 이 제약의 해독제는 간단하다. 오로지 자기 이야기만 하고 남들로 하여금 스스로를 대변하도록 하는 것이다.

이론의 여지가 없는 것은 무엇인가?

자신의 관점, 선호, 가치, 의미에 대해 진심으로 자신을 대변하여 말할 때 여기에는 남들이 결코 이의를 제기할 수 없는 무언가가 있다. 우리의 가슴에 대한 진실의 원천은 우리 자신이다. 이에 반해 남을 대변하여 말하려 할 때 우리는 전혀 권리가 없는 무언가에 대해 추측하는 셈이며 이것에 대해서는 남들이 얼마든지 이의를 제기할 수 있다.

따라서 가슴과 관련된 것에 대해 이야기할 때는 우리가 남들을 대변하여 말하든 남들이 우리를 대변하여 말하든 의견 대립에 쉽게 휘말릴 수 있다. 이런 일은 수도 없이 일어난다.

정치를 예로 들어보자. 그러면 이런 실수를 저지르고 극도로 비생산적인 의견 대립에 빠지기가 얼마나 쉬운지 알 수 있다. 최근 역사에서 가장 거대하고 비생산적이고 눈살 찌푸리게 하는 논쟁은 2016년 미국 대통령 선거 기간에 끓어올랐다.

사실 이 책을 쓰게 된 계기는 2016년 대통령 선거 기간에 내 안에서 크나큰 불안을 촉발한 정치 논쟁이었다. 나는 그 논쟁에서 내 최악의 모습을 보였으며, 논쟁이 어찌나 소모적이었던지 반드시 다른 접근법을 찾아야겠다는 생각이 들었다. 그리하여 생산적 의견 대립을 위한 나 자신의 기술을 찾고 다듬기에 이르렀다. 또한 내게도 물론 나름의 입장과 편향이 있어서 정치 같은 폭넓은 주제에 스며들 수밖에 없다는 사실을 분명히 하고 싶다. 나는 이 문제에 대해 최대한 솔직할 작정이다.

내게는 고등학교 시절부터 매우 친한 친구가 몇 명 있다. 우리는 학교 크로스컨트리 팀에서 어설픈 선수들로 처음 만났다. 우리는 자유 사상가 집단을 자처했다(실제라기보다는 희망 사항이었을 테지만). 세 명은 종교가 있었고 두 명은 무신론자였다. 두 명은 심지어 커피도 마시지 않았으며 나머지 중에서 두 명은 기분 전환용 약물을 이따금 투약했다. 몇 명은 결혼해서 애를 많이 낳고 싶어 한 반면에 당분간은 그런 문제에 얽히기 싫어한 친구들도 있었다. 우리는 서로 극단적으로 달랐지만, 상대방의 차이를 존중할 줄 아는 친구 집단으로서의 핵심 가치를 모두가 공유했다. 수많은 친구 집단과 마찬가지로 우리 사이에도 놀림과 주먹다짐과 이따금 말다툼도 있었지만, 모두가 선의에 의한 것이었다. 오늘날 무척 귀한 자원이 되어버린 선의는 규모가 작은 또래 집단에서는 매우 풍부할 수 있다.

'선의'는 라틴어 **보나 피데스**에서 왔으며 상호 작용의 결과가 어떻든 공정하고 개방적이고 솔직하려는 진심 어린 의도를 일컫는다.

25년이 흘렀다. 우리는 모두 미국과 세계 곳곳으로 흩어졌다. 재러드는 엑손의 변호사가 되어 자녀 다섯 명과 두바이에 산다. 네이선은

텍사스에서 특수 교육 교사로 일하는데, 역시 자녀는 다섯 명이다. 크리스는 플로리다에서 창고 관리인으로 일하고 있으며 지미는 바이스 미디어와 알자지라 같은 고객을 위해 사진과 영상을 찍는다. 머나먼 유럽과 아시아에 갈 일도 미국 못지않게 많다. 나로 말할 것 같으면 비교적 한자리에 머물며 아마존, 트위터, 슬랙, 페이트런 같은 기술 기업과 스타트업에 몸담았고 내 회사도 몇 곳 경영했으며 지금은 아내와 두 아이와 함께 베이에어리어에 뿌리 내렸다. 여러분도 짐작했겠지만 시간이 흐르면서 누군가는 정치적 지향이 왼쪽으로 기울었고 누군가는 오른쪽으로 기울었다. 크리스는 중도를 표방했는데, 아마도 우리 때문에 고생깨나 했을 것이다. 비록 짓궂게 굴 때도 있었지만 우리는 저마다 사뭇 다른 입장을 가지고서도 생산적이고 서로를 존중하며 토론할 수 있다는 것에 자부심을 느꼈다.

우리 다섯 명의 정치 토론은 2016년 7월에 시작되어 선거가 끝날 때까지 계속되었다. 그 기간 동안 우리는 3만여 단어를 주고받았는데, 대부분은 같은 사건을 서로 다른 정치적 관점에서 어떻게 해석하는가에 대한 공방이었다. 이윽고 11월 8일이 되어 결과가 나왔다. 지미와 나는 클린턴에게 투표했고 크리스는 투표하지 않았고 네이선은 기명 후보(투표지에는 이름이 없지만 이름을 직접 적어넣는 방식으로 유권자가 투표할 수 있는 후보-옮긴이)에게 투표했고 재러드는 누구를 찍었는지 밝히지 않았다. 선거가 끝나고 우리는 모두 충격에 빠졌다. 입장은 제각각이었지만 다들 클린턴의 승리를 예상했기 때문이다.

나는 마음을 추스를 수 없었다. 머릿속에서 무언가가 망가졌다. 다시 토론이 시작되었다. 우리는 무슨 일이 일어났는가를 각자의 관점에서 분석하고 미래를 예측했다. 하지만 나는 단지 이 글 하나만 올

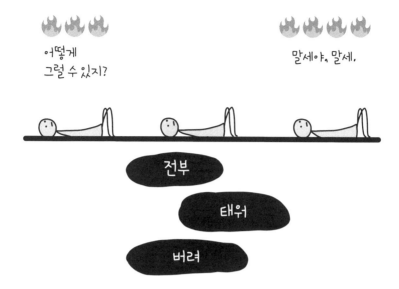

렸다. "어안이 벙벙해. 미국 시민이라는 게 부끄러울 지경이야. 증오가 승리했고 우리 나라는 많은 사람들에게 더 형편없는 곳이 되고 있어. 내겐 시간이 필요해." 그나마 간신히 남아 있던 회피의 목소리가 나를 사로잡았다. 내가 할 수 있는 일이라고는 발을 빼고 갈등이 아예 없었던 척하는 것뿐이었다. 친구들은 세계관이 달라서 나만큼 갈등을 겪지는 않았는데, 이번 투표 결과가 결국은 미국에 유익할 것이라며 나를 위로하고 격려의 말을 건네려 들었다. 재러드가 말했다. "이건 경종이야. 부정적인 생각만 하지 말고 적어도 어떤 긍정적인 결과가 나올 수 있을지 떠올려봐."

하지만 하나도 떠오르지 않았다. "못하겠어. 마음을 추스를 시간이 필요해. 미안하지만 시간을 좀 가져야겠어." 나는 같은 말을 되풀이했다. 평소 같으면 이유를 좀 더 댔을 테지만 이날은 하나도 떠오르지 않았다. 시간이 얼마나 필요한지는 알 수 없었다. 그 대화방에서 기약

없이 나와버렸다. 내가 의지해야 할 이성의 목소리는 수많은 일이 잘못되면서 침묵당했다. 나는 지난 6개월간 쌓아올린 모든 것들의 성패가 단 한 번의 국가적 절정의 순간에 생산적이고 이성적이고 허심탄회한 대화에 대한 신뢰를 완전히 잃었으며 그런 대화를 아예 회피하기로 마음먹었다. (몇 해 뒤, 우리가 나눈 대화를 복기하고서 친구들이 몇 가지 중요한 점을 지적했는데도 당시에 내가 진지하게 고려하지 않았음을 깨달았다.)

한편 트럼프 정부는 몇 주, 몇 달, 몇 년이 가도록 잘만 굴러갔다. 마음 한편에서는 회피가 결국에는 그다지 만족스러운 입장이 아님을 알았지만 어떻게 해야 이성이 차이를 만들어낼지 알 수 없었다. 누구에게 투표해야 하느냐는 하나의 의사 결정을 놓고 여섯 달 동안 3만 단어를 동원하여 나의 가장 친하고 믿음직하고 존중하는 친구들과 토론하고서도 전혀 얻은 게 없는데, 트럼프에게 투표한 6,200만 명이나 아예 투표하지 않은 유권자 약 1억 명과 대화하려면 얼마나 많은 단어와 얼마나 많은 이성이 필요할까?

최악인 것은 1억 6,200만 명에게 내가 옳음을 설득할 방법을 찾지 못했다는 것이 아니라 그들에게 무엇을 설득할지 모른다는 사실을 깨달았다는 것이었다. 많은 사람들에게는 매우 명백한 무언가가 내게는 빠져 있었다. 여느 심각한 집단적 인지 부조화 시기와 달리 나는 우리가 옳은지 아닌지 알아내는 수단이 우리에게 있다고 더는 자신할 수 없었다. 생각을 변화시키는 것이 불가능했다면 대체 무엇이 생각을 단단히 고정했을까? 이성이었을까? 그럴 것 같지는 않았다. 그랬다면 이성으로 움직일 수 있었을 테니까. 무력 또한 사람들로 하여금 투표하게 하는 타당한 전략으로 볼 수 없었으며, 투표하지 않거나 정치에 대해 전혀 이야기하지 않는 것은 현 상황에서 문제를 곪게 할 뿐이었다. 정말이지 우리 나라가 가라앉는 보트라는 생각이 들었다. 나는 뭐라도 힘을 보태기보다는 그냥 마비되었다. 문득 내가 침몰의 공모자처럼 느껴졌다. 우리가 무엇을 했기에 이런 일이 일어났을까? 나는 무엇을 했을까? 대체 어떻게 해야 결과를 되돌릴 수 있을까?

이때 가능성의 목소리가 처음으로 일관된 말들을 내 귀에 속삭였다. 나직한 목소리로 내게 가능한 한 오랫동안 판단을 유보하라고, 자제력을 잃어 탁자를 엎지 말고 모순되는 관점들을 나란히 놓아두라고 말했다.

그러자 네이선이 떠올랐다. 친구 중에 극단적 보수주의자이던 그는 선거 기간 내내 트럼프와 클린턴 둘 다 대통령감이 아니라고 주장했다. 네이선은 결국 기명 후보('우리가 국민')에게 투표하기로 했다(군소 후보 로키 드 라 푸엔테를 일컫는다-옮긴이). 그만 그런 것이 아니었다. 2016년 선거에서 기명 후보의 득표수는 2012년 대통령 선거의 일곱 배에 이르렀다.[2] 내가 이성의 목소리에 귀를 기울였을 때 이 사실은 내게 아무 의미도 없었다. 실은 불쾌했다. 우리의 투표 체계는 자신이 가장 바라는 결과를 위해 투표하도록 구성되었다. 기명 후보에게 투표하는 것은 아예 투표하지 않는 것과 매한가지처럼 느껴졌으며 아예 투표하지 않는 것은 영향력을 행사하려는 희망을 완전히 버리는 짓이었다. 선거까지의 토론을 통틀어 이 선택지는 내게 전혀 무의미해 보였다.

즉각적 좌절 반응에 완충 역할을 할 만큼 실제 선거로부터 거리가 멀어지자 네이선의 말이 다르게 들렸다. 만일 주어진 선택지 중에서 좋은 것이 하나도 없다면 투표하지 않음으로써 투표권을 (부정적 의

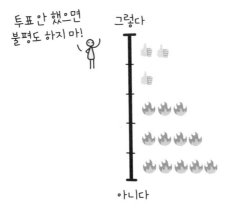

미로) 행사할 수 있을까? 머릿속 이성의 목소리는 이것이 결코 바람직한 결과를 가져오는 최선의 수단이 아니라고 매우 합리적으로 지적했다. 그럼에도 네이선이 투표권을 행사한 방법은 모두에게 한 표씩 부여하는 체계에서 자신의 정치적 입장을 표현하는 유일한 수단이었

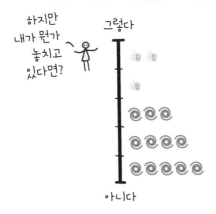

다. 그가 기명 후보에게 투표한 것이 이 때문이었다면, 과연 그가 투표권을 잘못 사용했다고 주장할 수 있을까? 그의 가슴이 어떻게 느껴야만 한다고 그에게 말할 수 있을까?

가능성의 목소리가 내게 일깨운 것은 모든 사람에게 스스로를 대변하여 말할 수 있도록 목소리를 부여하는 것이 목표라면 투표하지 않는 것 또한 민주주의에서 자신을 표현하는 타당한 수단일지도 모른다는 가능성이었다. 내가 '일지도 모른다는'이라고 쓴 것은 어떤 개념이 절대적으로 옳은지를 당장 결정할 필요가 없다는 것이야말로 가능성의 목소리가 취하는 태도이기 때문이다.

나의 심장 박동 수와 혈압에서 분명히 알 수 있었듯 가능성의 목소리는 불안으로 인한 긴박감에 의존하거나 반대 의견을 짓밟으라고 부추기지 않고 한가한 시간에 더 꼼꼼히 탐구하고 이해할 수 있도록 수많은 가능성을 열어주었다.

일인 일표

가능성의 목소리에 귀 기울일 때의 부작용 중 하나는 정답 없는 질문이 사방에서 튀어나온다는 것이다. 반면에 평범한 어느 날 이성의 목소리를 듣다 보면 이런 질문이 떠오른다. '정말 지금 벌집을 건드리고 싶은 거야?' '나는 이 대화에서 뭘 얻으려고 기대하는 걸까?' 이런 질문은 논리적이며 내가 목표를 추구하고 목적을 달성하는 활동에 주로 종사할 때는 얼마든지 말이 된다. 하지만 이제 나는 정치 토론을 할 때 마음속에 목표를 두지 않기로 했다. 내가 모르는 것을 탐구하려는 호기심을 품고, 혼란으로부터 멀어지는 것이 아니라 혼란을 향해 나아가기로 했다. 이 감정은 '모순되는 아이디어들이 해소되지 않은 채 섞일 수 있는 중립적 정신 공간'으로 표현할 수 있다.

나는 투표 거부라는, 이 기이하고도 겉보기에 반[*]민주주의적인 행위가 갑자기 유행한 이유를 자세히 알고 싶었다. 그러려면 도덕적 의무의 성격을 연구하면 되겠다는 생각이 들었다. 나는 우연한 기회에 친구들과 가족에게 설문 조사를 할 수 있었다. 또한 내가 느낀 또 다른 의무를 참고하고 비교할 수 있었다. 나는 자연스러운 모임이나 나의 소셜 미디어 채널에서 "우리에게는 투표해야 할 도덕적 의무가 있나요?"라고 사람들에게 묻기 시작했다. 대답은 각양각색이었다.

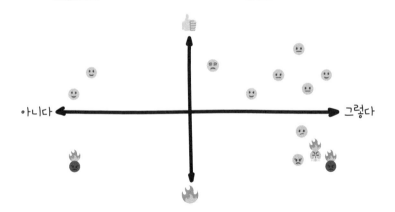

어떤 사람들은 투표가 도덕적 의무라고 주장했다.

"이것 때문에 고역을 치르고 있어요. 저는 투표가 의무라고 생각해요.

이 나라에서 수많은 특권과 혜택을 누리며 산다면(그중에는 힘들게 얻은 것도 있죠) 이렇게 많은 것을 베푸는 체제에 참여하려 들지 않는 것은 지독한 태만이에요."

"투표는 민주주의에 대한 공동의 약속이라고 생각해요. 투표한 사람들은 자신이 민주주의에 작으나마 이해관계가 있다고 느낄 거예요. 더 중요한 사실은 투표율이 높을 경우 선거 결과에 주위 사람들의 의지가 반영된다는 인상을 모두가 더 강하게 받으리라는 거예요. 투표하는 사람이 적을수록 선거 결과에 대표성이 없고 따라서 적법하지 않다고 치부하기 쉬워져요. 누구에게 투표했든, 선거 결과에 어떤 영향을 미쳤든 개인의 투표는 정말로 '민주주의 자체'를 떠받치는 기둥이에요."

더 강경한 태도를 취한 사람들도 있었다.

"투표하지 않는 건 이기적이고 나태한 짓이에요. 온갖 이유를 대며 자신의 이기심을 정당화할 수 있다고 생각할지도 모르지만, 이기적인 건 이기적인 거예요. 그건 '우리 공동체의 취약한 사람들을 돕기 위해 작은 투표 행위를 통해 내가 현실에서 미칠 수 있는 영향보다는 체제에 대한 나의 기분이 더 중요하다'라고 말하는 셈이에요."

"투표하지 않으면서 우리 민주주의 체제가 선사하는 특권을 누리는 사람들은 연습에 참가하거나 경기에서 뛰지 않으면서 팀이 이겼을 때 트로피를 받고 싶어 하는 사람과 같아요."

어떤 사람들은 동의하되 단서를 달았다.

"투표하지 않는 것을 선택하는 것도 나름의 투표라고 생각하고 동의해요. 투표하지 않는 데는 그럴 만한 이유가 있어요. 쟁점을 이해하지 못해서일 수도 있고 선택지가 마음에 들지 않아서일 수도 있고 남들에게 결정을 맡기는 쪽을 선택해서일 수도 있어요."

가닥이 풀려가면서 점잖은 논평은 끝이 나고 더 강경한 입장의 가닥들이 밀고 올라왔다. 어떤 사람은 다소 도발적인 비유를 동원하기도 했다.

"저는 투표를 강요하는 건 섹스를 강요하는 것과 같다고 생각해요. 많은 남자들은 자신이 가족을 먹여살리려고 열심히 일했으면 섹스는 아내의 의무라고 믿죠. 강간은 아니지만 동의를 받지도 않아요. 투표를 강요하는 건 안 된다고 제가 말할 수 있을까요? 당신의 말 속에 사실상 강요가 담겨 있을까요?"

도덕적 합의에 의거하여 행동하라는 압박은 강력하다. 그러면 어김없이 새로운 대화가 곁가지를 쳤으며 한두 명은 강간 비유를 든 사람을 몰아세웠다.

"투표를 강간에 비유하는 사람과 진지한 대화를 나눌 수 있을 것 같지는 않아요."
"폭력적 성행위는 투표와 비슷하지 않아요. 이걸 설명씩이나 해야 하다니 어이가 없네요."

이 방향의 대화를 몰아내기 위해 힘의 목소리가 작용하고 있음에 유의하라. 대화가 후끈 달아오르자 더 확고한 입장들이 표명되었다.

"누군가 자기의 표가 중요하지 않다거나 덜 나쁜 것을 선택할 거라고 한다면 그건 그들이 자신밖에 못 보기 때문이에요. LGBTQ, 유색 인종, 빈민처럼 자신보다 취약한 사회 계층을 바라보지 않기 때문이라고요. 제가 자유지상주의자들을 혐오하는 이유 중 하나는 그들이 자신의 필요에 맞게 스스로를 건사할 수 있는 위치(주로 백인에다 부유층)에 있기 때문이에요. 그들이 투표하지 않는 건 도움이 필요한 사람의 뺨을 후려치는 격이에요. 이 나라는 억압받는 자들을 보듬는다는 원칙하에 건국되고 발전했어요. 당신이 부를 누리고 자신의 안전한 작은 섬에 머물고 싶어 한다면 그것은 인종과 소득 때문에 당신만큼 특권을 누리지 못하는 사람들에게 가운뎃손가락을 치켜드는 짓이에요. 우리가 투표하는 건 자신만을 위해서가 아니에요. 공동체를 위해서라고요."

이 대화가 유난히 특이한 것은 아니었다. 수많은 주제를 놓고 매일같이 소셜 미디어 곳곳에서 벌어지는 많은 대화에 비하면 꽤 얌전한 편이다. 평범하지만 유용한 이유는 지금껏 살펴본 모든 개념을 한꺼번에 포착할 수 있기 때문이다. 논쟁에는 많은 관점들이 있으며 많은 관점들이 상충한다. 사람마다 자신의 인지 부조화와 씨름하며 저마다 다른 수준의 불안이 촉발된다. 각 사람의 내면의 목소리는 확고한 이성에서 가차 없는 모욕과 그에 대한 방어에 이르기까지 저마다 다른 의견 대립 해소 전략을 제시한다. 논쟁은 달아올랐다가 결국 사그라들었다. 많은 사람들이 대화를 회피했는데, 그 이유는 오로지 그

드라마에 몸담고 싶지 않아서였던 것 같다.

어떻게 하면 생산적으로 대화할 수 있었을까? 개인적 모욕이 아니라 생산적 의견 대립으로 대화를 이끌 수 있었을까? 건전하고 순탄한 사회에서 살고 싶은 공동의 욕망을 중심으로 사람들을 하나로 묶을 방법은 없었을까? 성장, 연결, 즐거움을 위한 기회로는 어떤 것이 있을까?

가능성의 목소리가 정답을 알려주지 않는다면 이 대화는 시간 낭비일까? 바로 이 순간 원하는 것이 사람들의 마음을 바꾸는 거라면 이것을 실패라고 부르기 쉽다. 하지만 이 난감한 주제를 모험의 초대장으로 바꾸는 생산적 의견 대립에 관심이 있다면 이것은 전혀 시간 낭비가 아니다. 오히려 출발점이다. 여기서 대화를 이어간다면 생산적 결실을 듬뿍 맺게 될지도 모른다. 그러지 않고 이런 상황에서 문제가 해소되길 바라는 것은 종종 헛된 희망에 불과할 수 있다. 우리는 결코 대화 한 번으로 자신의 생각이 바뀌지 않을 것임을 안다. 그런데 왜 딴 사람들의 생각은 바뀔 거라 생각하는가?

나는 강간 비유를 비판한 사람과 후속 대화를 나눌 기회가 있었다. 알고 보니 그녀가 투표하지 않은 것은 종교적 이유 때문이었다. 여호와의 증인들은 정치적으로 완전한 중립을 지키는 것을 성경적 의무로 여긴다. 이것은 내가 몰랐던 사실이다. 우리는 그녀와 교회의 관계에 대해, 그녀가 교회 밖 사람들에게 조롱당한 경험에 대해 이야기를 나눴다. 이 맥락 덕분에 나는 그녀가 동의에 대해 격앙된 반응을 보인 이유를 알 수 있었으며 이 주제에 대해 복잡한 입장이 있을 수 있음을 더욱 잘 이해할 수 있었다.

돌이켜 생각해보니 내가 던진 질문에 문제가 있었다. 나는 사람들에게 남들이 무엇을 해야 하는지에 대해 의견을 청했다. 그게 아니라 자신이 무엇을 강요받는다고 느끼는지 물었어야 했다. 대화의 틀을 바꾸어 사람들에게 자신의 관점을 자신의 언어로 들려달라고 했더니 각 사람이 어떻게 해서 나름의 입장에 이르게 되었는지 훨씬 쉽게 알 수 있었다.

네 번째 실천 지침

자기 이야기 하기

자기 이야기를 하는 것은 흔한 두 가지 나쁜 습관을 버리는 것이다. 하나는 남들을 대변하여 말하는 것이고 다른 하나는 집단의 관점을 넘겨짚는 것이다. 이 두 가지 습관에서 벗어나는 건 여러분이 생각하는 것보다 힘들다. (눈치 채셨는지? 방금 나는 여러분을 대변하여 말했다.)

이를테면 내가 "당신이 자녀에게 백신을 맞히지 않는 것은 딴 애들 생각은 안 하고 제 자식 걱정만 하는 격이에요"라고 말한다면 나는 여러분의 행동이 내면의 생각을 드러낸다고 추측하는 것이다. 내 추측이 옳을 수도 있지만, 여러분 내면의 생각이 실제로 무엇인가에 대해서는 여러분이 더 권위자다. 내가 나 자신만을 대변하려 했다면 이렇게 말했을 것이다. "제가 아이들에게 백신을 맞힌 것은 그것이 우리 아이들에게 최선의 방안이라고 생각했기 때문이에요. 당신이 자녀들에게 백신을 맞히지 않는 것은 어떤 동기에서인가요?" 이 질문은 여

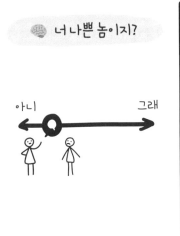

러분 스스로에 대해 내 입장에서는 상상할 수 없는 무언가를 밝혀달라는 요청이다.

여러분이 내 앞에 있지 않아서 이 질문을 직접 던질 수 없다면 어떨까? 그때 우리는 집단의 생각과 동기를 넘겨짚는 두 번째 나쁜 습관에 빠지게 된다. 크고 작은 신문과 온라인 매체의 독자 의견란은 집단에 대한 억측으로 가득하다. 몇 가지만 예를 들어보자.

"이 백신 반대 부모들(그들을 무임승차자나 심지어 친역병파라고 부르자)은 백신이 아동 질병의 박멸에 이바지하기보다는 자기 자녀들에게 피해를 입히리라는 잘못된 믿음에 사로잡혀 우리 자녀와 공동체를 위험에 빠뜨리고 있다."[3]

— 『워싱턴 포스트』 독자 의견(2019년 8월 30일)

"이런 사고방식을 옹호하는 사람들이 자기네가 요구하는 것의 의미를 골똘히 생각해봤을지 의심스럽다. 그들은 가장 병약한 사람들에게 맞게 시대와 장소를 막론하고 모든 사람에게 삶과 행동을 바꾸라고 요구한다. 그러한 요구의 의미는 백신을 훌쩍 뛰어넘는다."[4]

— 「백신 리액션」, 독자 의견(2019년 4월 11일)

백신 찬반을 떠나서 이런 추측의 한 가지 문제는 우리가 이해하지 못하는 사람들을 매몰차게 일반화하여 공동체 전체를 싸잡는다는 것이다. 우리는 한 사람이 어떻게 생각하는지 짐작하는 일에 서툴 뿐 아니라 집단 전체가 어떻게 생각하는지 짐작하는 일에는 아예 젬병이다. 내가 자신만을 대변하여 말하기로 결심한다면 나는 넘겨짚을 것이 아니라 백신 찬성파와 백신 반대파를 대변하는 사람들을 찾아야 한다. 그러면 그들에게 자신의 관점에서 어떻게 생각하고 행동하는지 물을 수 있다.

남들에 대한 추측을 삼가면 자신이 다른 사람의 행동 이면에 있는 의도를 안다는 오만한 결론으로 직행하지 않고 그들이 어떻게 생각하는지에 대해 내가 모르는 게 있을 가능성을 먼저 고려하게 된다.

자신을 대변해서만 이야기하면 아래와 같은 소득을 얻을 수 있다.

1. 단순히 사람들에 대해 이야기하는 것이 아니라 그들을 대화에 참여시킬 수 있다.
2. 다른 사람들의 입장에 대한 심적 모형을 훨씬 빨리 개선할 수 있다.
3. 자신의 입장을 그들에게 더 정확하게 표현할 수 있다. 이렇게 하면 그들이 여러분을 잘못 이해하거나 추측할 가능성을 줄일 수 있다.

남이 아니라 자기 이야기를 할 때의 또 다른 효과는 논쟁할 때 집단 고정 관념에 덜 기대게 된다는 것이다. 이민자들이 이 나라에 들어오려고 망명 제도를 악용하는지 논쟁할 때 이 지침을 진지하게 받아들인다면, 여러분은 이민자를 대화에 초대하여 그들의 동기에 대해 들어봐야 할 것이다. 그런 경우에조차 그들이 대변하는 것은 개개인의 관점이지 이민자 전체의 관점이 아니다. 넘겨짚지 않고 그 사안에 대해 이야기할 수 있을 만큼 충분한 관점을 접할 때까지 사람들을 대화에 끌어들이라. 그러면 대화가 새로운 차원으로 확장되고 현실에 토대를 둘 수 있다. 이는 필연적으로 아래와 같은 새로운 질문을 낳는다.

- 최근에 이주한 사람과 이야기하고 싶은데 어디서 찾을 수 있을까?
- 나는 특정 국가에서 온 이주민을 염두에 두고 있을까, 아니면 전부 똑같다고 가정하고 있을까?
- 그들이 같은 나라에서 왔어도 저마다 고국을 떠난 나름의 이유가 있진 않을까?
- 한 사람이 집단을 얼마나 대변할 수 있을까?

집단에 고정 관념과 꼬리표를 붙이고 검증되지 않은 의도, 동기, 행동을 막연히 연관짓는 의견 대립은 대부분 소모적으로 끝난다. 만일 여러분이 가능성의 목소리가 제시하는 질문을 따라간다면 대화의 수준이 훨씬 흥미진진한 차원으로 올라갈 것이다. 지금쯤 알아차렸을지도 모르겠지만, 일반화와 익명화의 방식으로 집단에 대해 이야기하는 전략적 지름길을 택했다는 것은 문제를 지나치게 단순화하여 이해했다는 증거다. 일단 이 사실을 이해했으면 문제를 올바르게 볼 수 있는 수준으로 그 이해를 끌어올리는 것은 다시 여러분의 몫이 된다. 그러면 여러분이 진짜 대답을 찾고 싶을 만큼 충분히 진짜 질문을 고민하지 않았다는 사실이 드러날지도 모른다. 그래도 괜찮다. 어느쪽이든 남들에게 잘못된 통념을 투사하여 허수아비 때리기를 하지는 않았으니까.

5

놀라운 대답을 이끌어내는
질문 던지기

놀라운 대답에 가장 많은 정보가 담겨 있다.

편향은 선택지가 너무 많거나 불확실성이 너무 클 때 거기에 마비되지 않고 이야기, 의사 결정, 행동에 집중하게 해주는 정신적 연장이다. 얼른 답을 얻고 싶은 조바심과 최선의 답에 안착하고 싶은 욕망의 균형을 맞추는 최고의 수단 중 하나는 근사한 질문을 던지는 것이다. 근사한 질문은 위대한 답을 끌어내며 최고의 답은 우리가 이전에는 이해하지 못한 무언가를 드러냄으로써 우리를 놀라게 한다.

유령

우리가 좋아하는 텔레비전 토크쇼에 유령을 초대하여 그들이 대체 어떤 존재인지, 왜 세상에 있는지, 어제 점심으로 뭘 먹었는지 질문을 던지면 근사하지 않을까?

그러면 수많은 논쟁을 잠재울 수 있지 않겠는가!

유령은 마무리하지 못한 일 때문에 이승을 떠돌아 다니는 영혼일까? 흰옷은 왜 입을까? 그들은 우리의 차원에 불현듯 나타나 우리가 놀라는 만큼 자기들도 놀라는 차원 간 존재일까? 상상의 산물이 현실에 투사된 것일까? 악령이거나 천사이거나 외계인일까?

여러분은 유령이 진짜라고 믿는가? 자신이 아래 좌표에서 어디에 있다고 생각하는가?

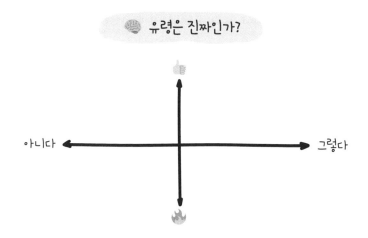

나는 작년에 유령에 대한 입장이 달라졌는데, 이 책을 쓰면서 진행한 실험의 결과도 한몫했다. 그 이야기를 조금 풀어보겠다. 여러분이 1년 전 나에게 유령을 믿느냐고 물었다면 나는 전혀 믿지 않는다고 답했을 것이다. 심지어 요 몇 년 새 유령을 믿는다는 친구들과 열띤 논쟁을 벌이기도 했다. 더 구체적으로 말하자면, 나는 유령이 존재한다는 주장에는 단호히 반대했지만 유령에 대한 새로운 정보에는 마음을 열어두었다. 만에 하나 내가 좋아하는 토크쇼에 유령이 출연하여 여러 질문에 만족스러운 답변을 내놓는다면 나는 그 증거에 마음이 흔들릴 것이다.

여러분이 나의 과거로 더 거슬러 올라가면 내가 줄곧 유령을 믿지 않은 것은 아님을 알 것이다. 실은 명상을 하다가 '실존'을 경험한 적이 있다. 이것은 유령 범주에 속하는 것으로 간주되는 현상이다. 당시에 나는 모종의 영적 존재를 보았다고 100퍼센트 확신했다. 지금은 그러지 않았다고 확신하지만. 하긴 경험과 기억은 복잡하니까. 그렇지 않은가?

내가 초등학교 2학년 때 동네 아이 몇 명이 위저보드(진자와 자동 필기로 영혼과 대화하는 게임 용품 – 옮긴이)를 가지고 놀다가 우리 집 뒤 언덕에서 무언가를 찾아보라는 '지시'를 받았다. 그곳에서 잡동사니가 든 상자가 땅에 묻혀 있는 것을 발견했을 때 우리는 소름이 돋았다. 고등학교 때는 타로에 빠져서 밤늦도록 레스토랑에 죽치고 앉아 카드로 사람들의 운세를 점쳐주었다. 한번은 어떤 남자가 내 카드 점괘를 듣다가 울음을 터뜨리기도 했다. 최근에 죽은 자신의 말馬이 카드를 통해 메시지를 전했다고 믿은 것이다.

나는 임사 체험에도 무척 흥미를 느꼈으며 천사처럼 '저세상'에 있는 존재들과 정말로 소통하고 싶었다. 어느 날 오후에 나는 명상을 하면서 습관처럼 천사를 초청하여 짧은 담소를 나누려고 애쓰고 있었다. 눈을 뜨자 천사가 천장을 통과하여 내 침실에 내려온 것이 보였다. 그는 금속 표면에서 빛이 반사되듯 밝게 빛나고 있었다. 나는 준비한 질문을 던졌다. "저는 누구인가요?" 천사는 빛나는 종이 한 장을 내밀었다. 나는 종이를 보았지만 아무것도 쓰여 있지 않았다. 천사는 금세 사라졌다. 해답을 갈구하던 나의 고등학생 자아가 해답을 얻기 직전까지 갔으나 결국 아무것도 얻지 못한 것이다. 무척이나 실망스러웠다! 나는 이 경험을 나 자신과 유령, 천사, 외계인, 아니면 어떤 다차원적 존재와의 직접 접촉으로 해석했다. 왜 그는 나와 소통하는 수고를 무릅쓰고서도 정작 아무 말도 하지 않았을까? 나는 정말이지 그런 존재가 진짜로 존재하기를 바랐다. 실망하는 한이 있더라도. 우리의 마음은 그렇게나 복잡하다.

유령도 복잡하긴 마찬가지다. 유령이 이승을 떠도는 망자의 영혼이라는 생각은 14세기 유럽의 지배적인 유령 이미지였으나, 유령에 대한 전통과 전설은 시대마다 천차만별이었다. 역사를 통틀어 전 세계에서 수많은 형태의 유령이 사람들에게 나타났다.

유령 개념은 영혼 개념과 맞아떨어지며 이집트, 또는 그 이전으로 거슬러 올라가는 여러 종교에 도입되었다. 영혼은 이승을 떠나 저승으로 가며, 그곳에서 잘 지내려면 사람들이 음식과 제물을 올려야 한다. 유령은 호메로스의 『오디세이아』와 『일리아스』에도 나오는데, 『일리아스』에서는 "연기처럼 땅속으로 사라졌다"고 묘사한다.[1] '혼백'은 대체로 자기 일에만 신경 쓰지만 이따금 예언이나 조언을 해주기도 한다. 기독교에도 '성령'이 있는데, 성부, 성자와 더불어 성삼위일체의 세 번째 부분을 일컫는다.

과학 혁명 이전에는 유령 개념이 그 밖의 주요 신념 체계와 반드시 상충하지는 않았지만, 매우 강력한 측정 수단이 도입되고 물질과 에너지에 대한 이해가 깊어지면서 더는 유령을 고집할 수 없게 되었다. 유령을 봤다는 사람이 한둘이 아니고 텔레비전에서 「유령 사냥꾼」 리얼리티 쇼가 방영되지만, 유령이 있다는 결정적 증거는 아직까지 한 번도 발견되지 않았다. 그렇다면 이런 질문이 제기된다. 유령에 대한 관점과 해석이 천차만별인 상황에서 유령에 대해 생산적인 대화를 나누는 것이 가능할까? 가능하다면, 어떻게 해야 할까? 이 문제를 각 목소리의 관점에서 살펴보자. 그 과정에서 어느 목소리가 여러분 자신의 머릿속 목소리와 공명하는지 눈여겨보라.

힘의 목소리

힘의 목소리에 귀를 기울이면 상대방에게 유령을 믿으라고(또는 믿지 말라고) 요구하려 들 수 있지만, 힘의 목소리는 믿음과 관련된 요구를 하는 데는 대체로 무력하다. 다르게 믿는 사람을 쫓아내거나 자신의 귀를 틀어막고 일방적으로 지껄이는 것이 고작이다.

이성의 목소리

유령 회의론자들은 이 주제를 다룰 때 이성의 목소리를 곧잘 구사한다. 유령이 진짜라면 과학적 수단으로 유령을 확실하게 검출하지 못하는 이유가 무엇일까? 유령이 진짜가 아니라면 수많은 사람들이, 심지어 학식 있는 사람들까지도 유령 체험을 보고하는 이유가 무엇일까? 논리는 이 모순을 감당하지 못하며, 이를 이해하려다가는 인지 부조화에 빠지고 만다.

여러 과학 집단들이 유령 개념을 타파하려고 시도했다. 물리학자 존 페리어는 1813년에 쓴 논문 「유령 이론에 대한 에세이」에서 유령을 보는 것이 환각의 결과라고 주장했다.[2] 1976년에 설립된 회의적조사위원회(CSI)[3]도 유령에 회의적 입장으로, 「유령 사냥꾼」 같은 쇼를 비판하며 그런 쇼의 결론이 모조리 '추측과 짐작'이라고 주장한다.[4] 이 모든 노력의 결과로 유령을 믿다가 회의론자로 돌아선 사람이 하나라도 있을까? 계산하기 까다롭긴 하지만, 그런 노력 때문에 유령을 믿는 단체들이 오히려 오기를 부리거나 심지어 그들을 공격했다는 증거가 있다. 1977년 FBI가 사이언톨로지 교회를 급습했는데, 마치 CSI 회원이 보낸 것처럼 위조된 편지들이 발견되었다. 사이언톨로지 교회는 CSI를 CIA의 위장 단체로 꾸몄으며 편지를 언론에 보내어 CSI의 명성을 깎아내리려 했다. 초심리학협회는 CSI가 회의주의를 공격적으로 옹호하여 초자연 현상에 대한 과학 연구를 가로막는다고 비난했는데, 이 때문에 칼 세이건이 합리주의 배후에서 전투가 벌어지고 있다고 털어놓기도 했다.

회의론자가 잘난 체하고 경멸하는 것을 들어본 적이 있느냐고? 확실히 그런 적 있다. 돌이켜 보면 애석하게도 이따금 나 자신의 목소리에서 그런 불쾌한 어조를 들은 적이 있다. 이 문제의 양편 다 인간적으로 완벽하지 않다. 심지어 과학적 회의주의를 섬세하게 적용하더라도 오만하고 교조적이고 무정하고 타인의 감정과 깊은 신념을 무시하는 것으로 비칠 수 있다. … CSI는 완벽하지 않다. 경우에 따라서는 CSI에 대한 비판이 어느 정도 정당화되기도 한다. 하지만 내 관점에서 보자면 CSI는 중요한 사회적 역할을 한다. 언론이 다른 쪽 이야기를 듣고 싶을 때, 특히 사이비 과학의 놀라운 주장이 뉴스 가치가 있다고 간주될 때 자문을 구할 수 있는 이름난 단체이기 때문이다.[5]

독립적조사연합(IIG)은 세계 최대의 초심리학 조사 단체를 표방하며, 캘리포니아주 로스앤젤레스의 자기네 실험실에서 적절한 관찰 조건하에 초심리학적 능력이나 체험을 입증하는 사람에게 10만 달러를 주겠다고 공언했다.[6] 이 단체는 CSI와 마찬가지로 과학적 증거를 이용하여 초심리학에 대한 회의론을 전파하지만, 대결적이기보다는 협력적인 접근법을 채택함으로써 공격 유발 가능성을 낮췄다. 다른 한편으로 그들의 본거지에 찾아와 기꺼이 자신의 신념을 검증에 부치려는 참가자를 찾는 일 또한 문제였다. 이 단체는 몇 년간 열성적으로 조사했으나 이렇다 할 성과를 거두지 못해 이제는 활동이 시들해진 듯하다.

회피의 목소리

물론 유령이라는 주제를 깡그리 회피하는 방법도 있다. 어쨌든 유령은 그림자 속에 머무는 것에 아무런 불만이 없는 듯하며 유령을 믿는다고 해서 우리의 일상 관심사가 실질적인 위협을 받는 것 같지는 않다. 하지만 회피라는 방법으로 유령에 대한 무의미하거나 비생산적인 대화의 가능성을 줄일 수 있을지는 몰라도, 이는 어쩌면 생산적으로 탐구할 수 있을지도 모르는 주제 전체를 차단하는 셈이다.

가능성의 목소리

나는 작년에 유령에 대한 입장이 달라졌는데, 이 책을 쓰면서 진행한 실험의 결과도 한몫했다. 지금은 유령이란 '해결되지 않는 질문에 우리의 상상력으로 행위 주체성과 목소리를 부여한 것'이라는 발상에 개인적으로 끌린다. 이것은 해결되지 않은 문제가 있는 사람들의 정신과 다르지 않다. 자기 머릿속에 들어 있다는 점만 빼면. 이 이론에 따르면 유령은 만족스럽게 해결하기가 불가능한 거대한 미해결의 철학적·수사학적 질문을 표현한 것이다. 유령이 존재할 가능성의 공간을 만들어내는 것은 "유령이 존재하는가?"라는 질문을 열어두는 행위이며, 우리의 뇌는 이를 유령 비슷한 대체물로 나타낸다(때로는 시각적 형태로, 때로는 청각적 형태로, 때로는 막연한 느낌으로 나타난다). 실제로 유령은 해결되지 않은 질문이며 현실과 가능성 사이의 연옥에서 살아간다. 이 개념에는 나의 괴팍한 신념 체계를 만족시키는 어떤 심리적 우아함이 있는 듯하다. 왜 유령이 모든 문화에서 나타나는지(모든 문화에는 해결되지 않은 질문이 있으므로), 왜 내가 좋아하는 토크쇼에는 유령이 한 번도 출연하지 않았는지(그렇게 되면 질문이 해결될 텐데, 그건 전혀 중요한 게 아니므로) 부분적으로 설명할 수 있기 때문이다.

지금까지 유령에 대한 나의 현재 관점을 두루 살펴보았다. 나의 현재 관점은 과거의 관점과 다르다. 그때의 관점은 '유령은 존재한다!'와 '유령은 존재하지 않는다!'의 흑백 논리에 가까웠다. 내가 유령에 대해 지금의 믿음을 갖게 된 것은 많은 사람들에게 유령을 믿는지 물어보면서 가능성의 목소리를 구사했기 때문이다. 나는 이 주제에 대해 그들의 생각을 바꿀 의도가 전혀 없고 단지 그들의 믿음을 엿보고 싶을 뿐이라며 그들을 안심시켰다.

나는 사람들에게 아래 명제에 대한 의견을 말해달라고 부탁했다.

유령은 존재하는 실재이며 살아 있는 우리 인간이 체험할 수 있다.

단순한 예, 아니요보다 좀 더 많은 정보를 얻기 위해 나는 응답자들에게 자신의 입장을 가장 잘 나타내는 위치를 좌표에 표시해달라고 요청했다. 내가 조사한 집단의 답변 분포는 아래와 같다.

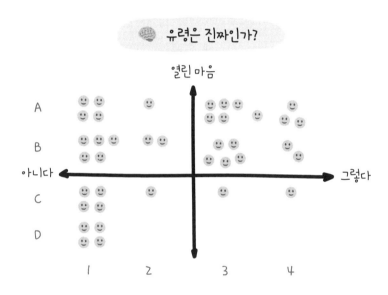

위의 결과에서 몇 가지 대략적 결론을 내릴 수 있다. 조사 대상의 52퍼센트는 정도 차이는 있지만 유령을 믿었으며 48퍼센트는 믿지 않았다. 전체의 75퍼센트는 상충하는 정보를 고려하는 것에 대해 열린 태도를 취했다(유령을 믿는 진영에서 그런 경향이 훨씬 강하긴 했지만). 유령을 믿지 않는 사람의 65퍼센트는 상충하는 정보를 고려하는 것에 대해 더 부정적인 태도를 취했다.

유령을 믿지 않는 진영의 응답을 몇 가지 소개하겠다.

"저는 전기를 믿고 물질과 에너지가 창조되거나 소멸되지 않는다고 믿어요. 그러면 뭐가 남는지는 아무도 몰라요. 그래도 그게 '유령'이라고는 생각지 않아요."

"유령을 믿을 이유는 하나도 없지만, 만나보고 싶긴 해요."

"유령이 진짜가 아니라 삶 너머의 무언가를 갈망하는 우리의 상상력이 낳은 산물이라고 확신해요. 오늘 밤 아내와 이 얘길 하면서 (유령과 외계인에 대한) 아내의 믿음에 대해서 흥미로운 것들을 더 알게 됐어요. 대화와 배움을 자극하는 데는 효과 만점이더군요."

"문득 제가 미치광이 ⋯ C1(위 그래프에서 위치를 뜻함-옮긴이)이라는 걸 깨달았어요. 유령이 존재하지 않는 건 분명하고 유령의 존재를 제게 설득하려면 매우 확실한 증거가 필요할 테니까요. 유령을 본 적이 한 번 있어서 B4이긴 한데 ⋯ 왠지 제게는 두 가지 확실성이 동시에 존재하고 있어요."

"C1이지만 단서가 있어요. 저는 초자연적 존재가 두려워서 공포 영화를 보거나 유령 이야기를 읽지 못해요. 그러니 솔직히 말씀드리자면 유령이 존재한다는 증거를 듣고 싶지는 않아요. 제 신념 체계를 뒤흔들 테니까요. 그랬다가는 세상이 광적으로 무시무시해져서 제 정신 상태에도 영향을 미칠 거예요. 초자연적인 것에 대해 매우 강경한 과학적 입장을 가지면 삶이 더 견딜 만해져요."

"C1이에요. 저는 골수 D4 집안에서 자랐어요. 유령은 엄연한 사실이었고요. 가족 중 여러 명이 자신의 믿음을 강화하는 개인적 경험을 했기에 저는 사실상 '커밍아웃'을 해야 했어요(많은 것을 걸어야 했던 건 아니지만요). 그러니 1까지 가는 길은 오랜 여정이었어요. 유령은 어릴 적 제게 단단히 각인되었기에 지금도 이따금 생각이 나요. 제가 D가 아닌

건 이 때문이에요."

"실용주의와 논리가 저의 신비주의 감수성을 막아줘요."

"몇 놈 보긴 했어요. 하지만 '믿는다'라고 '잘라' 말할 수는 없어요."

유령을 믿는 사람들의 응답도 몇 가지 살펴보자.

"A3이에요. 한 번도 못 봤지만, 봤다는 사람들을 알아요. 유령의 존재에 대해 마음이 열려 있긴 하지만, 무언가가 존재하지 않는다는 걸 입증하긴 불가능하기 때문에 제 견해를 바꿀 것 같지는 않아요. 하지만이 문제로 논쟁하고 싶은 생각은 조금도 없어요."

"확실히 저는 대체로 확고한 A3이에요. 과학이 제 믿음을 뒷받침했으면 좋겠지만, 그러지 않더라도 개인적 경험이 있으니 제 입장을 포기하지는 않을 거예요."

"직접 체험한 적이 있어서 완고한 C3이지만, 우리가 유령으로 경험하는 것이 실제로 죽은 사람이라고 100퍼센트 확신하지는 못해요."

"여러 집에서 유령을 보고 부리나케 빠져나온 적이 있어요. 내 안의 공학자는 그것이 공기 중의 냄새 없는 화학 물질 때문일 수도 있다는 걸알아요. 일산화탄소에 중독되면 그런 현상이 나타날 수 있거든요. 문화와 시대마다 유령의 형태와 묘사에 일관성이 있을 거라 믿는데 …제겐 그게 흥미로워요."

"저 자신의 체험이(역사를 통틀어 수많은 문화에서의 경험은 말할 것도 없고요) 타당하지 않다고 누군가 저를 설득할 수 있으리라고는 상상이 안 돼요. 하지만 삶은 놀라움의 연속이니까요! 저는 여기 사람들과 같은 입장이에요. 남들에게도 제 입장을 인정하라고 설득하려 들지는 않을 거예요. 이 질문에는 합리성을 벗어난 앎이 결부되어 있다고 생각해요."

"저는 직접 체험했어요. 어쨌거나 그렇게 생각한다고요."

"우리가 인간으로서 얼마나 총체적으로 경험할 수 있는지는 모르겠어요. 그게 여기서 말하는 유령의 의미인지는 확실히 모르겠지만, 총체적으로는 그렇다는 얘기예요."

"저는 믿고 싶어요. 전에 유령을 본 것 같아요. 하지만 증거는 없으니 4가 되진 못해요."

내게 인상적인 것은 사람들이 살아가면서 믿음을 바꾼다는 이야기들이었다. 누군가 말했듯 '무언가가 변할 때마다 거기에는 사연이 깃들어 있을 때가 많다'.

이성의 목소리는 이 이야기들을 모든 사례에 적용되는 하나의 서사로 뭉뚱그리는 데 흥미가 있을 것이다. 이것은 이성의 목소리에겐 끝없는 지침이다. 각각의 사물을 이해하려면 그것을 나머지 모든 것에 연결하여 (이성을 구사하는 사람에게 권력을 부여하는) 더 높은 권위에 호소해야 하기 때문이다. 문제는 당장 이해되지 않는 무언가를 수용할 것인가 배격할 것인가를 선택해야 할 때 이성의 목소리가 대체로 배격하는 쪽을 선호한다는 것이다. 이는 장기적으로 실질적 손해를 끼친다. 우리를 더 확고한 입장으로 인도해줄 수도 있었을 새로운 정보와 관점이 종종 너무 오래 무시당하기 때문이다.

가능성의 목소리는 이 모든 이야기를 합치는 것보다는 상충하는 관점들을 최대한 많이 테이블 위에 올려놓고 들여다보는 데 관심을 둔다.

에너지를 거론하는 사람이 있는가 하면 가스 운운하는 사람도 있다. 개인적 체험이 말이 되지 않더라도 신뢰할 것인가에 주목하는 사람이 있는가 하면 과학적 재현 가능성에 주목하는 사람도 있다. 내적 모순을 허용하는 사람이 있는가 하면 믿음이 내적으로 일관되어야 한다는 데 훨씬 단호한 사람도 있다. 이 입장들을 모두 늘어놓는다면 어떤 질문이 모습을 드러낼까?

내게도 한두 개가 떠오른다. 유령을 믿으려는 심리는 비과학적 체험이 인지 부조화와 불안을 얼마나 일으키는가와 관계가 있을까? 과학적 비일관성에 불안감을 느끼는 사람들은 누군가의 직접 경험이나 그런 말을 곧이곧대로 잘 믿는 사람들에 비해 유령을 믿지 않을 가능성이 있을까?

우리의 믿음 중 일부가 신비 대 과학에 대한 우리의 관계에서 비롯한다면 어떻게 될까? 나는 이런 생각을 검증하기 위한 두 번째 조사에서 아래와 같은 세 가지 질문을 던졌다.

1. 점성술은 자아 성찰과 의사 결정에 유용한 수단인가?

ㄱ. 그렇다. 별은 우리에게 실제로 영향을 미친다.

ㄴ. 그렇다. 흥미로운 자아 성찰을 촉발하는 측면도 크다.

ㄷ. 아니다. 하지만 이런 관념들을 즐기면서 재미를 느낄 수 있다.

ㄹ. 아니다. 이런 미신을 조장하는 것은 득보다 실이 많다.

2. 자신이 과학적·합리적이라고 얼마나 확신하는가? (1~5)

3. 자신이 주술적으로 생각한다고 얼마나 확신하는가? (1~5)

결과는 아래와 같다.

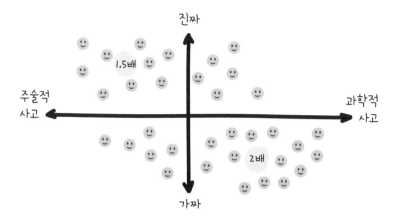

점성술이 해롭다고 생각하는 사람들 중에는 과학과는 완전한 일체감을 느끼지만 신비에는 전혀 동조하지 않는 집단이 약간 많다. 점성술이 진짜라고 믿는 사람들 중에서 가장 큰 집단은 자신이 과학적 사고와 주술적 사고를 대등하게 인정하거나 주술적 사고를 좀 더 많이 받아들인다고 평가했다. 흥미진진한 결과였다! 유령에 대해 처음 생각했을 때만 해도 이 질문은 고려조차 하지 않았는데, 지금은 믿음과 선호 사이에 이런 상관관계가 있을 수 있다는 것에 놀라지 않을 수 없었다.

나는 유령을 믿는 사람들을 다시 만났는데, 이번에는 집단적 만남이 아니라 일대일 대화를 청하여 신비에 대해, 실재의 알 수 없는 성질에 대해 질문을 던졌다.

큰아들 때문에 골머리를 썩이는 어머니는 아들이 태어나기 직전에 자살한 친정아버지의 유령이 아이에게 씌었다고 믿었다. 아들은 어머니가 이해할 수 없는 폭력적 행동을 하며 분노에 사로잡히면 친정아버지와 똑같이 죽음과 자살 얘기를 꺼냈다. 온갖 요법과 치료와 상담을 받아본 끝에 그녀는 자기 집에 와서 아들에게서 유령을 쫓아내주겠다는 사람을 친구를 통해 찾아냈다. 퇴마사는 집 안에 제단을 차리고 곳곳에 허브를 놓고 아들에게 때마다 주문을 외도록 했다. 하루 이틀이 지나자 아들의 행동이 부쩍 달라졌으며 그 뒤로는 한 번도 유령에 씐 듯한 행동을 하지 않았다. 더 자유롭게 질문을 던지자 대화는 자신을, 그리고 우리와 가장 가까운 관계인 사람들을 안다는 것이 얼마나 신비한가를 향해 흘러갔다. 어머니가 드린 제의는, 진짜로 영험이 있었든 없었든 그녀와 아들을 하나로 묶어 주었으며 이것이야말로 진짜 목표였다.

나는 이성의 목소리에서 비롯하는 이런 흑백 논리식 질문은 던지지 않았다. "유령에 씌는 일은 진짜일 수가 없어요. 안 그래요?" 대답에 대한 의견은 사람마다 다르겠지만, 내가 천천히 깨달은 것은 유령과 영혼은 토크쇼에 초대할 수 있는 존재라기보다는 우리에게 영향을 미치는 미지의 힘에 대해 이야기할 수 있는 언어에 더 가깝다. 내가 어머니의 심적 모형을 잠깐이나마 들여다볼 수 있었다면 다음과 같이 훨씬 흥미로운 질문을 던질 수 있었을 것이다. "아드님과의 관계는 어떻게 발전했나요?" "아드님은 이 모든 일을 어떻게 이해하나요?"

또 다른 사람(그녀를 Z라고 부르자)은 친구와 함께 살았는데, 친구 말로는 집이 유령에 씌었다고 했다. 친구는 Z와 몇 주간 지내면서 새로운 환경에 적응하는 동안 유령이 그들을 따라 집까지 들어왔다고 믿었다. 한번은 부엌에서 난데없이 물건에 불이 붙었다. Z는 머리카락 색깔이 변하고 피부색도 평상시보다 검어졌다. 집 안의 모든 사람들이 신비하게도 성마른 태도로 바뀌었다. 결국 친구가 새로운 거처를 찾아 떠나자 유령도 함께 떠났다. 하지만 Z에게는 유령과의 조우가 여전히 일어났다. 그녀는 자신이 어떤 이유에서인지 유령을 끌어들인다는 느낌이 들었다. 상황이 계속 악화되자 그녀는 전문가를 찾아갔으며, 이 어둠의 패턴을 바꾸려면 한동안 건강에 집중해야 한다고 믿게 되었다. 그래서 새로운 장소로 이사하고 훨씬 건강한 생활 방식을 받아들였으며, 이 일이 일어난 지 한두 해 뒤에는 모든 것을 이겨내고 훨씬 행복해졌다고 한다.

알다시피 뇌는 이야기를 지어내는 기계이며, 우리에게는 거의 모든 사물을 얼굴이나 아무 생명체로 둔갑시키는 매우 요긴한(그리고 괴상한) 능력이 있다. 뇌가 얼굴과 생명체를 너무 많이 보는 것을 '아포페니아'(아무런 관련이 없는 현상이나 정보에서 어떤 특정한 규칙성이나 연관성을 찾아내고 의미를 부여하려는 경향 - 옮긴이)라고 부르며 얼굴과 생명체를 제대로 인식하지 못하는 것을 '얼굴인식불능증'(안면인식장애)이라고 부른다. 대다수 사람들은 스펙트럼의 중간쯤에 위치하며, 자동차 전조등에서 얼굴을 보고 이따금 유령도 보지만 반려동물과 친밀한 관계를 맺고 만화책을 읽는 능력도 가지고 있다. 가능성의 목소리는 실재의 밑바닥에 가닿으려는 욕망을 인정하지만 우리에게 요구하지는 않는다. "그것은 진짜인가 아닌가?"를 넘어선 질문을 던지면 훨씬 풍부하고 의미 있는 대화를 나눌 수 있다. "미지의 것과 어떤 관계를 맺고 계신가요? 자연과 영혼에 예민하다는 것은 어떤 느낌인가요? 자신의 건강과 환경과의 관계에 집중하면 무엇이 수월해지나요?"

또 다른 사람(S라고 부르자)은 이모에게서 유령에 대한 특수한 감수성을 물려받은 이야기를 들려주었다(이모는 그녀가 태어나기 얼마

전에 죽었다). 어머니는 S의 목소리와 필체가 이모와 똑같다고 말했다. 두 사람 다 앞으로 일어날 일에 대해 으스스한 예지력이 있었다. 한번은 이모가 어머니에게 외할아버지가 심장 발작을 할 거라고 말하자마자 정말 심장 발작이 일어났다. S가 어릴 적에 어머니가 할머니 댁에 딸을 데려가려고 시간에 맞춰 학교에 들렀다. 그때 S가 차분하게 말했다. "할머니가 방금 돌아가셨어요." 할머니 댁까지는 45분 걸렸는데, 두 사람이 도착하자 요양 보호사가 한 시간 전에 할머니가 돌아가셨다고 말했다. 이 밖에도 많은 이야깃거리가 있었다. 우리가 신비와 과학과 주술에 대해 이야기하기 시작하자 S가 말했다. "이게 그저 뇌 때문이라고 믿고 싶지만, 그저 뇌가 정말로 그저 뇌인지 어떻게 알죠?" 잠시 뒤에 그녀가 말했다. "유령을 100퍼센트 믿어요. 우주 전체는 우리의 상상을 훌쩍 뛰어넘으며 우리는 그것의 1퍼센트도 채 모른다는 것도 100퍼센트 확신해요."

이 모든 대화들은 표면상으로는 유령에 대한 질문에서 시작되었다. 예전이라면 나는 이야기에 즉시 동의하거나 반대하고서 '실제로' 일어난 일에 대한 세부 사항들을 확증하거나 반박했을지도 모른다. 하지만 그래야만 한다는 규칙은 없다. 그것은 이성의 목소리가 집단을 공통의 대의에 묶어두려고 만들어낸 대화의 관습이다. "무엇이 진짜인가?"라는 질문은 가장 흑백 논리적인 범주에 속하며, 따라서 확실성과 확신을 배가하고 싶을 때 제격이다. 심지어 어떤 사람들은 자신의 정체성 집단이 용납하지 못하는 것을 딴 사람들이 믿을 때 그들에게 틀렸다고 말하는 것이 의무라고 믿도록 배웠다. 인터넷은 세상의 훨씬 넓은 단면으로부터 수많은 관점들을 펼쳐 보임으로써 이 의무를 실행할 기회를 끝없이 선사한다.

'믿음의 일치'는 대화의 여러 이유 중 하나에 불과하며 가장 중요한 것도 아니다. 대화가 훨씬 성취감을 주는 것은 서로의 삶을 들여다보고 우리가 겪고 있는 진짜 일들에 대해 이야기하는 수단일 때다. 그것은 불행한 아들과 관계를 회복하는 것일 수도 있고 생활 방식을 전반적으로 변화시키는 것일 수도 있고 신비와 우주와의 관계를 성찰하는 것일 수도 있다.

정답을 찾고 진실을 발견한다는 하나의 강박적 목표에서 벗어나 자유로운 질문과 호기심의 드넓은 지대에 들어서면 우리의 경험과 관계를 묘사하는 언어도 더욱 풍성해진다. 내가 거창한 열린 질문을 던졌을 때 사람들이 내놓은 답변은 나 스스로는 결코 찾을 수 없었을 정보로 가득했다. 이 답변들 덕에 나와 근본적으로 다른 방식으로 세상을 바라보는 사람들의 심적 모형과 신념 체계를 들여다볼 수 있었으며 그들의 정신이 구사하는 언어도 손에 넣을 수 있었다.

이제 나는 유령을 진짜 아니면 가짜인, 머리의 왕국에 속한 존재로 여기지 않는다. 알려지지 않았고 알 수 없는 존재를 일컫는, 가슴의 왕국에 속한 은유라고 생각한다. 유령은 사람들로 하여금 그들이 예전에는 몰라봤을지도 모르는 낯선 것들을 알아보게 함으로써 신비 자체에 행위 주체성을 부여한다. 머리의 왕국에서는 유령이 배회하며 괴상한 짓을 하는 것이 허락되지 않는데, 그 이유는 궁극적으로 유령이 존재한다고 생각하지 않기 때문이다. 나의 잠재의식이 내게 말을 걸려면 더 무미건조한 어휘를, 아마도 생물학과 심리학 책에 나오는 임상 용어를 구사해야 할 것이다. 하지만 설명할 수 없는 것에 유령이 들어설 자리를 허락하고 더 넓은 가능성의 스펙트럼을 받아들이는 정신의 소유자들은 자신의 경험이 깊숙이 느끼는 것에 대해(심지어 그 경험을 과학적으로 설명할 수 없을지라도) 잠재의식이 직접 이야기하게 내버려둔다.

근사한 질문은 놀라운 답변이 채울 공간을 만들어낸다. 이미 기대하는 답만 내놓을 수 있는 질문을 던진다면 우리는 결코 놀라지 않을 것이며 세상을 헤쳐 갈 새로운 길을 결코 찾지 못할 것이다. 하지만 정해진 답이 없는 열린 질문을 던진다면 출발점에서 점점 멀리 발걸음을 내디딜 수 있다. 호기심이 동하고 훨씬 나은 질문을 찾아낼 수 있다.

> 좋은 질문을 던지려면 무언가에 대해 지금 이해하고 있는 것 주변으로 곧장 나아가 답을 알지 못하는 질문을 찾으라.

유령에 대한 이 모든 질문은 정답이 없는 또 다른 질문으로 이어졌다. 문제 해결이라는 하나의 목표를 잠시 제쳐두면 또 어떤 의견 대립의 열매가 나타날까?

좋은 질문의 비결은 무엇일까?

좋은 질문과 나쁜 질문의 차이를 탐구하기 위해 여러분이 어릴 적에 해봤을 두 가지 놀이를 살펴보자. 그것은 배틀십 게임과 스무고개다.

배틀십에서는 가로세로 여덟 칸의 격자로 이루어진 바다에 전함을 띄우고 상대방도 그렇게 한다. 상대방의 전함이 어디 있는지 볼 수는

없지만, 특정 좌표를 '포격'하고 그 뒤에 전함이 거기 있는지 없는지 알 수 있다. 여러분은 질문을 던질 때마다 상대방의 전함에 대해 한 가지 정보만 알 수 있으며, 시행착오를 거쳐 결국은 몇 척을 격침할 수 있다(그전에 여러분의 배가 모두 격침되면 진다).

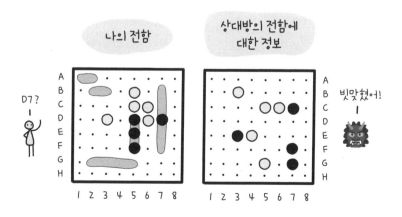

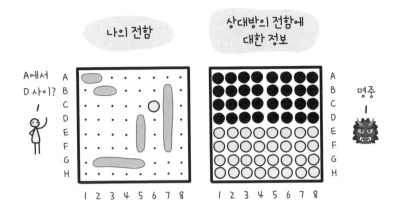

이에 반해 스무고개는 한 사람이 무언가(말 그대로 아무거나)를 생각하면 상대방이 예 아니요 질문을 최대 스무 번 던지면서 그게 무엇인지 맞히는 놀이다. 스무고개는 정답의 범위가 무한하기 때문에 배틀십에서처럼 구체적인 질문을 하기에는 시간이 부족하다. 그보다는 뭐가 나올지 정확히 모르는 채 미지의 것을 잘게 쪼개는 질문을 찾아야 한다. 스무고개에서 이상적인 질문은 미지의 우주 전체를 둘로 나눠 정답이 어느 편에 있는지 알게 해주는 질문이다. 구체적인 좌표를

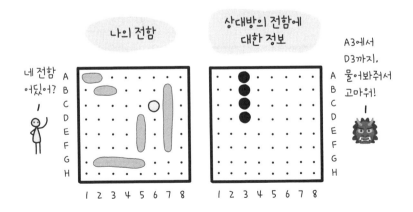

묻는 게 아니라 "네 전함이 A에서 D 사이에 있어?"라고 질문을 던지고 거기서부터 더 파고드는 식이다. 여러분이 이런 열린 질문을 던지는데 상대방은 여전히 구체적인 좌표를 묻는다면 승산은 여러분에게 있다.

의견 대립에서 우리가 물을 수 있는 질문은 스무고개를 넘는 또 한 번의 도약이다. 예 아니요로 답하는 질문에 국한되지 않기 때문이다. 좋은 질문은 미지의 것을 점점 작은 조각으로 쪼갤 수 있을 뿐 아니라 상대방의 마음에서 이전에는 내가 접근할 수 없던 구석에 있는 자세한 이미지와 이야기, 꿈을 털어놓게 할 수 있다.

"유령이 진짜라고 생각하나요?"라는 질문의 답은 답변자에 대해 무엇을 알려줄까? 그것을 더 나은 후속 질문을 던지는 데 활용할 수 있을까? "당신은 어떤 경험을 했기에 유령에 대해 지금 같은 믿음을 가지게 되었나요?"라는 질문은 어떨까?

첫 번째 질문이 두 번째 질문만큼 놀랍지 않은 이유는 예 아니요

질문의 정답을 모르더라도 가능한 정답의 스펙트럼이 매우 작으며 어떤 답이 제시되든 그에 대해 여러분이 이미 의견을 가지고 있을 것이기 때문이다. 이에 반해 두 번째처럼 더 열려 있는 질문의 경우는 가능성의 공간이 훨씬 넓으며 여러분이 답변을 듣고 놀랄 여지가 더 크다. 또 다른 이점은 대답하는 사람들이 자신의 진짜 생각을 털어놓을 더 나은 기회를 얻었다고 느끼리라는 것이다.

우리가 던지는 질문은 상대방의 관점에 대해 우리 자신의 지도를 그리는 데 도움이 되지만 … 그림의 해상도와 색깔, 선명도는 우리의 질문이 대답으로부터 놀라운 정보를 얼마나 잘 끌어내느냐에 달렸다. 나쁜 질문은 저해상도의 답변만 얻어낼 수 있을 뿐 아니라 상대방이 편안하게 마음을 터놓을 공간을 창출할 수 있는 기회를 무산시킨다.

현실에서 우리의 목표는 상대방의 전함을 격침하는 것뿐 아니라 이해하는 것이기도 하다. 우리는 상대방의 신념, 동기, 지식이 온전히 담긴 지도를 만들려고 노력한다. 현실에서 우리는 예 아니요 질문에 국한되지 않고 우리가 원하는 질문을 무엇이든 던질 수 있다. 누군가의 신념 체계와 기억을 들여다볼 기회를 얻는다는 것은 근사한 일이다. 이 절호의 기회를 나쁜 질문으로 허비하지 말라.

스무고개와 배틀십을 우리의 질문과 구별하는 마지막 주의 사항이 하나 있다. 현실에서 사람들은 대답할 의무가 없으며, 대답하더라도 솔직하게 대답할 의무가 없다.

따라서 좋은 질문이 나올 수 있으려면 대화가 신뢰할 수 있을 만큼 개방적이고 솔직해야 하며 상호 이해와 (공유된 정보가 악용되지 않으리라는) 신뢰가 있어야 한다. 이런 신뢰가 없다면 질문이 아무리 좋아도 소용없다. 여러분이 얻는 정보는 신뢰할 수 없고 심지어 악의적일 수도 있다.

좋은 질문은 상대방에게서 솔직한 답을 끌어내야 한다(이 말은 양쪽 다 선의로 질문을 주고받는다는 합의가 필요하다는 뜻이다). 그래야만 질문이 놀라운 답변을 끌어내는지 여부가 의미를 가질 수 있다.

의견 대립의 네 가지 열매

안전, 성장, 연결, 즐거움

의견 대립이 나무라면 불안과 인지 부조화는 나무가 자라도록 하는 물과 공기이며 우리가 지금까지 간간이 언급한 열매는 나무의 생산물이다.

안전의 열매만을 지향하는 의견 대립은 결코 생산적 질문을 만들어내지 못한다. 그런 대화에서는 정보와 질문이 우리의 입장을 공격하고 방어하는 데 동원되기 때문이다. 적에게 진짜 질문을 던질 이유는 전혀 없다. 상대방이 불확실성을 약점으로 여겨 악용하려 들 것이라 가정하기 때문이다(자신도 마찬가지다).

전투 모드에서 벗어나려면 다른 종류의 결과에도 가치를 부여해야 한다. 대화의 목적을 안전이 아니라 성장, 연결, 즐거움으로 전환해야 한다. 이렇게 하면 안전이 덩달아 따라온다.

의견 대립의 네 가지 열매를 각각 추구할 수도 있지만, 생산적 의견 대립의 기술은 궁극적으로 네 가지를 한꺼번에 추구하는 법을 알려줄 것이다.

안전

공격당하고 있을 때는 안전의 열매가 쉽사리 최우선권을 차지한다. 이것은 의견 대립의 원래 열매이자 기본적인 열매이며 우리가 여전히 가장 집착하는 열매이기도 하다.

누군가 여러분의 장난감을 빼앗으려 하는가? 돌려달라고 항의하라. 이 경우에 의견 대립은 여러분의 소유물을 보호한다.

누군가 여러분이나 여러분이 속한 집단을 모욕하는가? 존중을 되찾기 위해 논쟁하라. 이 경우에 의견 대립은 여러분의 자존감을 보호한다.

의견 대립 자체는 개인과 집단에 위협으로 해석될 수도 있다. 우리는 사람들의 의견이 대체로 일치하는 집단에서는 안전하다고 느끼지만 의견이 제각각인 집단에서는 덜 안전하다고 느낀다(의견 대립을 해소하는 방법 중 하나는 추방이기 때문이다). 따라서 집단은 의견 대립을 최소화하려는 유인을 받는다.

안전의 추구라는 범주 안에는 힘의 목소리, 이성의 목소리, 회피의 목소리가 일반적으로 우리에게 촉구하는 모든 것이 들어 있다. 그것은 의견 대립의 해소다. 모두가 동의하게 하라. 반대하되 헌신하라. 해결하고 나아가라. 닥치라. 차이를 무시하라. 견해 차이를 인정하라. 투표에 부치라. 합의를 보라. 결론을 내라. 이것은 갈등에 대한 범용적이고 습관적인 대응이며 우리의 논쟁 방식이 생산적이지 못한 이유의 커다란 부분이다.

안전을 추구할 때의 장점
- 안전의 증대라는 즉각적 결과를 얻는다.

- 이 전략은 어떤 의견 대립에도 적용할 수 있다.
- 본질적으로 '안전한' 선택지다.

안전을 추구할 때의 단점
- 의견 대립을 묵살하면 다른 열매를 발견할 기회를 놓치게 된다.
- 안전을 내세워 의견 대립을 섣불리 종결하면 의견 일치의 환상에 빠져 나중에 추한 꼴을 보게 될 수 있다.

성장

성장의 열매가 안전의 열매와 다른 이유는 성장의 열매를 얻으려면 종종 위험을 무릅써야 하기 때문이다. 안전의 열매는 대부분 본거지에서 수확하지만 성장의 열매는 경계선에서 수확한다.

점심 먹으러 어디로 갈지 의견이 분분할 때 안전한 방법은 전에 가본 좋았던 식당에 가는 것이다. 반면에 성장을 위한 방법은 이미 갔던 식당보다 나은 곳이길 기대하며 새로운 식당에 도전하는 것이다. 안전과 성장 사이에는 교환 관계가 있어서 성장의 열매를 찾으려면 안전의 열매가 최소한은 확보되어 있어야 한다.

여러분이 17세기 유럽에서 살고 있고 자신의 팔자가 불만이라면 안전한 방법은 제자리에서 버티면서 자신이 가진 것을 최대한 활용하는 것이다. 반면에 성장을 위한 방법은 배를 타고 바다를 건너가 새로운 삶을 시작하는 것이다. 바다 너머에서 생계를 꾸릴 만한 돈이 있다면 이 방법이 더 쉽다. 아니면 상황이 너무 비참해서 어떤 위험을 감수해도 더 나빠질 것이 없거나.

이렇듯 안전의 열매만 추구할 때의 의견 대립은 성장의 열매를 추구할 때와 다름을 알 수 있다. 오로지 생존이 관건일 때는 더 큰 위험을 감수할 가능성이 적다. 위험에 보상이 따라서 결국은 더 많은 안전을 가져다주더라도 말이다.

성장의 실제 모습은 다양한 형태로 나타날 수 있다. 성장의 계기는 영토를 차지하거나 뭔가를 소유하려는 싸움일 수도 있고 선수권을 차지하려는 싸움일 수도 있고 신규 고객을 많이 유치할 광고 캠페인을 따내려는 싸움일 수도 있다. 성장은 이기적일 수도 있고("내 기차야!") 협력적일 수도 있다("저 소리가 유령인지 그냥 돌풍인지 알아보자").

성장을 추구할 때의 장점

- 가능한 결과의 스펙트럼이 넓다(위험이 따른다는 말의 다른 표현).
- 일부 안전을 성장 가능성과 교환함으로써 잠재적으로 더 큰 소득을 얻을 수 있다.
- 성장은 시간이 지남에 따라 누적적으로 증가하기에, 단순히 안전에만 투자할 때보다 더 많은 안전을 보장받을 수 있다.

성장을 추구할 때의 단점

- 위험을 평가해야 하는데 그 과정에서 머리, 가슴, 손의 갈등이 벌어질 수 있다.
- 계산 착오를 저지르거나 실적이 저조하거나 그저 운이 없으면 위험이 손실로 이어질 수도 있다.
- 성장은 여러 형태로 이루어지는데, 그중에는 측정하기 힘든 것

도 있다.

 연결

개인적 성장으로 이어지는 길은 타인과의 연결로 이어지는 길과 나란히 나 있을 수도 있지만, 항상 그런 것은 아니다. 성장하기 위해서는 관계를 끊어야 할 때도 있다. 연결하기 위해서는 자신의 욕구를 잠시 제쳐두고 타인의 욕구를 우선 배려해야 할 수도 있다. 그와 동시에, 우리가 타인과의 연결이라는 열매를 성장보다 중요하게 추구하더라도 시간이 지남에 따라 더 많은 집단적 성장을 이룰 수도 있다. 이를테면 내 믿음이 옳음을 증명하기보다 남들이 유령을 믿는 이유를 이해하려 했을 때 신뢰와 연결이 커지면서 다양한 사람들의 생각에 대해 더 많이 배울 기회를 얻을 수 있었다.

연결이 안전과 다른 점은 종종 신뢰(와 위험)를 다른 사람들의 손에 맡겨야 한다는 것이다. 이를테면 총기나 예방 접종에 대해 나와 다른 신념을 가진 사람이 있고 내가 그들의 신념이 근본적으로 안전하지 않다고 생각함에도 이 신념과 관련하여 그들과의 연결을 추구한다면 나는 세상을 새로운 관점에서 바라보게 되거나 새로운 극단적 사례를 고려할 수도 있다. 이런 결과는 궁극적으로 그들의 신념이 내게 가하는 위협으로부터 나 자신을 보호하려고만 들 때보다 내게 더 유익하다.

성장의 열매에서와 마찬가지로, 위협에 대한 안전의 토대를 닦아 두는 것은 연결의 열매에도 이롭다. 내가 낯선 사람을 나의 직접적 안전에 대한 위협으로 여기지 않는다면 기꺼이 그들을 집에 들여 그들이 지지하는 후보의 입장에 대해 들을 수 있을 것이다. 뒤집어 생각하면 사람들과 연결할수록 안전도 개선될 것이다.

연결을 추구할 때의 장점

- 타인과 연결하면 시간이 지남에 따라 성장과 안전도 얻게 된다.
- 우리는 관계에서 엄청난 성취감을 느끼는 사회적 피조물이며, 주위 사람들과 탄탄한 관계를 맺으면 불안감을 훨씬 덜 느끼고 회복 능력도 커진다.

연결을 추구할 때의 단점

- 신뢰를 쌓는 데 시간이 오래 걸린다. '신뢰는 방울방울 모였다가 콸콸 쏟아져버린다'라는 말도 있지 않은가.
- 신뢰를 배반하면 호된 대가를 치를 수 있다.

🍓 즐거움

즐거움은 나머지 열매를 하나로 묶는 열매이지만 다른 열매와 대립할 수도 있다. 즐거움이 연결과 구별되는 것은 타인에게 피해를 입힐 때다. 이를테면 누군가를 놀리면 자신이 속한 집단을 단합시키면서도 다른 집단을 배척할 수 있다. 농담의 탈을 썼지만 당하는 사람에게는 전혀 즐겁지 않은 조직적 학대와 괴롭힘의 사례가 얼마나 많던가?

연결과 성장을 희생시키지 않고서 의견 대립을 즐기는 방법이 있다. 우정 중에는 오래 지속되고 악의 없는 의견 대립으로 인해 오히려 힘을 얻는 종류가 있다(여러분에게도 그런 사례가 있을 것이다). 나는 인공 지능이 인류에게 존재론적 위험인지 아닌지를 놓고 친구 릭과 논쟁하기를 좋아한다. 친구 토니와는 목적이 수단을 정당화하는가를 놓고 논쟁하기를 즐긴다. 친구 커리나와는 대학이 20년 뒤에도 필요할까를 놓고 즐겨 논쟁한다. 모든 친구와 핵심적 의견 대립이 있는 것은 아니지만, 의견 대립이 관계에 즐거움을 더할 수 있다는 것은 의심할 여지가 없다.

즐거움을 추구할 때의 장점

- 즐거움의 추구는 성장과 연결을 향한 기나긴 여정에서 동기 부여가 된다.
- 즐거움의 불꽃은 불안의 불꽃에 맞서는 확실한 해독제다.
- 즐거움을 추구하는 것은 우리 내면의 관심사를 더 잘 이해하는 방법이다.

즐거움을 추구할 때의 단점

- 즐거움에는 대가가 따를 때가 있다. 특히 상대방을 비하하는 데 쓰인다면.
- (쾌락을 추구하다 신세 망친 사연을 모조리 여기에 기입할 것.)

열매의 풍성함

안전   성장   연결   즐거움

의견 대립의 유일한 목표가 위협에 맞서 싸움으로써든 특정 환경에서 갈등을 최소화함으로써든 안전을 증대하는 것이라면 성장, 연결,

즐거움을 향한 협력에 모두를 동참시키는 활짝 열린 질문은 결코 던지지 않을 것이다. 그것은 우리의 사고방식이 그렇게 생겨먹지 않았기 때문이다. 힘과 이성과 회피의 목소리는 거창한 열린 질문 때문에 취약해지는 것을 원치 않는다. 그랬다가는 상대방이 힘을 가지게 되기 때문이다.

이와 동시에 의견 대립의 나머지 세 열매는 그 자체로 안전의 열매만큼 귀중하지는 않다. 새로운 것을 배운들 다시 빼앗기면 무슨 소용이겠는가? 타인과 관계를 맺은들 그들이 당신을 배신하면 좋을 게 뭐가 있겠는가? 대화를 즐긴들 그러다 도둑맞으면 무슨 유익이 있겠는가? 하나도 없다.

하지만 장기적으로 보면 성장, 연결, 즐거움의 열매는 안전의 즉각적이고 명백한 가치를 뛰어넘는다. 궁극적으로 볼 때 생산적 의견 대립은 나머지 세 열매에 더하여 똑같은 양의, 또는 더 많은 안전을 가져다준다.

이 진실을 받아들이는 것이야말로 우리가 달성해야 할 정신적 변화다.

안전을 얻으려는 싸움은 제로섬 게임이다. 안전은 불신을 전제하기에, 의견 대립에서 잡아먹느냐 잡아먹히느냐의 상황을 만들어낸다. 내가 안전하다는 것은 상대방이 나보다 약하다는 뜻이므로 의견 대립에서 그 우위를 유지하려는 유인이 발생한다. 안전은 이기느냐 지느냐의 상황에서 획득하는 희귀한 열매다.

이에 반해 안전, 성장, 연결, 즐거움을 두루 얻으려는 싸움은 논제로섬 게임이다. '논제로섬 게임'에서는 양편이 다 이길 수 있으며, 심지어 상대방이 성장하도록 돕고 의미 있는 방식으로 연결을 추구한다.

생산적 의견 대립의 희열을 함께 즐기는 방법을 찾는 전략은 안전만을 좇는 전략보다 뛰어나다. 그런데 모든 열매를 함께 추구하다가 자신의 나약함이 드러나 상대에게 이용당할 우려가 있지 않을까? 물론 그렇다. 하지만 그것은 어떻게 하면 연결을 개선할 수 있을지, 어떻게 하면 함께 성장하고 (서로 약점을 공격하고 방어하는) 상황을 변화시킬 수 있을지에 대해 가능성의 목소리에 귀를 기울여야 할 또 다른 이유다.

다섯 번째 실천 지침

놀라운 대답을 이끌어내는 질문 던지기

논쟁에 진척이 없고 짜증과 혼란이 일고 해결의 기미가 전혀 보이지 않는다면, 아마도 여러분에게 필요한 것은 더 나은 질문일지도 모른다. 다음은 거의 어떤 의견 대립에도 적용할 수 있는 몇 가지 질문이다.

- 여러분의 삶에서 어떤 결정적 사건들이 이 신념으로 이어졌나요?
- 여기서 정말로 문제가 되는 것은 무엇인가요?
- 당신 입장의 미묘한 측면 중에서 사람들이 처음에는 눈치채지 못하는 것이 무엇인가요?
- 당신이 믿는 것이 가장 완고한 적수에게도 확실한 참으로 입증되면 어떤 일이 일어날까요?

- 무엇이 참으로 입증되면 당신이 이 문제에 대해 생각을 바꿀까요?
- 이 문제에 대해 우리 각자의 생각을 바꿀 만한 가능성 중에서 빠진 것이 무엇일까요?
- 이것이 더는 문젯거리가 아닌 세상을 상상해보세요. 어떻게 하면 그곳에 갈 수 있을까요?

질문이 거창할수록, 가능한 대답이 놀라울수록 더 좋다.

너그럽게 귀 기울이기

좋은 질문을 던졌다면 당연히 답변에 귀를 기울여야 한다. 대답이 놀라울 때는 이런 태도가 정말로 도움이 되기도 한다. 놀라운 대답은 3번 전략(특이한 것을 부풀린다)을 촉발하여 우리가 평상시의 필터를 통과하도록 하지만, 언제나 이것만으로 충분한 것은 아니다.

『슬기로워지기』[7] 저자이자 생산적 질문 던지기의 고수이며 라디오 방송 및 팟캐스트 「존재하기에 대하여」 진행자 크리스타 티펫은 너그럽게 귀 기울이기에 대해 이렇게 말한다.

귀 기울이기는 상대방이 이야기하는 동안 내가 말할 거리가 생길 때까지 침묵하는 것만을 의미하지 않는다. … 너그럽게 귀 기울이기의 원동력은 호기심이며, 이것은 스스로 불러일으키고 양육하여 본능으로 만들어야 할 덕목이다. 여기에 결부되는 것은 일종의 취약함으로, 이것은 기꺼이 놀라는 태도이자, 가정을 내려놓고 모호함을 받아들이는 자세다. 귀 기울이는 사람은 상대방의 말 뒤에 있는 '사람'을 이해하고 싶어

하며 스스로에게서 최상의 자아, 최상의 언어와 질문을 끈기 있게 끄집어내고 싶어 한다. 반면에 미국식 삶에서 높이 평가하는 것은 상대방을 궁지에 몰거나 사람들을 선동하거나 즐겁게 하는 질문과 답변(경쟁하는 답변들)이다. 언론계는 '거친' 질문을 사랑한다. 이런 질문은 종종 탐사라는 가면을 쓰며 싸움거리를 찾는다. … 이제 내가 질문의 힘을 가늠하는 유일한 잣대는 솔직함과 설득력이다.

너그럽게 귀 기울이기를 연습하다 보면 피드백 고리가 생겨나, 놀라운 대답으로 이어지는 근사한 질문의 행로를 계속 걸어갈 동기가 부여된다. 놀라운 대답을 이끌어낼 수 있는 질문을 던지면 솔직함과 설득력이 들어설 여지가 생긴다. 솔직함과 설득력은 너그럽게 귀 기울이기의 보상을 늘려주며, 이는 상대방의 내면 세계에 대한 정신적 지도를 더 정확하게 업데이트하는 데 도움이 되고 결국 다음번에 더 나은 질문과 이해로 이어진다.

스무고개의 목표가 우주를 하나의 대답으로 간추리는 것이라면 너그럽게 귀 기울이기에서의 목표는 상대방의 관점으로부터 가장 거대하고 흥미롭고 유익한 그림을 그리는 것이다.

6

함께 논증 쌓아가기

넛피킹과 허수아비 때리기는
아무 열매도 맺지 못한다.

여러분의 동기가 논쟁에서 이겨 안전의 열매를 따는 것이라면 최선의
전략은 사자가 먹이를 사냥하듯 무리에서 가장 약한 적수를 고르는
것이다. 이 못된 습관을 일컫는 용어 중에 내가 좋아하는 것은 **넛피
킹**이다.[1] 우리는 상대편에서 가장 명청한 작자(넛 중의 넛)를 고르는
데, 그것은 깔아뭉개기가 가장 쉽기 때문이다. 상대편도 우리에게 똑

같이 대응할 수 있기에, 악순환은 결코 끝나지 않는다. 멍청이는 얼마든지 있으니까! 넛피킹에 의존하는 것은 우리가 비생산적 의견 대립에 돌입하고 있다는 신호다. 그 순간에는 '이긴' 듯한 느낌이 들더라도 결코 이긴 것이 아니다. 답을 모르는 질문을 멍청이에게 던질 이유는 전혀 없다. 여러분이 그들의 정보를 신뢰하지 않을 뿐 아니라 열린 질문을 던졌다가 여러분 자신의 약점을 들키면 그들에게 악용될 수 있기 때문이다. 그러니 대화가 불신으로 가득할 수밖에 없다.

여러분의 동기가 의견 대립으로부터 최대한의 안전, 성장, 연결, 그리고 즐거움을 수확하는 것이라면, 또한 누군가 여러분의 질문에 대해 놀라운 대답을 내놓아 여러분의 탐구를 도울 수 있는 가능성이 발견되었다면, 상대방 관점을 가장 형편없게 대변하는 사람을 물색하여 질문을 던지지는 않을 것이다. 여러분은 가장 지혜롭고 건강한 구성원을 찾을 것이다. 그들이 가장 좋은 정보를 가지고 있으며 (바라건대) 여러분의 질문에 대해 가장 놀라운 답변을 가지고 있을 테기 때문이다.

사실 네 가지 열매를 모두 거두고 싶다면, 상대방이 최대한 강력한 논증을 펼치게 하여 나의 논증을 오히려 더욱 탄탄하게 다지는 것이 타당한 방법이다. 그래야만 논쟁의 소득이 그로 인한 대가보다 클 수 있다.

7번 인지 전략 '친숙한 것을 선호한다' 기억하는가? 이 전략은 자신의 논증을 쌓아 올릴 때 사각지대를 만들어내는데, 이는 우리가 스스로에게 지나치게 관대하기 때문이다. 하지만 다른 사람들의 논증에서 결함을 찾아내는 데 빼어난 솜씨를 발휘하게 해주기도 한다. 이 말은 그 반대도 참이라는 뜻이다. 우리의 적수들은 우리의 논증에서 결함을 찾아내는 실력이 우리보다 뛰어나다. 마음의 이 별난 버릇을 이용하면 여러분은 자신의 논증을 더욱 탄탄하게 만들 수 있다!

원숭이 손

W.W.제이컵스의 판타지 단편 소설 「원숭이 손」[2]에서는 어느 날 밤 한 가족에게 옛 친구가 찾아와 자신에게 마법 걸린 원숭이 손이 있다고 말한다. 이 손은 주인에게 세 가지 소원을 들어준다고 한다. 하지만 조심해야 할 점이 한 가지 있는데, 그것은 소원이 이루어지되 후회할 일이 생긴다는 것이다.

소설 속 남편과 아내는 원숭이 손에 매혹되어 이런 손이 더 있으면 소원을 더 많이 빌 수 있겠다며 백일몽을 꾸기 시작한다. 친구는 이런 몽상에 몸서리친다. 자신의 세 가지 소원이 낳은 부작용을 여전히 비통해하는 눈치다. 그는 소원을 빌 때 좀 더 신중하라고 말한다. 그는 원숭이 손을 없애버리는 게 상책이라며 불 속에 던진다. 하지만 남편이 다시 꺼내고는 소원을 빌어보고 싶다고 말한다.

친구는 자신의 실수를 되풀이하지 않도록 그들을 설득하지 않고 원숭이 손을 가족에게 넘긴다. 회피의 목소리에 귀를 기울인 것이다.

친구가 떠나자 아들은 집세를 낼 돈이 생겼으면 좋겠다고 말한다. 이 소원은 해가 없을 것 같았고 그다지 탐욕스럽지도 않아 보였기에 아버지는 소원을 빈다. 이튿날 부부는 아들이 공장에서 일하다 사망했다는 소식을 듣는다. 공장주가 애도를 표한다며 약소한 금액을 건네는데, 공교롭게도 그들이 소원한 바로 그 액수다. 이런.

이야기는 이처럼 음산한 분위기로 계속 전개되며, 마지막에는 사람들이 자신의 욕망에 있는 허점을 보지 못한다는 교훈을 남긴다. 하지만 친구가 어정쩡하게 떠날 것이 아니라 가족 곁을 지키며 소원의 허점을 최대한 막아줬으면 어땠을까 하는 아쉬움이 남는다.

진실을 아는 친구는 가족의 소원에서 허점을 발견할 수 있는 이상적인 위치에 있었다. 가족과 달리 그에게는 사각지대가 없었기 때문이다.

이 원리는 논쟁에도 적용된다. 여러분의 관점에 반대하는 사람들은 여러분의 사각지대를 알려주고 여러분이 실수를 저지르거나 엉뚱한 목표를 위해 싸우지 않도록 도와줄 적임자다.

총기

현재 미국에서는 총기 규제, 총기 권리, 총기 사망 사고를 놓고 열띤 논란이 벌어지고 있다. 수정 헌법 제2조의 무기 휴대 권리를 신봉하는 사람들도 있다. 어떤 조치를 취해야 할지를 놓고도 의견이 분분하다. 사적 모임에서든 공적 정치 무대에서든 이 대화가 생산적 의견 대립으로 이어지는 경우는 드물다. 가능성의 목소리는 이 대화에 어떻게 관여할 수 있을까?

여러분에게 총기 규제에 적극 찬성하는 동생과 총기 권리에 적극 찬성하는 이모가 있다고 가정하자. 최근에 벌어진 총기 난사 사건을 놓고 이모의 페이스북 페이지에서 두 사람이 격렬한 논쟁을 벌인다. 둘은 미국에서 총기를 더 엄격히 규제해야 하는가에 대해 공방을 주고받는다. 총기 규제는 거창하고 뜨거운 주제다. 총기, 총기 규제, 총기 폭력은 특히 미국 내에서 개인적으로나 국가적으로나 무수한 논쟁을 촉발했다. 또한 총기는 말 그대로 갈등의 상징이어서, 이해관계가 첨예하고 논리가 통하지 않을 때 최후의 수단으로 동원되기도 한다.

이것이 매우 미국적인 논란거리이기는 하지만(다른 나라들은 무기를 휴대할 권리에 이 정도로 집착하지는 않는다) 그 핵심에 있는 질문은 보편적이다. 그것은 자신을 보호하고 적대적이지 않은 환경에서 살아갈 권리가 과연 무엇을 뜻하는가다. 그런 보호와 적대적이지 않은 환경을 누리려면 총기를 소유해야 할까, 아니면 총기를 소유하지 않는 곳에서 살아야 할까를 놓고 사람들은 저마다 다른 관점을 내놓는다.

그렇다면 우리가 할 수 있는 일은 무엇일까? 앞에서 배운 것을 되새겨보자. 우리는 자신의 머릿속 어디에서 불안이 촉발되는지 바라보고 내면의 목소리에 귀를 기울일 수 있다. 무대에 오르는 것은 힘의 목소리인가, 이성의 목소리인가, 회피의 목소리인가, 가능성의 목소리인가? 우리는 논쟁에 뛰어들기 전부터 자신의 편향과 사각지대를 솔직하게 인정할 수 있을까? 놀라운 대답을 끌어내려면 어떤 원대하고 열린 질문을 던져야 할까? 이 모든 조치를 취했다면 우리는 모든 진영에서 가장 똑똑한 사람과 생각을 모아 논증을 함께 만들어가는 유익을 누릴 수 있다.

총기에 대해 이야기할 때 무엇이 불안을 촉발하나?

이 문장을 명심하고, 불안을 촉발하여 여러분 내면의 목소리로부터 즉각적 반응을 이끌어내는 내적 갈등에 주목하라. 각 불꽃의 세기를 살펴보라. 어떤 것은 작아서 보일락 말락 하지만 어떤 것은 쿨에이드 맨(미국에서 유명한 과일향 음료수의 마스코트 – 옮긴이)처럼 벽을 뚫고 등장한다.

여러분의 불안 척도는 몇 점인가?

"총기 규제법을 엄격하게 개정하면 총기 폭력과 총기 사망 사고가 감소할 거야. 간단한 산수 문제라고."

"총기 규제법은 자기방어 권리를 침해하고 사람들이 안전하다고 느끼지 못하게 해."

"총이 사람을 죽이는 게 아냐. 사람이 죽이지."

"총을 든 나쁜 놈을 막을 수 있는 건 총을 든 착한 사람뿐이야."

"총기는 자기방어에 쓰이는 일이 드물며 실은 사람들을 더 안전하게 하지도 못해."

"수정 헌법 제2조는 총기를 소유할 권리를 무제한적으로 보장하지 않아. 총을 원하는 모든 사람에게 총기 소유를 허용하는 것이 아니라 주(州)에서 민병대를 유지하도록 하려고 만든 법이야."

"수정 헌법 제2조는 개인적 총기 소유를 보호하며 우리 나라의 건국 원칙이야."

이 중에서 적어도 한두 가지는 여러분에게 불안을 촉발했을 것이다. 불안 척도는 1이었나, 5였나, 중간쯤이었나? 여러분에게 이렇게 말하는 사람과 이야기한다고 상상해보라. 여러분은 갈등을 단계별로 슬로모션으로 재생하면서 여러분에게 불안을 촉발한 관점들을 해부하고 그에 대응하여 입을 연 목소리를 명명하고 올바른 행동 방안에 대한 권고를 검토할 수 있다. 여러분은 본디 힘과 이성으로 받아치는 쪽인가, 움츠러들어 의견 대립을 아예 회피하는 쪽인가, 열린 질문을 가지고 갈등에 접근하는 쪽인가?

총기 규제 논쟁의 결론은 무엇일까?

여러분의 동생과 이모는 페이스북 논쟁에서 상대방을 자신의 세계관, 생활 방식, 심지어 가정에 대한 위협으로 여긴다. 동생은 반자동 소총

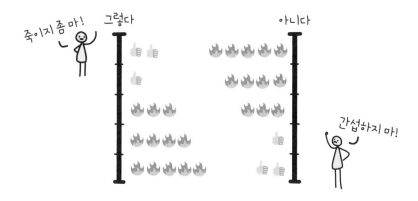

을 든 불행한 작자 한 명만 있어도 무고한 사람 수십 명을 죽일 수 있기에 학교와 공공장소가 점점 안전하지 못한 곳으로 바뀌고 있다고 믿는다. 그는 우리가 자국민조차 서로에게서 보호하지 못하는 탓에 세계 속에서 미국의 위상이 하락하고 있다고 생각하며 이모 같은 사람이 여기에 일조했다고 비판한다. 이에 반해 이모는 자력갱생과 개인 자유의 중요성에 대한 신념이야말로 미국 건국의 토대라고 믿는다. 그녀는 세계 속에서 미국의 위상이 낮아지는 이유는 우리가 시민 자유를 신뢰하지 못하기 때문이라고 생각하며 동생 같은 사람들이 이 자유를 빼앗으려 든다며 비판한다.

세계관이 다르고 이 나라가 직면한 가장 큰 위협에 대한 견해가 다르지만 동생과 이모는 같은 나라에서 살아간다. 둘 다 상대방의 정치적 태도가 이 나라와 아메리칸드림을 위협한다고 믿는다. 의견 대립은 첨예하다. 학교에서 아이들이 죽어가고 헌법이 위협받는다. 나눠

가질 아메리카는 하나뿐이기에 공동의 승리는 상상하기 힘들다.

머리의 왕국: 무엇이 참인가?

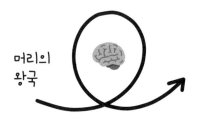

정보에 대한 의견 대립 중에서 우리가 이 대화에서 눈여겨보고 끄집어낼 수 있는 것은 무엇일까? 첫째는 양측이 서로를 얼마나 이해하지 못하는가다. 정보는 둘 사이를 물 흐르듯 흐르지 않는다. 2017년 연구에 따르면 서로 다른 정당에 속한 사람들은 자기 당의 성격에 비해 상대 당의 성격을 추측하는 일에 훨씬 서툴렀다.[3] 이를테면 공화당원들은 평균적으로 민주당원의 46퍼센트가 아프리카계 미국인이라고 추산했으나 실제 수치는 25퍼센트에 가깝다. 이에 반해 민주당원들은 평균적으로 공화당원의 44퍼센트가 65세 이상이라고 추산했으나 실제 수치는 21퍼센트에 불과했다. 사람들은 자기 당의 숫자를 추측하는 일에도 능숙하지 못했지만, 상대 당의 숫자를 추측할 때만큼 형편없지는 않았다.

우리는 총기에 대한 자신의 입장에 대해서조차 얼마나 알고 있을까? 우리는 뉴스와 언론에 방송된 대형 사건들에 대해서는 분명히 모든 최신 정보를 알고 있지만, 놀랍게도 나는 내가 사는 캘리포니아의 총기 규제법에 대해 아는 게 거의 없었다. 이 사실을 깨닫고 나니 캘리포니아에는 미국에서 가장 엄격한 총기 규제법이 있다는 사실을 쉽게 알 수 있었다. 친구 100여 명을 대상으로 캘리포니아의 법률 중에서 무엇을 바꿔야 할지 물었더니 대부분 이미 제정된 법률을 제안했다. 이를테면 캘리포니아에서는 총기 박람회를 비롯하여 모든 총기 판매에 대해 신원 확인을 의무화하고 있으며 총기를 소유하려면 총기 안전 훈련을 받고 증명서를 발급받도록 하고 있다.

우리 뇌의 섬유 하나하나는 자기편의 주장을 지나치게 확신하고 상대편의 주장을 지나치게 의심하도록 생겨먹었다(7번 전략: 친숙한 것을 선호한다, 10번 전략: 과신한다). 이 때문에 우리는 반복되는 헤드라인과 충격적인 사건의 상투적 경로에서 벗어난 의견 대립에는 지독히 서툴다. 그것은 이런 대화에서 써먹을 수단이 하나도 없기 때문이다.

가슴의 왕국: 무엇이 의미 있는가?

저마다 다른 선호와 가치가 의견 대립으로 이어지는 한 가지 사례는 사람들이 수정 헌법 제2조를 해석하는 방식에서, 또한 (사람들의 가치 체계에 따라) 총기 소유와 총기 살인에 대한 여러 사실에서 찾아볼 수 있다.

미국 수정 헌법 제2조는 "규율을 갖춘 민병대는 자유로운 주 정부의 안보에 필요하므로, 무기를 소유하고 휴대할 수 있는 국민의 권리가 침해를 받아서는 안 된다"라고 규정한다. 물론 수정 헌법이 법이라는 사실은 누구나 인정하므로 이 사실 자체는 논란의 여지가 없다. 하지만 여러분의 동생은 이 조항에서 가장 중요한 부분이 '규율을 갖춘 민병대'이며 이것이 개인에게는 해당하지 않는다고 주장한다. 이에 반해 이모는 '무기를 소유하고 휴대할 수 있는 국민의 권리가 침해를 받아서는 안 된다'가 가장 중요한 부분이라고 생각하여 여기에 초점을 맞춘다. 하나의 참인 진술에 대한 두 가지 해석은 불신의 갈등에서 상대방을 공격하는 무기로 쓰일 수 있다.

2013년 퓨 연구소에 따르면 미국에는 2억 7,000만~3억 1,000만 정의 총기가 있다.[4] 남녀노소 모두가 거의 한 정씩 가진 셈이다. 하지만 총기를 소유한 미국인은 소수에 불과하다. 몇 해 뒤 퓨 연구소는 또 다른 연구에서 이렇게 언급했다. "오늘날 미국 성인 열 명 중 세 명은 자신이 총기를 보유하고 있다고 말하며, 여기 속하지 않는 36퍼센트는 지금은 총기가 없지만 앞으로 보유할 가능성이 있다고 말한다. 성인의 3분의 1은 현재 총기를 보유하고 있지 않으며 앞으로도 보유하지 않겠다고 말한다."[5] 동생은 미국의 총기 대수가 인구에 비해 터무니없이 많다고 지적한다. 반면에 이모는 열 명 중 세 명이라는 숫자를 들어 총기 집계가 얼마나 주먹구구식인지 강조하는 한편 총기 소유자의 수를 낮잡는다. 정보가 같아도 그 정보에 부여되는 해석과 가치는 다를 수 있다.

질병통제예방센터가 해마다 미국의 사망률을 추적한 통계에 따르면 2015년 미국에서는 총기 관련 상해로 3만 6,252명이 사망했다.[6] 10만 명 중 11명이 총기 관련 상해로 사망한 것이다. 이것은 상해(자동차 사고와 약물 과용을 비롯한 수많은 원인이 포함되지만 질병과 건강 관련 사망은 포함되지 않는다) 관련 사망의 약 17퍼센트에 해당한다. 질병 관련 사망까지 전부 감안한다면 2015년 전체 사망 3,950만 건 중에서 총기로 인한 사망은 0.09퍼센트를 차지한다. 동생은 주로 3만 6,252건의 사망에 집중하여 이 숫자를 다른 나라의 통계와 비교하며 총기 상해로 인한 사망이 얼마나 심각한지 지적한다. 이모는 이것이 해마다 발생하는 사망 건수에 비하면 극히 일부에 지나지 않음에 주목한다. 그녀는 총기로 인한 사망자 수가 자동차 사고로 인한 사망자 수나 (심지어) 낙상으로 인한 사망자 수와 비슷하다는 사실을 왜 고려하지 않고 숫자에만 치중하느냐고 묻는다. 그러고는 이 정보를 이용하여 동생의 의도가 순수한 공공 안전이 아니라 문화적 의제에 물든 것이 분명하다고 치부한다.

여러분은 동생과 이모가 이성의 목소리와 힘의 목소리에 귀 기울일 때 정보를 상대방에게 피해를 입히는 무기로 쓰는 것을 볼 수 있다. 그들은 정보를 아전인수 격으로 해석하는 일도 불사한다. 바깥에서 보면 이 의견 대립은 정보를 가지고 해소할 수 있을 것처럼 보이지만, 의견 대립을 부추기는 것은 사실 정보가 아니라 그 이면에 있는 가치다. 가슴의 갈등은 사실과 수치로 해결할 수 없다. 훨씬 느리고 섬세한 방법으로 대처해야 한다.

이 토론에 뛰어드는 지도자들이 정보를 제시하지 않은 채 자기네 집단에서 신성시하는 대상을 내세워 감정에 호소하는 것에서 이를 똑똑히 볼 수 있다. 이를테면 전미총기협회(NRA) 회장을 오랫동안 지낸 찰턴 헤스턴은 2000년 정치 연설에서 유명한 말을 남겼다. "자유를 빼앗으려는 분열의 힘을 격퇴하기 위해 출정하는 이 마당에 제 목소리가 미치는 모든 이들이 귀담아듣도록 전투 구호를 외치고 싶습니다. 내게서 총을 빼앗으려는 자는 나를 죽이고 차갑게 식은 손에서 빼앗아야 할 것이다!"[7] 이것은 총기에 대한 대화에 초대하려는 것이라기보다는 민주당을 향한 경고 사격이 틀림없었으며, 총기 소유자 집단의 핵심 가치인 자유와 독립을 강조하는 역할을 했다.

버락 오바마는 2008년 대통령 선거 운동 기간에 캘리포니아에서 선거 자금을 모금하며 이렇게 말했다. "펜실베이니아의 소도시들이나 중서부의 비슷한 여러 소도시에 가보십시오. 일자리가 25년째 자취를 감췄고 어떤 일자리도 새로 생기지 않았습니다. 역대 정권은 이 지역들이 어떻게든 부흥할 것이라 말했는데, 그런 일은 일어나지 않았습니다. 그들은 격분했습니다. 그들이 총이나 종교나 자신과 비슷하지 않은 사람들에 대한 적대감이나 반(反)이민 정서나 반(反)무역 정서에 매달리는 것은 자신의 좌절을 해소하기 위해서입니다."[8] 오바마의 말은 찰턴 헤스턴의 말과 마찬가지로 자기 지지자들의 기본 가치 체계에 편승하려는 정치색 농후한 발언이었다.

두 경우 모두 여러분의 동생과 이모는 각 발언을 듣고 심지어 그 의미에 대해 토론하기까지 했지만 그 목적은 장기전을 지휘하는 장군이 병사들에게 연설할 때와 별반 다르지 않았다. 그들은 가치 체계를 표현하고 공동체를 강화하고 각자의 편을 각자의 입장에 맞게 담금질했으며, 이는 궁극적으로 어떤 식의 해결을 달성하는 데에도 역효과를 냈다.

손의 왕국: 무엇이 유용한가?

손의
왕국

총기 논쟁에는 정보와 가치 체계에 대한 의견 대립이 있지만, 관건은 오로지 전략이다. 어떤 행동이 효과적이고 긍정적 결과로 이어지는가의 문제인 것이다.

여러분의 동생과 이모가 힘의 목소리에 귀를 기울인다면 두 사람은 상대방이 패배를 인정하도록 의회를 통한 입법을 관철하기 위해 강제력을 써도 무방하다고 생각할지도 모른다. 이 전략은 안전의 열매를 (적어도 잠시나마) 가져다줄 것이다.

동생과 이모가 이성의 목소리에 귀를 기울인다면 두 사람은 헌법을 해석하고 (새로운 법률에 대한 반발을 최소화하는) 새 법률을 제정하고 집행하는 잡다한 문제를 다루게 된다. 통계와 외국의 법률을 들먹이고 총기 관련 법률이 제각기 다른 주들의 살인율을 비교하여 상관관계와 인과관계를 파악할지도 모른다. 이런 전략 또한 안전의 열매를 추구하며, 생명과 안녕에서 문제가 되는 진짜 비용을 솔직하게 인정하라고 강경하게 요구할 것이다.

이성의 목소리는 과학적으로 측정할 수 있는 것 바깥의 감정과 신념 체계로부터 동떨어져 있기에 (이 자리에서 언급할 만한) 몇 가지 어수룩한 희망을 품는다. 동생은 총기 폭력을 감소시키는 새로운 총기 규제 법률이 도입되면 이모가 더는 총기 권리를 옹호하지 않으리라고 진심으로 기대할지도 모른다. 그리고 이모는 총기 규제 법률이 폐지되어 개인의 자유가 보장되면 동생이 입 닥치고 더는 총기 규제를 옹호하지 않으리라고 진심으로 기대할지도 모른다. 여기서 양쪽이 품은 은밀한 가정은 모종의 법적 조치가 적절히 도입되어 실행되면 논쟁이 사라지리라는 것이다. 하지만 우리가 이성의 무미건조한 논리에서 한발 물러서면, 이런 결과가 나올 가능성이 극히 희박함을 분명히 알 수 있다. 이성으로 논쟁에서 이겼을 때 상대방의 입장을 뒷받침하는 핵심 가치가 제거되리라는 것은 말 그대로 헛된 희망이다.

총기 규제 논쟁에서 양측이 다 합의할 수 있는 최상의 결론은 무엇일까? 가치와 신념이 실제로 어떻게 작동하는지에 대해 의도적으로 눈감지 않는 방식이 있을까? 우리가 이겼을 때 상대방이 깔끔하게 패배를 인정하고 영영 입 닥치는 것이 정말로 우리가 바라는 것일까? 동생과 이모 모두가 이 전쟁에서 자기편의 실력을 과대평가하고 상대방의 방어 능력을 과소평가하는 일이 가능할까?

힘의 목소리와 이성의 목소리가 우리의 기대를 저버리면 의견 대립은 헛된 일로 느껴진다. 그러면 우리는 회피의 목소리에 귀를 기울이기 시작한다. 상대방을 점차 합리적으로 바꾸려는 노력을 포기하는 것이다. 하지만 이제 우리는 무엇을 해야 할지 안다! 더 나은 질문을 던져보자.

총기 규제 포틀럭

내가 이 토론에서 제기할 수 있는 더 나은 질문을 탐구하면서 시도해본 것 중에서 몇 가지는 효과가 없었다. 가능성의 목소리는 정답이 없고 오로지 질문만 가지고 있으며, 이 목소리가 여러분을 인도하는 길의 끝에 정답이 있으리라는 보장은 전혀 없다. 나는 온라인에서 30일 총기 규제 시합을 열어 사람들을 초청했다. 물론 우리가 서로에 대해 어떻게 행동할 것인가에 대해 매우 뚜렷한 기대를 품고 있었다. 나는 시합이 훌륭히 설계되었다고 생각했다. 유일한 문제는 아무도 참여하고 싶어 하지 않았다는 것이다. 후속 질문을 던지고서야 이 시합이 사람들에게 함정처럼 느껴진다는 사실을 깨달았다. 대화 제의에 선의가 담겨 있지 않으면 사람들은 생산적 의견 대립이 일어날 수 있을지에 대해 대체로 회의적이다. 다른 많은 요소가 사람들의 주의를 끌려고 경쟁하는 상황에서 사려 깊은 대화가 효과를 발휘할지도 모른다는 희박한 가능성은 대화 참여라는 비용의 벽을 넘지 못했다. 나는 실험을 온라인의 공적 상황에서, 사적인 일대일 상황에서, 사적 집단 내에서 시도했다. 사적인 일대일 대화는 사람들의 입을 여는 데는 가장 효과적이었으나 효과가 오래가지 않았다. 나머지 두 방법은 첫 단추조차 꿰지 못했다.

그런데 이따금 질문 하나가 대화의 방향을 바꿔 정면 대결을 열린 협력으로 바꿀 수 있다.

나는 시합 방식을 '온라인 토론'에서 '포틀럭 파티'로 변경했다. 목표는 '논쟁하자'에서 '지적 자극이 되는 대화를 나누면서 친목을 도모하자'로 바꿨으며 대화 방식은 '텍스트 상자에 의견을 입력하기'에서 '음식과 술을 곁들인 토론'으로 바꿨다. 그리고 질문을 '무엇을 믿으세요?'에서 내 머릿속에 들어 있는 가장 거대한 미해결 질문인 '총기 규제 논쟁의 결론은 무엇일까?'로 바꿨다.

나는 꽤 폭넓은 부류의 친구와 지인에게 초대장을 보냈는데, 이번에는 사람들이 훨씬 기꺼이 동참했다.

포틀럭의 힘

어느 토요일 오후 다섯 시경에 열다섯 명가량이 모였다. 배경이 제각각인 흥미로운 조합이었다. 우리 아들 학교에서 알게 된 사람도 있었고, 직장 동료도 있었고, 어릴 적 친구도 있었고, 친구의 친구를 통해 알게 된 초면인 사람들도 있었다. 다들 요리나 술을 하나씩 가져왔다. 참석자들이 안면을 익힌 뒤에 나는 다들 한자리에 불러 모아 약식의 '실험' 환경을 조성했다.

나는 작은 이젤에 의제를 써서 식당에 세워두었다.

- 맥락 소개하기
- 식사하면서 설문 조사 결과 나누기
- 설문 조사에서의 개인적 경험을 나누고 하고 싶은 얘기는 무엇이든 하기
- 총기에 대한 기본적 사실들
- 체계적 집단 토의
- 피드백과 다음 단계

우리는 음식을 조금씩 집어 들고는 넓은 식탁 주위에 모였다. 공기 중에는 긴장감이 감돌고 있었음이 틀림없다. 낯선 사람들이 섞였고 주제가 논쟁적이었기에 모든 것에 잠재적 위험 요소가 있었다. 하지만 분위기는 두려움보다는 흥분에 살짝 가까웠다.

우리는 자기소개를 하고 다음과 같은 질문에 대답했다. "총기와 관련하여 어떤 개인적 사연이 있나요? 삶에서 겪은 일 중에서 무엇이 현재의 입장에 영향을 미쳤나요?"

나는 우리 할아버지 거실 캐비닛에 소총이 가득 들어 있었고 우리가 종종 캐비닛 문을 따려고 했던 이야기를 들려주었다. 내가 예닐곱 살이던 어느 날 할아버지가 나를 협곡에 데려가서(우리는 캘리포니아 남부에 살았다) 소총 사격하는 법을 가르쳐주었다. 멀찍이 놓인 통에 총구를 겨누고 할아버지 트럭에 기대어 방아쇠를 당긴 기억이 난다. 나는 총의 반동에 얻어맞아 눈두덩이 시퍼렇게 멍들었다. 대학생 때 서클K 편의점에서 아르바이트를 하다가 총으로 위협받은 사연도 들려주었다. 총 든 남자가 담배 한 보루와 복권 한 묶음을 달라기에 냉큼 넘겨주었다는 이야기였다.

모인 사람 중에서 세 명 빼고는 전부 총을 쏴본 적이 있었다. 스털링이라는 친구는 얼마 전에 소총을 한 정 샀는데, 구입을 고려하면서 거친 모든 단계, 총기 보관 방법에 대해 아내와 토론한 내용, 총기 소유를 위해 충족해야 하는 캘리포니아의 법적 요건에 대해 말해주었다. 각 주의 총기 관련법에 대해 우리가 아는 것이 얼마나 적은지 실감했다. 비록 인터넷에서 찾아볼 수 있다 해도, 단지 호기심에서 총기 구입 절차를 이해하려고만 해도 총기 훈련, 면허, 등록 요건의 온갖 세부 사항 등 알아야 할 것이 한두 가지가 아니었다.

닉은 남부의 매우 보수적인 집안에서 자란 이야기를 들려주었다. 그는 청년 시절에 전미총기협회 회원이 되었으며 자신이 소장한 반자동 소총들을 자랑스러워했다. 또한 시간이 지나면서 자신의 생각이 어떻게 발전하고 변화하여 결국 회원 자격을 갱신하지 않기에 이르렀는지 소상히 말해주었다. 그는 질문 세례를 받았으며 우리 중 상당수는 보수파 총기 권리 옹호자의 생각과 태도와 행동에 대한 우리의 통념이 얼마나 엉터리인지 알고 충격에 빠졌다.

그날 밤 모인 사람들의 입장은 총기 규제를 옹호하는 쪽으로 현저히 기울어 있었지만 그 입장 안에서도 저마다 신념이 꽤 다르다는 것을 금방 알 수 있었다. 음식을 먹고 접시와 병을 건네고 받고 천천히 배를 채우다 보니 극단적으로 다른 경험과 사연을 주고받는 것 또한 지극히 자연스럽게 느껴졌다. 다들 저마다 다른 음식을 포틀럭에 가져왔듯 각자가 저마다 다른 경험과 기본 신념을 토론장에 가져왔다. 음식 중에는 단순하고 소박한 것도 있었는데, 마찬가지로 어떤 신념은 제한적인 경험에 의해 형성되었다. 이를테면 친구 에린은 캐나다에서 자라면서 총기와 관계를 맺게 된 이야기를 들려주었다(캐나다는 총기 관련법이 매우 엄격해서 1인당 총기 폭력 건수가 미국의 17퍼센트밖에 안 된다[9]). 자살과 살인 같은 심각하고 외상적인 경험을 한 사람들도 있었다. 닉의 경우에는 극적 사건이나 죽음은 없었지만, 그가 묘사한 풍성한 문화를 우리는 낯설게 느끼면서도 이해할 수 있었다.

음식을 함께 먹는 일에는 공동체적 성격이 있다. 적과 음식을 나누는 일은 드물며, 그런 경우는 대개 화해의 의도가 깃들어 있다. '떡을 떼다'라는 성경 구절은 차이를 해소하고 관계를 복원하는 일과 연결된다. 일단 찾아보기만 한다면 여러분은 온갖 기이한 장소에서 음식과 논쟁의 연관성을 찾아볼 수 있을 것이다.

초기 인류가 모닥불 가에 둘러앉아 그날 사냥한 고기를 먹고 다음 사냥 전략을 짠 게 언제부터인지 생각해보라. 이 조합은 우리의 사회적 DNA에 깊이 새겨져 있다. 아래의 베두인족 속담 두 가지가 이를 똑똑히 보여준다.

- 죽이 끓고 있으니 이제 우리는 하나 되어 행동해야 한다.
- 빵과 소금을 나눠주는 사람은 나의 적이 아니다.

음식과 논쟁을 짝짓는 사례는 이 밖에도 많다.

- 예수가 십자가에 달리기 전날 밤 제자들과 나눈 최후의 만찬
- 서로 대등한 위치에서 성대한 잔치를 벌이고 중대한 군사 전략을 논의한 아서 왕의 원탁
- 위의 두 가지와 다르긴 하지만 가족과 친구를 한마음으로 불러 모은다는 점에서 비슷한 목적을 가진 추수 감사절(이 방법이 통할 때도 있고 통하지 않을 때도 있지만, 식사의 목적과 맥락은 분명하다.)

음식은 생산적 의견 대립 기술의 필수 성분이다. 내가 뜻밖의 장소에서 이를 실감한 것은 2000년대 초 아마존 제안 팀에서 엔지니어로

일할 때였다. 당시에 회사는 책에서 음악과 비디오 등으로 사업을 확장하며 빠르게 성장하고 있었다. 내가 회사에 합류했을 때만 해도 수용 인원이 1,800명가량 되는 시애틀 무어 극장에서 전체 회의를 열수 있었지만 몇 달이 지날 때마다 점점 많아지는 인원을 수용할 수 있도록 점점 큰 장소로 회의장을 옮겨야 했다. 회사 규모가 그 정도에 도달하면 각 팀에서도 생산성을 유지하기 위한 도구를 갖춰야 한다. 제프 베이조스는 '피자 두 판 팀'이라는 익살스러운 아이디어를 제안한 것으로 유명한데, 이것은 아마존을 전면 개편할 때 배경이 된 철학이었다. 사연은 이렇다. 외부에서 근무하는 관리자가 어느 날 다른 팀들에 대한 최신 정보를 알기 힘들다고 불평하며 의사 소통 체제를 개선해야 한다고 제안했다. 제프 베이조스는 이렇게 대답했다. "안돼! 의사 소통은 끔찍해!" 그러고는 '피자 두 판 팀'을 만들었다. 피자한 판이 여덟 조각이고 한 사람당 1~3조각을 먹는다면 팀 구성원이 8~10명으로 유지되어야 한다. 이렇게 규모를 제한하면 팀 차원에서는 진지하고 원활한 대화가 촉진되는 반면에 팀과 팀 사이에서는 억제된다. 당시에는 거의 모두가 지독히 회의적이었지만 베이조스의 아이디어는 결국 성공했다. 각 팀은 작은 규모를 살려 다른 팀들에게 방해받지 않은 채 자신들에게 필요한 것을 무엇이든 시도할 수 있었다. 또한 무수한 회의에 시간을 빼앗기지 않고 자신들의 문제를 그때그때 해결할 수 있었다.

음식과 논쟁의 이러한 연결이 수많은 사회적 드라마와 역사의 중심에 놓여 있는 것은 우연이 아니다. 함께 식사하면 가족, 동료, 친구, 심지어 낯선 사람과의 사이에서 생기는 불가피한 의견 대립을 쉽게 소화할 수 있으며 대화와 이로부터 촉발되는 의견 대립에 자연적 한계를 둘 수 있다. 추수 감사절 만찬은 열띤 의견 대립이 벌어지는 마당으로 원성이 자자할지도 모르지만, 그것은 밥상이야말로 다른 장소였다면 열 배는 사나웠을 까다로운 대화를 수용할 수 있는 편안하고 중립적인 환경이기 때문일 것이다.

가능한 결론들

총기 규제 포틀럭의 밤이 깊어가면서 식사를 마치고 후식 먹기 전 휴식을 취하는 동안 우리는 추가적인 실험을 시도했다. 내가 사전에 수집한 총기 관련 고급 정보를 읽었다. 정보 중에는 기존 신념을 확증하는 것이 있는가 하면 반박하는 것도 있었다. 몇 가지만 예를 들어보자.[10]

- 미국에는 2억 7,000만 정 이상의 총기가 있는 것으로 추정된다.
- 35퍼센트의 가정이 총기를 보유하고 있다.[11]
- 총기로 인한 사망자 수는 10만 명당 12명가량이다.
- 총기 사망의 38퍼센트는 폭력으로 인한 것이다(절반은 흑인이다).[12]
- 총기 사망의 62퍼센트는 자살이다(대부분 백인이다).[13]
- 총기 사망 중에서 세 명 이상에 대한 총기 난사로 인한 것은 1퍼센트 미만이다.[14]
- 총기 사망의 5퍼센트는 반자동 소총으로 인한 것이다.
- 총기 사망의 90퍼센트 이상은 권총으로 인한 것이다.
- 자살 시도는 총을 이용할 경우에 성공 확률이 17배 높아진다.[15]

이 정보에다 아까 나눈 개인적 경험과 이야기를 각자의 머릿속에 채워넣은 채로 나는 총기 규제 논쟁의 결론이 어떤 모습일지 각자에게 물었다. "우리가 총기 문제를 논란의 여지없이 마무리했다는 것을 어떻게 알 수 있을까요?" 나는 총기 규제를 옹호하는 사람과 총기 권리를 옹호하는 사람 모두에게 질문을 던졌다. 저녁 시간을 보내는 동안 안전, 자기방어, 자유가 양쪽 모두의 관심사임이 분명해졌다. 유일한 차이는 보호를 가장 필요로 하는 사람이 누구인가, 안전을 얻기 위해 사람들이 기꺼이 포기하려는 것이 무엇인가에 대한 우리의 정의에 있었다.

우리는 식탁으로 돌아가 몇 가지 방안을 제시했다. 한 사람은 자동 소총과 반자동 소총 보유 대수를 0으로 줄이는 것을 성공의 기준으로 삼자고 제안했다. 어떤 사람은 총기 난사 건수를 0으로 줄이자고 제안했다. 또 어떤 사람은 총기 살인 건수를 0으로 줄이자고 제안했다. 이 사안에 대해서는 모두가 같은 의견이었다. 문제의 진짜 뿌리에 다가가고 있다는 느낌이 들었다. 총기 권리 옹호자의 대표자 격인 닉은 자기 마음에 드는 수정 제안을 내놓았다. "발생 원인과 상관없이 살인과 자살의 전체 건수를 줄이는 건 어때요? 그러면 나쁜 놈이 총을 가지고 있지 않을 때 다른 방법으로 사람들을 죽일 거라는 반론을 피할 수 있잖아요. 총기 사망을 줄이는 것이 전체 사망 건수를 줄이는 최선의 전략이라는 확신도 얻을 수 있고요. 하지만 더 많은 목숨을 구할 더 나은 방법을 누군가 생각해낸다면 그건 시간과 에너지를 잘 활용하는 방법이기도 할 거예요."

어쩌면 여러분은 위 구절을 읽으면서 이 제안에 직접적으로 반응했을 것이다(그러지 않았을 수도 있지만). 아마도 제안에 동의하느냐

반대하느냐에 따라 여러분 머릿속에서는 내적 갈등이 촉발되었을 것이다. 사실 여러분이 이 제안을 들은 것은 처음이 아니고 슬쩍 제쳐둔 것도 처음이 아닐 것이다. 하지만 지극히 개인적이고 허심탄회하고 호기심 충만하고 전문적인 방향으로 대화의 맥락이 흘러가는 중이었기에 이 제안은 사람들에게 매우 진지하게 받아들여졌다. 충분한 선의가 쌓인 덕에 이 제안이 고려할 가치가 있는 것으로 간주되는 정신 공간이 만들어졌으며, 어쩌면 우리의 소화 기관도 마음을 진정시킴으로써 한몫했을 것이다.

나는 생각했다. '폭력과 자살 문제를 뭉뚱그려 고려할 수 있도록 총기 규제 논의를 느슨하게 풀어도 무방하지 않을까. 왜 안 되겠어? 여기 모인 사람들은 다 친구인걸.' 물론 마음속 뒤쪽에 도사린 이성의 목소리는 여전히 이렇게 속삭였다. '그렇더라도 총기 규제야말로 이를 위한 최선의 전략일 거야. 그러니 다른 선택지는 고려할 필요가 없어.'

결론은 이렇게 정의되었다. "개인 자유를 최소한으로 침해하면서 살인과 자살의 전체 건수를 최대한 줄인다." 다른 결론이 나올 수도 있었지만(갑자기 온갖 종류의 결론이 식탁에 펼쳐졌다) 우리 모두가 동의한 것은 이 결론이었다.

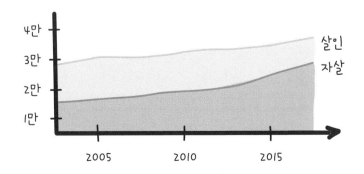

나는 사람들을 서너 명씩 짝지어 잔을 채우고 연방이나 주 차원에서의 최선의 입법 제안을 새로운 법안의 형태로 제시하도록 했다. 편의상 (의회의 협조를 얻기 위해 협상할 필요가 없도록) 법안이 자동 통과된다고 상정했지만 법안이 법률로 제정되었을 때 어떻게 전개되고 집행될지는 고려해야 했다. 나는 사람들에게 20년 뒤에 어떤 결과가 일어날지 고려하고 시급한 해결책보다는 장기간에 걸쳐 효과를 발휘하는 원대한 방안에 초점을 맞추라고 말했다.

그러고는 한 가지 단서를 달았다.

원숭이 손

나는 20년 뒤에 살인과 자살을 최대한 줄일 수 있는 입법 제안을 제시하되 원숭이 손에게 허락받을 수 있는 방식으로 제안서를 작성하라고 요청했다. 원숭이 손은 부작용을 낳을 수 있는 허점을 하나도 놓치지 않을 테니 말이다. 각 팀이 돌아와 제안을 발표하면 나머지 사람들은 원숭이 손의 역할을 맡아 최악의 부작용을 생각해냈다. 따라서 각 팀은 문구를 신중하게 고르고 비판을 예상해야 했다.

우리는 각 팀에 약 30분을 할애했으며 열띤 논쟁을 벌였다. 그때쯤 술기운이 오른 탓도 있었겠지만, 시간 제한이 있었기 때문이기도 했을 것이다. 은근한 경쟁심도 작용했다. 이 정도로 맥락을 쌓고 대화를 나눴으니 탄탄한 제안을 내놓는 것은 식은 죽 먹기일 거라는 게 우리의 생각이었다. 그렇지 않은가?

하지만 실제로는 여간 힘들지 않았다.

우리 팀은 몇 가지 장애물에 부딪혔다. 한 가지 예를 들자면 살인과 자살은 전혀 다른 두 가지 문제이며 가능한 해결책도 전혀 다르다. 자살은 총기 사망의 65퍼센트를 차지하므로[16] 전체 사망 건수를 최대 35퍼센트 줄이는 데 만족할 것이 아니라면 자살을 외면하고 살인 문제만 다루는 것은 비합리적이었다. 또한 35퍼센트를 이루는 살인의 절반은 아프리카계 미국인이 연루된 폭력에서 비롯했는데,[17] 이것은 뉴스에서 좀처럼 보도되지 않는 사실이다. 사람들의 최대 관심사는 돌격용 소총과 총기 난사였는데, 두 가지 다 문제의 극히 일부에 지나지 않았다. 이 문제를 파고들어 완전히 해결해봐야 숫자에 흠집 하나 내기 힘들 것임이 분명했다. 자살을, 특히 교외 지역 백인의 자살을 막을 방법에 대해 우리가 아는 것은 무엇일까? 도시에서의 흑인 폭력을 줄이는 방안에 대해 우리는 무엇을 알고 있을까? 우리가 아는 게 별로 없음을 깨닫는 데는 오랜 시간이 필요하지 않았다.

이 모든 논의에서 충격적인 사실은 미국의 살인 및 자살 패턴의 전체 모습을 우리가 거의 모른다는 사실을 바로 그 순간까지도 알아차리지 못했다는 것이다. 닉을 비롯하여 이 사실을 깨달은 사람들은 이 생각의 흐름을 계속 이어가라며 우리를 조심스럽게 격려했다. 우리의 소규모 팀은 이 깨달음을 깊이 파고들었는데, 알고 보니 이런 정보에 대해 더 배우는 것은 무척 쉬운 일이었다(요즘은 뭐든 구글 검색 한 번이면 알아낼 수 있으니). 우리는 누가 자살을 저지르는지에 대한 추정치를 살펴보고 미국의 자살률을 다른 나라와 비교했으며 정확히 누가 누구를 총으로 죽이는지 파악했다. 돌이켜 보면 조금 민망한 노릇이지만, 현실에 대해 피상적 이해밖에 없는 주제에 이 구조적 문제의 해답이 우리에게 있다고 생각했다니 얼마나 순진했던가!

얼마 지나지 않아, 돌격용 소총을 금지하고 총기 구매 시에 유예 기간을 두는 등의 단순한 해결책은 쉽게 배제할 수 있게 되었다. 무엇보다 많은 주에서 이미 그런 법률을 시행 중이었을 뿐 아니라 문제를 실제로 해결하지도 못했기 때문이다.

그렇다면 어떤 방법이 있을까? 우리에게 남은 시간은 10분이었다.

결과로 말할 것 같으면, 10분이 속절없이 흘러갔다. 우리는 총 세 팀이었는데, 모두 다시 모여 제안을 발표했다. 첫 번째 팀의 제안은 소유자가 쏠 때만 발포되는 신형 스마트건(기본적으로, 지문 및 안면 인식 기능이 있는 총)을 만든다는 것이었다. 나머지 두 팀은 원숭이 손 역할을 맡아 이 총기가 구글과 애플의 관리를 받고 충전을 해야 하는 시나리오를 제시했다. 스마트건은 스마트폰처럼 충전을 해야 하기에 안전성이 낮으며, 아이들이 안면 인식 소프트웨어로 조작하여(소프트웨어 업데이트가 없으면 스마트건은 언젠가 구식이 될 수밖에 없다) 끔찍한 사고를 저지를 수 있다며, 스마트건이 세그웨이나 VHS 비디오테이프 신세가 될거라고 일축했다.

내가 속한 두 번째 팀의 제안은 차량국(DMV) 같은 민간 단체를 신설한다는 것이었다. 단체의 이름은 밀레니얼 세대에게 어필하도록 '쿨한 총기부(DCG Department of Cool Guns)'로 지었다. 양당으로부터 정치적 승인을 얻기 위해 직원의 일부는 전미총기협회에서 충원할 것이며 차량국에서 운전 면허를 관리하듯 총기 면허 시험을 시행하고 면허를 관리할 계획이었다. 이와 더불어 사람들을 연방 총기 소유자 명단에 등록하고 범죄 기록과 새로운 정신 병력 보고서도 통합 관리할 터였다. 그 밖에 작은 퍼즐 조각으로는 수입 탄약에 값비싼 관세를 물리는 방안과 구입자의 신원을 추적할 수 있도록 탄약에 고유의 지문을 부여하는 새로운 '스마트 탄약' 기술에 보조금을 지급하는 방안이 있었다. 암시장과 총기와 탄약에도 수요·공급 법칙에 따라 서서히 스마트 탄약이 도입되도록 하려면 시간이 필요할 것이었다. 물론 이 방법으로 자살 문제를 직접 해결할 수는 없다. 하지만 아직 탄약은 없지만 자살을 고려하고 있는 사람을 위해서는 새로운 정신 질환 전문가 집단을 훈련하여 전국의 탄약 판매점에 배치하는 방법을 제시했다. 그러면 현장에서 신속하게 면허와 정신 질환을 확인하는 일종의 과속 방지턱을 둠으로써 도움이 필요한 사람들을 너무 늦기 전에 발견하여 지원할 기회가 적어도 한 번은 생길 것이다. 하지만 원숭이 손이 우리의 정신 질환 전문가 집단에서 문제를 찾아내는 것은 식은 죽 먹기였다. 빠듯한 예산 때문에 그들은 엄청나게 부패하고 뇌물에 흔들리고 결국은 의욕을 잃고 사람들을 갈취하는 정신 질환 전문가의 그림자 조직을 만들 것이며, 궁극적으로 DCG는 적나라하고 비극적으로 몰락하리라는 것이었다.

마지막 세 번째 팀의 제안은 사격장을 그물처럼 연결하여 전국 규모의 총기 면허 프로그램을 시행하자는 것이었다. 스마트 탄환(놀랍게도 새로운 발상이 아니었다) 아이디어도 나왔지만 자살 문제를 해결하기 위해서는 아니었다. 원숭이 손은 이 방안이 비록 효과가 있긴 하지만 기본적으로는 총기 살인이나 자살의 대규모 추세에 실질적 영향을 전혀 미치지 않는 미흡한 해결책에 막대한 에너지와 자금을 낭비하는 꼴이라고 꼬집었다.

'다음 타자 나와' 식의 짧은 대화가 이어지고 나서 사람들은 하나둘 작별 인사를 건네고 자리를 떴다. 나는 마지막 남은 몇 명과 그날 저녁이 얼마나 기묘했는지에 대해 담소를 나눴다(그중에는 우리의 좋은 친구 케이티도 있었다). 우리는 총기 규제, 살인, 정신 질환에 대한 해답을 찾는 일에 조금도 가까이 가지 못했다. 그럼에도 … 이렇게

말하는 게 이상하긴 했지만, 우리가 아는 게 부족하다는 사실을 깨
달고 나니(흑백의 처음 입장이 회색 가능성의 스펙트럼으로 흐려지도
록 내버려두고 공유된 결론으로부터 함께 논증을 만들어감으로써)
우리는 왠지 더 현명해지고 더 충만해진 느낌을 받았다.

소득

포틀럭이 나의 예전 시도들과 달리 가능성의 목소리를 끄집어낸 비결
은 무엇일까? 웃기게 들리겠지만, 그것은 함께 식사하는 사회적 의례
가 이성의 목소리와 힘의 목소리를 막아주기 때문이었다고 나는 믿
는다. 두 목소리는 뒤로 물러난 채 공동체 의식, 선의, 수용 같은 그 밖
의 원초적 본능이 들어설 자리를 마련해준다. 새로운 요리법을 시도
하면 우리의 지평이 넓어지듯 새로운 가설이나 신념을 시도하면 우리
의 마음이 넓어진다.

나는 포틀럭 다음 날 참석자들에게 감사 메시지를 보냈으며 많은
사람들이 둘도 없는 저녁을 보냈다며 감사의 답장을 보내왔다. 그렇
게 본다면 게임은 승리였다. 포틀럭 게임의 본질은 자신의 경험과 신
념이라는 음식을 가져와 남들과 나누고 남들이 가져온 것을 먹는 것
이다. 그렇게 우리는 안전, 성장, 연결, 즐거움의 열매를 음미했다.

여섯 번째 실천 지침

함께 논증 쌓아가기

의견 대립 포틀럭은 사람들을 한데 모아 모두가 기여하고 모두가 소득을 얻을 수 있도록 음식과 대화를 나누는 한 가지 방법이다. 나는 이런 포틀럭을 몇 번 주최했는데 (언제나 생각지도 못한 방식으로 독특하고 흥미롭긴 했지만) 모두가 참여하는 가장 탄탄한 아이디어를 바탕으로 언제나 관점을 새롭게 할 수 있었다.

학교 다닐 때 에세이 쓰는 법을 배운 기억이 나는가? 우선 독자의 관심을 사로잡는 도입부를 쓰고 논제를 구성하고 주요 논거를 요약한다. 그런 다음 각 논거마다 한 문단씩 쓰면서 세부적으로 들어가 이 논거들이 어떻게 논제를 뒷받침하는지 증거를 제시한다. 마지막으로, 논제를 다시 진술하고 주요 논거를 멋진 매듭으로 엮어 마무리한다. 이것은 이성의 목소리가 에세이를 쓰는 방법이자 우리의 문화(어떻게 토론할 것인가, 어떻게 이야기를 풀어낼 것인가)에 깊이 각인된 방법이다. 이 구조의 기본 원칙은 하나의 거대한 논점을 만들고 거기에 총력을 기울이라는 것이다. 이것은 포틀럭에서 나눌 만한 열린 질문이 아니라 배틀십 게임에서의 전략적 기동이다.

이에 반해 논증을 함께 쌓아가는 것 밑에 깔린 핵심 아이디어는 일반적인 논설문 에세이를 전체의 한 조각으로 보아 거기에 맥락을 부여하는 토대적이고 협력적인 구조를 주변에 건축하는 것이다.

가능성의 목소리는 논제가 아니라 근사하고 거창한 문제를 중심으로 돌아간다. 이것은 기본적으로 공유된 마무리 상태에 대한 열린 질

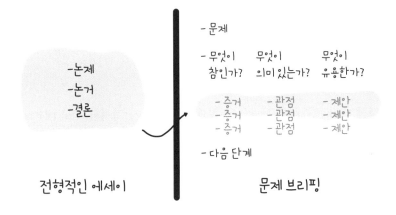

- 논제
- 논거
- 결론

전형적인 에세이

- 문제

- 무엇이   무엇이   무엇이
  참인가?   의미 있는가?   유용한가?

  - 증거   - 관점   - 제안
  - 증거   - 관점   - 제안
  - 증거   - 관점   - 제안

- 다음 단계

문제 브리핑

문이다.

에세이는 "모든 주에서, 또한 모든 종류의 총기 판매에 대하여 보편적 신원 확인을 실시해야 한다"라고 말하겠지만, 문제 브리핑은 "어떻게 하면 10년 뒤에 살인율을 가장 많이 줄일 수 있을까?"라고 말문을 열 것이며 보편적 신원 확인을 실시하는 것은 여러 제안 중 하나에 불과할 것이다. 전형적인 에세이는 논거만 제시하겠지만, 문제 브리핑은 제안을 반박하는 가장 탄탄한 비판도 포함할 것이며 이를 위해서는 가장 탄탄하고 훌륭한 비판자들과 손잡아야 한다. 이것이 중요한 이유는 우리가 자신의 논증에서 결함을 보지 못하기 때문이다.

전통적인 에세이는 한 가지 주장을 내세우고 거기에 총력을 기울이는 반면에 문제 브리핑은 열린 질문에 대답을 시도하는 최상의 제안들을 취합한다. 그런 제안은 두 개가 될 수도 있고 다섯 개가 될 수도 있고 100개가 될 수도 있는데, 각각의 제안은 근거와 권고 조치가 포함되며 옹호자와 반대자의 협력이 낳은 산물이다.

전통적인 에세이를 쓰거나 전통적인 의견 대립을 벌일 때는 자기 논증의 결함을 숨기고 강점을 과장할 유인이 생길 수도 있지만, 함께 논증을 쌓아갈 때는 그럴 필요도 없거니와 그래봐야 얻는 것도 없다.

문제의 핵심 질문과 결론이 뚜렷해지고 논거가 제시되면 협력자들 사이에서 생산적 의견 대립이 등장할 가능성이 있다. 사람들은 증거와 관점, 제안의 세부 사항에 대해서는 이견이 있을 수 있더라도 자신들이 가능성에 대한 이해를 공유하고 있음을 알 수 있다. 원숭이 손을 상대로 방어하다 보면 공동의 (아마도 가상의) 전투에서 편을 지어, 실제로 피를 흘리지 않으면서도 서로에 대해 논증을 날카롭게 벼릴 수 있다.

7

중립 공간 마련하기

가능성은 테이블 주위나 공동체 안에 존재하기 전에

이미 우리 머릿속에 존재해야 한다.

최근에 벌인 논쟁을 떠올려보라. 논쟁 자체는 제쳐두고 그 논쟁이 어떤 상황에서 일어났는지 생각해보라. 의견 대립의 열매가 맺히는 것을 촉진하거나 저해하는 요소가 있었나?

권력관계는 어땠는가?

논쟁이 가져올 결과에 대해 어떤 기대가 있었나?

문화적 규범, 공유된 역사, 의사 소통 수단, 시간 제약을 비롯하여 스스로를 명시적으로 드러내지 않으면서도 논쟁에 영향을 미치는 또 다른 숨은 맥락이 있었나?

우리는 논쟁이 시간과 공간의 맥락 바깥에 존재하는 것처럼, 객관적 요소만을 토대로 충돌하고 해소되는 완벽히 합리적인 논문인 것처럼 생각하는 경향이 있다. 이것은 지극히 서구적인 세계관이다. 우리는 개인이고 사실은 사실이며 모든 것에는 옳음과 그름, 좋음과 나

뿜, 승자와 패자가 있다는 식이다. 기본적 자연 법칙은 여러분이 우주 어디에 있든 똑같으므로 진실도 마찬가지여야 한다는 논리다. 우리는 참이 언제나 참이고 사실이 언제나 사실이라고 생각하며 우리의 논증과 신념도 같은 식으로 작용한다고 생각한다. 하지만 물리 법칙은 불변할지 몰라도 (사실과 참을 비롯하여) 그 법칙에 종속되는 모든 것은 끊임없이 변동한다.

동양의 사고방식은 변동을 포용한다. 우리 어머니는 이민자로, 20대 초반에 혼자 일본에서 미국에 왔다. 영어를 배우고 싶어서였는데, 결국 우리 아버지를 만나 결혼하여 두 자녀를 낳았다. 어머니의 형제와 가족은 아직 일본에 살며 나는 지금껏 여남은 번 그들을 방문했다. 내가 목격한 미국 문화와 일본 문화의 차이점 중에서 가장 충격적인 것 중 하나는 부정적 공간에 대해 또한 일상적 사물의 목적에 대해 생각하는 방식의 차이다.

일본에서는 바닥에 앉는 게 정상이고 문(장지문)이 벽이 되기도 하며 바닥에 누워 잔다. 모든 것이 저마다 다른 쓰임새에 쏙 들어맞도록 디자인된 것처럼 보이는데, 그것은 공간이 비좁아서이기도 하지만 일본 문화가 공간과 맺고 있는 관계가 색다르기 때문이기도 하다.

나는 대학생 때 도쿄 외곽의 소도시에 사는 외삼촌 부부를 찾아간 적이 있다. 친구 몇 명을 데려갔는데, 도착하고 보니 우리가 퍽이나 눈에 띈다는 사실을 분명히 알 수 있었다. 우리는 미국인 기준으로도 키가 꽤 컸으며(178센티미터에서 188센티미터) 다들 머리카락이 금발 아니면 연갈색이었다. 우리는 좁은 산길을 걸어 올라 외삼촌 집 근처의 절에 갔다. 절에는 다실이 있었는데, 천장이 낮은 방에는 다다미가 깔려 있고 고타츠(난로)가 놓여 있었다. 방문이 하도 낮아서 들어

가려면 허리를 숙여야 했다. 이것은 의도적이었다. 낮은 방문은 겸손한 마음으로 들어올 것을 방문객에게 상기시키는 장치다. 벽에는 두루마리가 있었고 꽃도 있었으며 방 안에 놓인 모든 것에는 목적과 의미가 있었다. 나는 이런 다도에 친숙했지만, 친구들의 눈으로 바라보니 환경의 섬세한 요소들이 다도 분위기에 얼마나 큰 영향을 미치는지 실감할 수 있었다. 이를테면 이런 공간에 들어서서 총기 규제에 대해 논쟁을 시작하기는 쉽지 않을 것이다. 다도의 의례는 극도로 정교하며 처음부터 끝까지 매우 구체적인 예법이 있다. 우리는 차 마시는 순서를 몰랐고 아마도 어처구니없는 실수를 여러 번 저질렀을 테지만, 이 의례가 여러 겹의 맥락, 문화, 환경과 더불어 공간을 효과적으로 활용한다는 사실은 우리 같은 외부인의 눈에도 분명했다. 다도에서는 모두가 대등한 참가자로 간주되었다. 나는 산을 걸어 오르는 것, 정원을 가로지르는 것, 어쩌면 심지어 바다를 건너 비행하는 것 모두가 다실의 겉면에 불과했음을, 하지만 똑같은 다도의 일부였음을 잠깐 동안 느낄 수 있었다.

다실에서 뻗어 나가 바깥으로 물결치며 포개진 공간들을 생각하니 두 관점이 아무리 멀리 떨어져 있어도 같은 방에 함께 놓일 방법을 언제나 찾을 수 있음을 똑똑히 알 수 있었다.

다실과 사람의 상호 작용에 이렇게 주의를 기울이는 관례는 다도에서 명백히 드러나지만, 일본 문화의 다른 요소들에서도 찾아볼 수 있다.[1] 관계를 형성하기 위해 디자인된 공간(이를테면 음식과 술이 놓인 테이블 주위)에는 '와和'가 있다고 말한다. 생각의 흐름을 촉진하도록 디자인된 집중적이고 창의적인 업무 공간에는 '바場'가 있다고 말한다. 합석할 벤치가 있는 공원처럼 공간이 개입과 우연을 촉진할 경

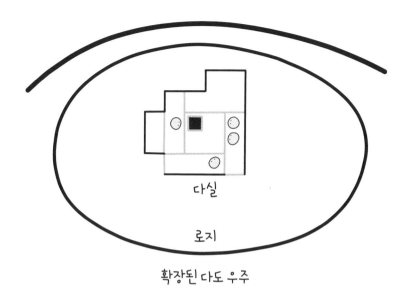

다실

로지

확장된 다도 우주

우에는 '마(間)'가 있다고 말한다. 공간을 오가는 여행과 장소의 역사적 맥락을 비롯하여 모든 것의 원천이 되는 맥락은 공간의 '도코로(所)'로 표현한다.

저마다 다른 환경이 획득하는 이 '성격들'은 의견 대립에서 종종 간과되는 요인을 이해하는 데 도움이 된다. 의견 대립이 벌어지는 물리적 공간은 우리가 귀를 기울이는 목소리(누구의 말을 들을 수 있나?), 대화의 역학(사람들이 어떤 권위의 역할을 수행하는가?), 사람들이 참여하는 방식(발언이 허용되는 사람은 누구인가?), 심지어 누가 참여하는가(방 안에 들어와도 되는 사람은 누구인가?)에 영향을 미친다. 일터에서 상사와 나 사이에 의견 대립이 촉발되면 아마도 이성의 목소리가 가장 크게 말할 것이다. 직업적 상황에서의 의견 대립에는 갖춰야 할 격식이 있기 때문이다. 이에 반해 업무가 끝나고 상사와 한

잔할 때는 격식의 일부가 떨어져 나가 가능성의 목소리가 의견 대립에 한몫할 여지가 커진다.

의견 대립이 벌어지는 공간에 대해 우리가 고려해야 할 것은 세 가지다.

1. **생각** 공간이 다양한 관점의 공유를 촉진하는가, 저해하는가? 이 공간에서는 어느 목소리가 가장 환영받는가? 머리의 갈등, 가슴의 갈등, 손의 갈등 중에서 이 공간이 선호하는 것이 있는가?
2. **사람** 누구나 이 공간에 자신의 자유 의지로 들락날락할 수 있는가, 아니면 출입자를 제한하는 결과 또는 조건이 있는가?
3. **문화** 이 공간에서 과거와 현재에 벌어진 상호 작용이 어떻게 미래에 기억되는가? 특정 참가자나 생각을 선호하거나 싫어하는 편향이 있는가?

이 질문에 대한 대답이 공간에 따라 어떻게 달라질 수 있는지 몇 가지 예를 들어보겠다.

교실에서는 교사와 학생 사이에 권력관계가 작용한다. 교사는 수업을 계획하고 토론이 활발히 진행되도록 한다. 학생들은 질문을 할 수 있지만 수업 주제를 임의로 바꿀 수는 없다. 의견 대립이 생겼을 때 교사에게는 이를 북돋우거나 묵살할 권한이 있다.

소셜 미디어에서는 고려해야 할 공간이 많으며 이 공간들은 형태가 다양하다. 댓글이 허용되는 게시물은 교실의 권력관계와 별반 다르지 않다. 다만 댓글 타래의 문화적 규범상 댓글이 게시물의 주제를 바꿔버리기도 한다. 의견 대립이 일어났을 때 원래 게시자는 이를 관

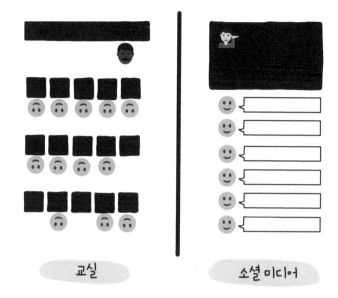

교실   소셜 미디어

리할 수도 있고 관리하지 못할 수도 있다.

　다른 사람의 집에 들어갈 때 우리가 지키는 예절에 대해 생각해보라. 집마다 나름의 규칙이 있어서 주인과 손님 사이에는 무엇이 허용되고 무엇이 허용되지 않는가(딴 사람 초대하기, 신발 벗기, 소음 수준과 활동 및 어수선함의 일반적 수준을 통제하기 등)를 맨 처음 결정하는 주고받기가 이루어진다.

　회사도 비슷하지만, 사무실을 방문하고 입사 지원을 하고 직원으로 채용되는 것과 관련하여 사뭇 다른 규범이 있다. 여러분이 직원으로 회사에 있다면 의견 대립과 자기표현의 수준이 면접이나 이사회에서 허용되는 것과 매우 다를 것이다.

　생산적 의견 대립을 위한 중립 공간을 설계할 때 우리가 물을 수 있는 가장 중요한 질문으로는 이런 것들이 있다. "회의실에 들어오거

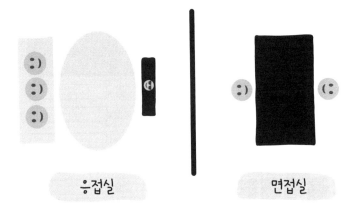

응접실   면접실

나 테이블에 앉을 수 있는 사람은 누구인가? 회의에 참석했을 때 당신의 역할은 무엇인가? 당신은 이견을 제시할 수 있는가, 아니면 대응만 할 수 있는가? 열린 질문을 던지고 자신의 입장을 대변할 수 있는가?"

향후에 누가 참석할지 결정하는 권한이 현재 참석자들에게 있다면 이 질문은 더더욱 중요하다. 지금 미국 상원과 하원에서 벌어지고 있는 일이 바로 이것이다.

이주, 포용, 추방

오늘날 많은 나라에서 벌어지고 있는 의견 대립 중에서 가장 까다로운 것 중 하나는 이민에 대한 것으로, 이것은 기본적으로 국경, 국적, 권리에 대한 의견 대립이다. 이 주제가 이토록 첨예한 이유 중 하나는 여러분이 소속되는 순간 바로 그 대화에서 발언권이 생긴다는 사실 때문이다. 세계 각국은 이민 및 국적 정책을 수립해야 하는데, 이는 향후 그 정책에 대해 누가 발언권을 가지는가를 결정한다.

내가 이 책을 쓰면서 실시한 실험 중에서 가장 규모가 큰 것은 초대받은 사람만 가입할 수 있는 온라인 커뮤니티 fruitful.zone을 개설한 것이다. 이 홈페이지는 정치를 비롯한 첨예한 주제에 대해 원만하고 자유로운 분위기에서 대화할 수 있는 공간으로 기획되었다. 만든지는 좀 됐는데, 초창기 대화에서 가장 흥미로운 것 중 하나는 이민과 국경 안보에 대한 것이었다.

이것은 시대를 초월한 의견 대립이며 힘, 이성, 회피의 목소리가 왜 소용없는지 보여주는 완벽한 사례다. 우리 집단에 속할 수 있는 사람은 누구인가? 배제되어야 하는 사람은 누구인가? 이 규칙을 어떻게 시행해야 하는가? 이 대화는 아래의 세 수준에서 동시에 진행되고 있었다.

- fruitful.zone 커뮤니티에서
- 미국 국민들 사이에서
- 미국 의회에서

각 공간에는 누가 들어오고 나갈 수 있는지를 결정하는 정책과 체제가 있었다. 나는 첫 번째 수준(fruitful.zone)을 관리하면서 행동 수칙을 정했으며 대화가 자유롭고 원만하게 이루어지도록 한다는 명확한 의도를 품었다. 미국 국민들은 선거로 의원을 선출하며 의회는 연방 예산 및 법률 체제를 통해 누가 미국 국민이 될 수 있는가를 좌우하는 정책과 집행을 결정한다.

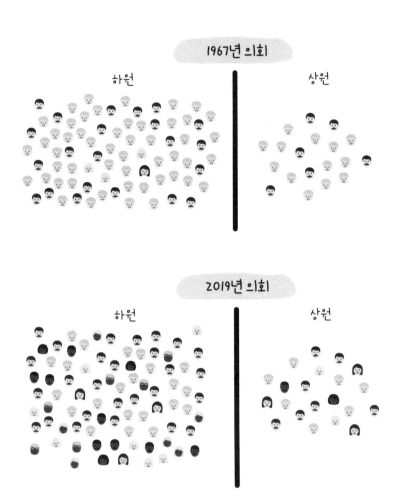

1967년 의회

하원   상원

2019년 의회

하원   상원

나의 행동 수칙, 선거 과정, 예산 편성, 법률 체제는 모두 그 자체로 유동적이며, 정보가 너무 많고 자원이 제한된 세상에서 살아가면서 겪게 되는 온갖 편향과 문제에 취약하다. 사람들이 미국으로 이주하고 미국에서 다른 나라로 이주하고 그 중간 어디에선가 나고 죽고 살아감에 따라 그들이 취할 수 있는 관점들도 달라지며 이 순환이 계속된다. 이를테면 1967년에는 의원의 95퍼센트가 백인 남성이었는데,[2]

1992년에는 81퍼센트로 줄었으며 2018년 중간 선거가 끝날 무렵에는 76퍼센트가 되었다.

백인 남성은 미국 인구의 38퍼센트를 차지하므로 아직까지 의회에서 현저히 과잉 대표되고 있으나 현재 추세는 형평성을 향해 서서히 움직이고 있다. 이와 동시에 미국 인구 자체도 1960년과 2010년 사이에 88퍼센트 백색에서 72퍼센트 백색으로 바뀌었다.[3]

미국인의 12.5퍼센트가 흑인이라는 사실을, 미국 건국의 토대이던 노예제와 인종주의의 역사를 생각해보라. 또한 오늘날 미국 국민 중에서 미국이 유럽의 식민지가 되기 이전에 살던 조상의 후손인 원주민은 0.8퍼센트에 불과하지만 전쟁과 질병으로 몰살당하기 전에는 지금보다 스물다섯 배나 많았음을 생각해보라. 미국 역사의 거의 모든 시기마다 이민 정책이 첨예한 주제인 것은 놀랄 일이 아니다. 우리는 모두 이해 당사자이며, 이 현실에 어떻게 대처해야 하는가를 놓고 대화할 때면 수많은 사람과 수많은 문제가 결부되며 시간도 오래 걸린다. 지금까지 우리의 과거와 현재의 현실을 화해시키려는 시도 중에서 흡족했던 것은 하나도 없다.

의회의 인구 구성이 이 나라의 인구 구성을 대표하지 않는다면, 그런 상황에서 여러분이 이민자 단속 같은 첨예한 문제에 대해 생산적 대화를 하고자 한다면 회의실 안의 대표성이 얼마나 중요한지 쉽게 알 수 있다.

의회에 있지 않은 우리가 할 수 있는 일은 무엇일까? 가능성의 목소리는 여전히 대화가 이루어지도록 힘을 보탤 수 있지만, 대화를 위한 공간을 만들고 사람들을 초대하는 것은 우리 스스로 해야 한다. 두어 달에 걸쳐 fruitful.zone 커뮤니티가 만들어지자 대화를 나눌

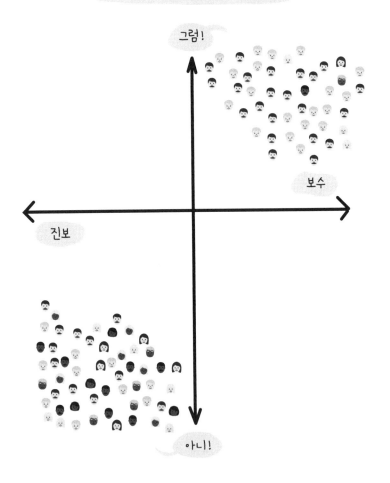

준비가 되었다는 느낌이 들기 시작했다.

오랜 친구이자 엑손 변호사인 재러드는 현재 두바이에 살면서 진보를 자처하지만 보수의 뿌리도 깊다. 어느 날 그가 fruitful.zone 커뮤니티에서 대화하고 싶은 주제가 있다며 내게 연락했다. 당시는 국경 장벽에 예산을 지원하려는 트럼프의 욕구를 의회가 해소해주지 못해 정부가 폐쇄된 상태였다.

"국경 장벽에 대해서 양쪽에 묻고 싶은 질문이 있어. 장벽 예산 지원에 대한 의견 대립으로 정부가 폐쇄됐는데도 양쪽 모두 냉소주의가 팽배해. 50억 달러는 전체 예산에 비하면 아무것도 아니야. 근데 좌파는 왜 그걸 가지고 정부가 폐쇄되도록 놔두는 거지? 국경을 개방하고 사람들이 맘대로 국경을 넘을 수 있게 해야 한다고 정말로 믿는 거 맞아? 국경 통제가 비도덕적이라고 정말로 믿는 거야? 아니면 트럼프를 괴롭히고 그가 애지중지하는 선거 공약을 못 지키게 하려는 거야? 그게 정부 폐쇄의 동기라면 너무 이기적이지 않아?"

나는 이렇게 답장을 보냈다.

"그 주제 맘에 들어. 좀 더 중립적으로 틀을 짜주겠어? 50억 달러 때문에 정부가 폐쇄되는 게 어떤 이유에서 가능할지 목록을 만들 수 있으려나? 그리고 각각에 대해 최상의 논거를 제시해달라고 요청하는 거지."

알고 보니 재러드는 질문을 약간 도발적으로 해야 대화가 더 활발해질 거라 믿었다. 반면에 나는 질문을 중립적으로 구성(틀 짜기)하려고 했고 그러다보니 사람들이 응답에 공을 더 들여야 해서 참가율이 대체로 낮았다.

도발과 의견 대립의 관계에 대해 이런 생각을 가진 건 재러드만이 아니다. 우리는 도발과 반발의 패턴을 의견 대립에서도 기대하며, 사람들에게서 반응을 끌어내려면 불안을 촉발하는 것이 필요하다고 생각한다. 이렇게 하면 대화는 힘, 이성, 회피의 목소리가 원하는 방향으로 진행될 수밖에 없다. 몇 차례 의견을 주고받은 뒤에 재러드가 이런 게시물을 올렸다.

우리의 이민자 단속 체계를 어떻게 개선할 수 있을까?

"정부가 폐쇄된 지금 이민자 단속을 놓고 갑론을박이 벌어지고 있습니다. 많은 사람들이 보기에 장벽 건설은 이민자 단속의 긍정적 상징이자 부정적 상징이 되어버린 듯합니다. 하지만 장벽은 더 폭넓은 이민자 단속 체계의 잠재적 요소 하나에 불과합니다. 그 밖에도 국경 순찰, 비자 발급 및 노동 허가 요건, 고용법, 망명 신청, 추방 등이 있습니다. 장벽의 상징적·전략적 의미와 이것이 양당에 무엇을 표상하는가는 차치하고 우리 나라의 이민자 단속 체계에서 무엇이 바뀌면 좋겠습니까? 현행 체계를 개선할 아이디어가 있으신지요?"

재러드가 "국경을 개방하고 사람들이 맘대로 국경을 넘을 수 있게 해야 한다고 정말로 믿는 거 맞아? 국경 통제가 비도덕적이라고 정말로 믿는 거야?"라고 말하지 않아서 얼마나 다행인지 모르겠다. 새로운 표현에는 '우리' 대 '그들'이 전혀 들어 있지 않았다. 오히려 여러 체제와 문제와 해결책이 복잡하고 서로 연관되어 있음을 인정했으며 수사적인 예 아니요 질문이 아니라 체계를 개선하는 법에 대한 열린 질문으로 끝맺었다.

이어진 타래에는 다양한 관점과 지식 분야에서 여러 아이디어가 제시되었다. 어떤 사람은 이런 의견을 내놓았다.

"이민자들이 들어왔고 지금도 들어오고 있는 상황에서 그들이 국경에 도달할 때까지 기다린다면 우리가 어떻게 대응하든 너무 늦다고 생각합니다. 아무것도 안 하고 기다리면서 방비를 강화해봐야 더 큰 문제가 생길 뿐입니다. 제게 해결책을 물으신다면, 그들이 국경에 도착하기 전에 만나라고 말씀드리겠습니다. 최대한 많은 사람들을 알게 되면 그들의 상황을 진정으로 이해할 수 있습니다. 가능한 한 많은 사람을 미리 걸러낼 수 있다면 국경 통과를 신속히 처리하고 그들에게 우리의 선의와 도우려는 의지를 보여줄 수 있습니다. 그러면 국경에서 폭동이나 폭력 사태가 벌어질 가능성을 줄일 수 있을 겁니다."

다양한 사람들에게서 유보적 표현을 듣는다는 것은 대화가 생산적 방향으로 흘러가고 있다는 신호다. '저는 생각합니다', '제게 해결책을 물으신다면' 같은 구절과 이와 비슷한 연대의 몸짓은 대화의 흐름에서 미묘하고 거의 눈에 띄지 않지만 가능성과 개방성의 분위기를 집단 내에 조성한다.

이민자들이 고국을 떠난 이유가 폭력을 피하기 위해서인지 일자리를 얻기 위해서인지에 대한 논의도 있었다(동영상과 인터뷰도 공유했다). 결국 대다수 이민자는 멕시코에 망명하길 바라고, 미국에 가고 싶어 하는 사람은 극소수에 지나지 않으며, 일부는 폭력을 피해 정당하게 달아났다는 데 합의가 이루어졌다. 재러드는 이렇게 첨언했다.

"인도주의 위기에 대한 선생님의 우려에 깊이 공감합니다. 저는 해외로

발령받기 전에는 법원에서 망명 신청인을 대리했습니다. 저랑 일한 사람들 중에는 끔찍한 고통을 겪었고 망명이 허가되지 않으면 죽음을 당할 사람도 있었습니다. 하지만 선생님의 우려는 망명 절차를 합리화하는 차원을 넘어선 것처럼 보입니다. 제가 제대로 이해했다면, 선생님께서는 사람들이 망명 신청을 해야 할 필요성을 없애기 위해 초기 단계에 인도적 지원을 늘려야 한다고 생각하시는 듯합니다. 제 말이 맞나요? 선생님께서는 이것을 미국이 분쟁과 인권 침해에 더 많이 개입해야 하는 문제로 보시는지요? 아니면 금전적 원조를 늘리는 문제로 보시나요? 제가 우려하는 것은 전쟁에 시달리는 나라에서 국민이 억압받고 재정 지원이 우리가 돕고자 하는 사람들에게 도달하지 못할 때 어떻게 그런 지원을 할 수 있느냐는 것입니다. 그런 필요성이 해외와 국내 모두에서 절실할 때 지원을 얼마나 해야 할지도 문제입니다."

'깊이 공감합니다', '선생님의 우려', '제가 제대로 이해했다면', '제 말이 맞나요?', '문제로 보시는지요?', '제가 우려하는 것은', '해야 할지도 문제입니다' 등은 모두 가능성의 언어의 예이며 이곳이 아이디어를 논의하는 중립 지대이지 전쟁터가 아님을 모두에게 주지시킨다. 다음 질문은 무단 입국과 국경 안전의 관계에 대한 것이었다.

"국경이 더 안전해졌나요? 보안이 더 철저해졌나요? 다음번에 멕시코나 중앙아메리카의 경제가 붕괴했을 때 대규모 유입에 더 능숙하게 대처할 수 있을까요? 아편은 이제 문제가 아닌가요? 저는 국경이 더 위험하다고 생각합니다. 불법 이민은 줄고 있지만 국경은 비이성적으로 위험하며 멕시코 쪽은 더더욱 그렇습니다."

이것은 머리의 갈등이었기에 사실을 찾아보고 공유할 수 있었다. 누군가 미국 국경경비대 통계를 공유했다.

"(열사병, 탈수, 고열을 비롯한) 열 노출이 국경에서의 주요 사망 원인이었습니다.[4] 보더에인절스라는 단체에서 추산하기론, 1994년 이후 약 1만 명이 (점점 무장이 강화되는) 국경을 넘으려다 사망했습니다. 미국 관세국경보호청에 따르면 1998년부터 2017년 사이에 7,216명이 미국-멕시코 국경을 넘으려다 목숨을 잃었습니다. 2005년에는 미국-멕시코 국경 전역에 걸쳐 500명 이상이 사망했습니다. 연간 국경 통과 사망 건수는 (감소 이전인) 1995년과 2005년 사이에 두 배로 증가했습니다. 미국 국경경비대에서는 (2017년 9월 30일에 끝나는) 2017 회계연도에 294명이 이주 과정에서 사망했다고 보고했는데, 이는 2016년(322명)보다 낮으며 2003~2014년의 어느 해보다도 낮은 수치입니다."

다음 질문은 국경 장벽이 효과가 있느냐는 것이었다(손의 갈등). 힘의 목소리에게 물으면 장벽이 효과가 있음을 쉽게 알 수 있다. 장벽은 물리적 장애물일 뿐 아니라 힘의 표현이자 상징이다. 장벽은 위압적이다. 상대편으로 하여금 공격하려는 마음이 들기 전에 두 번 생각하도록 한다. 이 모든 것은 물리적 효과와 더불어 심리적 효과를 발휘하여 대화를 중단시킨다. 잘된 일이긴 한데, 문제는 알다시피 대화가 중단될지는 몰라도 분노가 쌓이기 시작할 수도 있다는 것이다. 장벽은 투지를 자극한다. 오르고 싶은 마음이 들게 한다. 역사를 살펴보면 대부분의 장벽은 정복되었으며 대부분의 권력은 결국 무너졌다.

장벽이 효과가 있을지 없을지 이성의 목소리에게 물으면 데이터와 증거에 기대어 숫자로 이야기를 만들어내는 데 도움을 얻을 수 있다. 이것은 머리의 갈등이며, 얻을 수 있는 정보를 조사하면 유익하다. 이민과 국경에 대한 숫자들을 살펴보면서 어떤 이야기가 등장하는지 보자.

이 나라에는 얼마나 다양한 사람들이 살고 있을까?

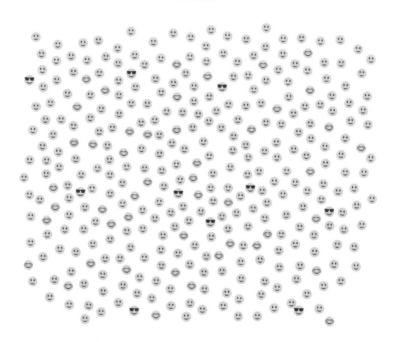

미국

| 시민권자
3억 2,500만 명

연간
약 200만 명
증가 | 1세대 이민자
4,700만 명

연간
100만 명
증가 | 불법 이민자
1,100만 명

연간
약 10만 명
감소 |

시민권을 얻은 이민자 중에서 20퍼센트는 가족 후원을 받았고 47 퍼센트는 미국 시민의 직계 가족이며 12퍼센트는 고용 우대를 받은 이민자이고 4퍼센트는 다양성 이민 비자(미국 정부에서 추첨을 통해 미국 영주권을 발급하는 제도-옮긴이) 프로그램의 수혜자이며 13퍼센트는 난민 또는 망명 신청자다.[5]

국경을 통한 이주는 해마다 어떻게 달라지고 있을까? 해마다 약 80만 명이 국경에서 체포되며 연간 약 25만 명의 불법 체류자가 추방되거나 자발적으로 출국한다.[6] 해마다 미국에 들어오는 불법 체류자의 약 85퍼센트가 여행 비자나 그 밖의 비자로 입국하여 체류 기간을 넘긴 경우이며 불법 체류자의 수는 2007년 이후 감소하고 있다. 주된 이유는 미국에 입국하는 불법 이민자의 수가 줄고 있기 때문이다.

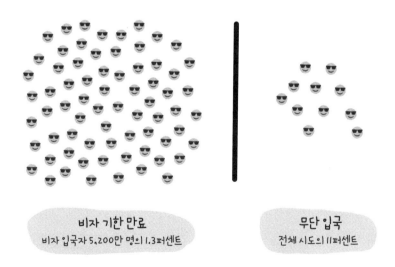

비자 기한 만료
비자 입국자 5,200만 명의 1.3퍼센트

무단 입국
전체 시도의 11퍼센트

우리는 fruitful.zone에서 대화를 나누면서 범죄, 마약 밀수, 인신 매매, 이민이 임금에 미치는 영향 등에 대한 질문에도 (쉽게 접할 수 있는 연구를 통해) 답을 찾을 수 있었다. 신뢰할 만한 데이터를 함께 찾는 일에 대부분의 노력을 쏟을 때는 정치적 입장과 무관하게 이런 질문들에 대해 이해를 쌓기 위해 협력하기가 훨씬 쉬웠다.

무엇보다 우리는 미국에 밀반입되는 마약의 80~90퍼센트가 합법적 경로를 통해 들어온다는 증거를 찾아냈다. 약물 과용의 55퍼센트가 처방을 통해 합법적으로 구한 약물에서 발생한다는 사실도 알게되었다. 이민이 임금에 미치는 영향이 작다는 사실도 확인했다. 경제학자들에 따르면 이민자 1만 명이 지역 사회에 유입될 때마다 임금에 미치는 영향은 0.1~0.3퍼센트에 불과하다. 하지만 미국에 입국하는 이민자의 90퍼센트는 합법적 신분이다.

이 모든 정보를 조합했더니 이민 정책, 국경 안보, 마약 밀수, 임금에서 각 요인들이 어떻게 상호 작용 하는지 이해하는 것은 간단한 일이 아니었다. 이것은 답보다는 질문을 더 많이 끌어낸 결과였으며, 이 문제에 대한 우리의 이해가 제한적임을 인정하고 이를 중심으로 함께 그림을 그려가는 작업은 즐거우면서도 유익한 일이 되었다. 국경 장벽에 관해 예전에 사람들과 나눈 어떤 대화와도 다른 느낌이었다. '장벽은 효과가 있어!'와 '장벽은 효과가 없어!'를 넘어서자 정말로 매혹적인 공간이 눈앞에 펼쳐졌다.

그런데 똑같은 사람들과 똑같은 대화가 소셜 미디어 같은 덜 중립적인 공간에서 진행되었다면, 단순한 전투적 질문에 그치고 반대편의 더 흥미로운 질문으로 넘어가는 일이 불가능했을지도 모른다. 적어도 논의를 중재하기가 훨씬 힘들었을 것이다. 맥락은 중요하다. 대화하는 공간은 중요하다. 권력 관계, 목표에 대한 기대, 토론장에서 다양한 관점을 접할 수 있는지 여부는 중요하다. 생산적 의견 대립을 위해서는 성장, 연결, 즐거움의 열매를 생산할 건강한 토양이 필요하다.

내가 이 대화에서 얻은 가장 달콤한 의견 대립의 열매는 멕시코의 살인율 증가의 숨은 이유에서 자라났다.

밖에서 보면 명백한 요인은 멕시코가 세계 최대의 마약 밀매 경로라는 점이다. 따라서 짭짤하면서도 불법적인 산업의 필연적인 귀결로 갱단 간에 또한 민간인을 대상으로 끊임없이 폭력이 일어나리라 예상할 수 있다.

그럼에도, 멕시코의 살인율이 치솟고 있다는 보고서를 숱하게 볼 수 있긴 했지만 마약 카르텔의 전쟁이라는 단순한 답은 이야기의 전부가 아닌 것으로 드러났다. 실상은 정부의 단속이 강화되면서 카르텔과 갱단이 와해되었고 역설적으로 이 때문에 살인율이 증가한 것이었다.[7]

간단히 말하자면 두목과 고위급 간부가 체포되면서 권력 공백이 발생했고 지위 상승을 노리는 조직원들 간에 피비린내 나는 대규모 내분이 벌어졌다. 마약 거래에서 발생하는 거대한 이익의 부스러기나마 차지하려는 신흥 지역 갱단들도 이 권력 공백을 메우겠다며 뛰어들었다.[8] 한편 다른 조직원들은 와해된 조직을 버리고 자신의 불법적 재주를 활용할 수 있는 또 다른 비합법적이고 폭력적인 활동에 눈을 돌렸는데,[9] 이 때문에 예전에는 안전하던 주(州)들까지 범죄의 온상이 되었다. 그 결과 멕시코 전역에서 살인율이 증가했다.

이렇듯 살인율 상승의 한 가지 요인은 마약 거래를 뿌리 뽑으려는 노력의 성공이었다. 단기적 승리가 새로운 장기적 문제를 일으킬 수도 있는 것이다. 대화 참가자들은 새로운 정상 상태가 지금보다 덜 위험한 상황으로 정착될지, 아니면 치료법이 질병보다 더 나쁜 결과를 낳을지 논의했다. 이것은 손의 갈등으로, 사실보다는 의견과 관점을 다룬다.

이로 인해 미국의 아편 위기가 우리 개개인에게 어떤 영향을 미쳤는지에 대한 논의가 전혀 새로운 국면에 접어들었다. 약물 남용, 정신 질환 문제, 이따금은 자살이나 사고사를 둘러싼 우리의 이야기가 얼마나 보편적인지 깨닫는 일은 무척 흥미진진했다. 이 방향의 논의가 시작된 지 일주일이 지나자 우리는 이민 정책과 단속의 뉘앙스에 대해 많은 것을 배웠을 뿐 아니라 우리 나라에서 벌어지고 있고 정치적 스펙트럼을 떠나 우리 자신의 가족을 실질적으로 위협하는 위기를 이해하는 새로운 방법을 발견했다.

이 문제들 중 하나라도 해결하는 일에는 진척이 없었지만, 우리는 이 문제들의 복잡하고 뒤얽힌 성격을 잘 이해할 수 있었으며 집단 내의 사람들이 어떻게 해서 이 문제들에 의해 저마다 다른 영향을 받는지 알게 되었다. 옛 우화에 나오는 장님처럼 각자 앞에는 코끼리의 저마다 다른 부분이 놓여 있었으며 우리는 타인의 앞에 있는 부분을 존중하는 법을 배웠다. 그 덕에 다음 대화를 시작하기에 유리한 분위기를 만들 수 있었다.

우리의 의견 대립은 열매를 듬뿍 맺은 생산적 의견 대립이었다.

공간을 중립적으로 만드는 요소는 무엇인가?

여느 커뮤니티가 그렇듯 fruitful.zone 커뮤니티도 형성 과정에서 여러 장애물에 부딪혔다. 한번은 인종주의에 대한 발언이 오해되는 바람에 한 회원이 커뮤니티를 탈퇴한 적도 있었다. 처음에는 이런 사건의 여파가 컸기에 남은 회원들은 여기서 어떤 교훈을 얻을 수 있을지 논의했다. 떠난 사람은 결국 돌아왔으며 우리는 그의 관점과 더불어 무엇이 미흡했는지, 어떻게 하면 장차 그런 사태를 피할 수 있을지 들을 수 있었다.

또 한번은 토론을 하다 욕설이 오가기도 했다. 우리는 '개인적 모욕 금지'와 '의견을 사실처럼 게시하지 말 것'과 같은 매우 명확한 행동 수칙(여러분이 예상하는 기본적인 규칙들)을 정해두었다. 하지만 이 지침의 적용이 시험대에 오른 것은 이번이 처음이었다. 이런 순간에 힘의 목소리와 이성의 목소리는 추방, 검열, 금지를 주된 강제 수단으로 동원하지만 이런 수단은 완벽하지 않다. 오히려 공동체를 양극화하여 또 다른 문제를 일으킨다.

기술 기업들은 최근에 나름의 검열을 시작해 「폭스 뉴스」 전 진행자 글렌 벡, 인포워스 창립자 앨릭스 존스, 브레이트바트 뉴스 전 편집자 마일로 야노풀로스 같은 논쟁적 인물들을 '플랫폼에서 배제'했다. 플랫폼 배제의 효과에 대한 연구의 한결같은 결론은 처음에는 금지된 사람과 사상이 많은 주목을 받지만 그 뒤에 하락세가 나타나 관심이 계속 줄어든다는 것이다. 2018년 8월 10일 제이슨 코블러는 「바이스」에서 데이터 앤드 소사이어티 플랫폼 책임성 연구 책임자 조앤 도노번의 말을 인용했다.

"우리는 작년에 연구 프로젝트를 진행했는데, 비교적 유명한 사람이 페이스북이나 트위터, 유튜브에서 플랫폼 배제를 당하여 계정이 삭제되거나 차단당하면 처음에는 청중의 일부가 그 사람을 따라 다른 플랫폼으로 이동하지만… 이 과정에서 그에게서 떨어져 나가는 사람들이 꽤 많아서 대형 플랫폼에서 배제되기 전에 누리던 확산 효과를 더는 누리지 못한다."[10]

정말이다. 검열은, 권력을 가진 사람이 시행하면 효과를 발휘한다. 중국과 북한을 보라. 심지어 과거 미국의 역사에서도 검열이 즉각적인 단기적 이익을 가져다준 것을 볼 수 있다. 그러면 그 순간에는 문제가 해결된다. 하지만 여기에는 함정이 있는데, 검열되는 정보는 대개 장기적으로 보면 더욱 강해져 돌아온다는 것이다. 검열된다는 사실이 그 정보에 새로운 매력을 더하기 때문이다. 역사를 보더라도 금서로 지정된 책은 결국 깜냥보다 많은 독자를 만나게 된다. 금서가 될 만큼 중요한 책으로 간주되기 때문이다. 도서관에서 금서로 지정된 책으로는 J. D. 샐린저의 『호밀밭의 파수꾼』, 랠프 엘리슨의 『보이지 않는 인간』, 안네 프랑크의 『안네 프랑크의 일기』, 하퍼 리의 『앵무새 죽이기』 등이 있다. 사실 지금도 학교와 도서관에서는 몇몇 책들이 금서로 지정되고 있지만, 매년 9월 마지막 주 '금서 주간'은 미국도서관협회에서 읽기의 자유를 기념하는 행사다. 금서로 지정되는 것은 홍보 효과 면에서 대단히 유리하다.

위의 기사에서는 앨릭스 존스와 마일로 야노풀로스 같은 사람들을 플랫폼에서 배제하려는 시도의 결과를 조사한 연구자들을 더 언급하면서 이 사실을 인정한다.[11] "플랫폼 배제의 비의도적 효과가 가까운 미래와 먼 미래에 어떻게 나타날지는 불확실하다. … 또 다른 뜻밖의 결과가 일어날 수도 있다. 기술 기업이 이런 결정을 하는 능력과 윤리에 대한 우파의 반발은 이미 시작되었다. 또한 우리는 주류 소셜 미디어 네트워크에서 Gab.ai 같은 웹사이트로 대탈주가 벌어지는 것을 목격했다."

표현의 자유에 대한 권리와 사상의 다양성을 옹호하는 사회에서 검열은 볼거리를 만들어내고 인기 없는 사상에 사고뭉치의 지위를 부여한다. 검열 소식을 들으면 우리는 궁금해진다. 뭐가 그렇게 나쁘기에? 그 사상이 우리의 마음을 울리면 이제 우리 또한 적에 맞서 한편이 되어 그 사상을 금지되기 전보다 훨씬 멀리까지 전파하는 일에 뛰어든다.

우리는 각자가 대변하는 사상에 무슨 일이 일어나는지 익히 알고 있다. 플랫폼 배제는 추종자들에게는 소소한 순교인 셈이다. 고통이 클수록 대의의 상징으로서 더욱 힘이 커지는 것이다. 멀리 갈 것도 없이 소크라테스의 죽음이 고대 그리스 철학에 미친 영향을 생각해보라. 예수의 십자가 처형이 기독교에 미친 영향, 조르다노 브루노의 화형이 지동설에 미친 영향은 또 어떤가?

힘의 목소리와 이성의 목소리가 보기 좋게 헛발질을 하는 것은 여기에서다. 그들이 검열과 금지, 추방에 만족하는 것은 이런 전략이 자신의 신념 체계에 대한 위협을 제거하는 즉각적 효과를 발휘하기 때문이다. 단기적으로 보면 이것은 자신들에게 유리하게 작용하는 것처럼 보인다. 하지만 장기적 안목에서 이 효과들의 2차, 3차 효과가 반대 결과를 일으킬 수도 있음을 감안하면 그래도 만족할 수 있을까? 소크라테스, 예수, 심지어 조르다노 브루노가 순교자가 된 것은 그들의 사상을 우리가 기억하는 데 얼마나 영향을 미쳤을까?

사람과 사상을 (특히, 그 순간에 매우 실질적인 위협이 될 때) 추방하는 것의 대안으로는 무엇이 있을까? 직관에 어긋나기는 하지만 우리는 질문이 제기하는 불확실성 속으로 뛰어들어야 한다. 우리가 물어야 할, 활짝 열리고 까다로운 질문은 검열이나 금지, 추방이라는 도구를 최종 해결책으로 동원하지 않고서 의견 대립을, 심지어 극단적 의견 대립을 받아들이는 공동체를 어떻게 만들 수 있을 것인가. 여기서 한걸음 앞으로 나아가는 방법은 집단이 아니라 개인을 의견 대립의 주요 참가자로 여기고 이 개인을 획일적인 평면적 존재가 아니라 다양한 입장, 관점, 신념, 희망, 꿈의 집합체로 간주하는 것이다. 공동체와 논쟁을 벌일 수는 없지만, 그 공동체의 대표자를 찾을 수만 있다면 놀라운 대답을 이끌어내는 질문을 던지고 우리 자신을 대변하여 말하고 함께 논증을 쌓아갈 수 있다. 이 모든 과정을 훨씬 수월하게 하려면 적수를 중립 공간에서 만나야 한다.

알렉산드르 솔제니친의 『수용소 군도』는 방대한 조사와 솔제니친 자신의 수용소 경험을 바탕으로 소련 수감 체계를 묘사한다.[12] 그는 사악하고 절망적인 현실을 맞닥뜨렸지만 단순히 악을 퇴치하는 것과는 다른 접근법을 택했다.

이렇게만 할 수 있다면 얼마나 간단할까! 흉악한 일을 꾸미는 악한들은 어디엔가 있게 마련인데, 그 악한들만을 골라내서 박멸할 수 있는 방법은 없는 걸까? 그러나 선과 악의 분기선은 어느 누구의 가슴에도 다 가로놓여 있다. 그러니 누가 자기 가슴의 한쪽을 박멸시킬 수 있겠는가? …

차츰 나에게 분명해진 것은, 선악을 가르는 경계선이 지나가고 있는 곳은 국가 간도, 계급 간도, 정당 간도 아니고, 각 인간의 마음속, 모든 인간의 마음속이라는 것이다. 이 경계선은 이동하고 있고, 세월이 흘러

감에 따라 우리들 마음속에서 요동치고 있다. 악을 가진 마음속에도 선은 작은 공간을 차지하고 있고 아무리 선량한 마음속에도 근절되지 않는 악의 한구석이 있기 때문이다.

그때부터 나는 세계의 모든 종교의 진리를 이해했다. 그 종교들은 '인간 속에 있는 악'(각자에게 있는)과 싸우는 것이다. 이 세상에서 악을 완전히 추방할 수는 없지만, 각자가 그것을 줄일 수는 있다.

솔제니친은 소련, 공산주의, 수용소 제도를 거침없이 비판하여 노벨 평화상을 받았으며 (놀랍지 않게도) 이 때문에 소련에서 추방되었다. 그의 메시지는 '어떻게 하면 검열, 금지, 추방을 동원하지 않고도 첨예한 의견 대립을 벌일 수 있을까'라는 물음에 답하는 훌륭한 실마리를 던진다. 그것은 우리가 그려야 하는 선이 사람들 사이에 있지 않음을 깨닫는 것이다. 우리는 사람들을 가르는 것이 대개는 장기적으로 효과가 없으며 그러려면 남들을 악마화하고 자신의 결함을 외면하는 전략적 지름길(7번: 친숙한 것을 선호한다, 8번: 경험은 현실이다, 10번: 과신한다, 12번: 기존 신념을 굳게 지킨다)을 마구잡이로 써먹어야 함을 보았다. 하지만 불안에 대한 우리 자신의 반응을 이해하고, 자신의 한계에 대한 수용을 비롯한 솔직한 편향을 발전시키고, 자신의 이야기를 하되 남의 생각을 넘겨짚지 말고, 나를 놀라게 할 만한 대답을 끌어낼 수 있는 질문을 던지고, 함께 논증을 쌓아가고, 극단적으로 다른 관점들이 포용되고 격렬한 의견 대립이 펼쳐질 기회가 주어지는 중립 공간을 마련함으로써 우리는 이 게으른 심적 모형에서 조금씩 빠져나올 수 있다.

이를 위해서는 사람과 사상을 추방하는 것이 효과가 없으며 우리에게 최선이 아님을 받아들여야 한다. 이제 다른 선택지를 함께 찾아볼 시간이다.

일곱 번째 실천 지침

중립 공간 마련하기

생산적 의견 대립을 위한 공간은 세 차원에서 중립적이어야 한다. 첫째, 저마다 다른 생각과 관점이 제시되는 것을 허용해야 한다. 그래야 새로운 생각과 관점이 도입되든 유예되든 할 수 있다. 둘째, 생각과 관점이 진화함에 따라 사람들이 자유롭게 대화에 드나들 수 있도록 해야 한다. 셋째, 공간의 성격과 문화가 그 안에서 형성되는 관계와 대화에 맞게 스스로를 변화시키며 진화할 여지를 남겨둬야 한다. 이 세 차원을 하나씩 들여다보면서 어떻게 서로 들어맞는지 알아보자.

할 일 하나! 열린 질문이 누구에게나 환영받도록 하라.
중립 공간은 대화를 놀라운 장소로 이끄는 원대한 열린 질문을 북돋우는 곳이며 법정보다는 저녁 밥상처럼 느껴져야 한다. 모든 사람이 안전하게 느끼고 자유롭게 스스로를 대변하고 자신의 관점을 남에게 공유할 수 있어야 한다.

할 일 둘! 새로운 생각과 관점이 경청되도록 하라.
중립 공간은 페이스북 게시물이나 저녁 밥상이나 전화 통화처럼 금

세 사라질 수 있다. 다른 생각들, 특히 낯선 생각들에 어떤 반응이 일어나는지 주목하라. 생각을 위한 공간은 불안을 촉발하는 생각마저도 어느 정도는 경청될 수 있을 만큼 중립적으로 느껴져야 한다.

할 일 셋! 새 참가자가 환영받도록 하라.

중립 공간은 다양한 관점을 초대하고 관점의 공유를 격려하고 불안이 촉발될 때 그에 대해 논의할 수 있는 곳이다. 이 말은 새 참가

자를 환영하고 (그들이 자기소개를 하고 적응할 수 있도록) 일종의
오리엔테이션을 해줘야 한다는 뜻이다. 생산 라인보다는 파티처럼
느껴지도록 해야 한다.

할 일 넷! 거듭 찾아오도록 격려하라.

외부적인 형태의 중립 공간은 모임 장소 같은 물리적 환경일 수도
있고 가족 식사나 독서 모임이나 편지 주고받기나 연례 행사 같은
전통일 수도 있다. 물리적이든 아니든 이곳에서는 시간의 검증을
이겨낼 수 있는 관계나 공유된 목적을 느낄 수 있어야 한다. 어쨌든
이것이야말로 우리에게 가장 의미 있는 공간인 교회와 회사, 기관
의 진짜 모습(사람들이 들고 나는 것을 허용하는 따뜻하고 오래가
고 중립적인 공간) 아니던가? 이런 공간의 구성원은 그 일부가 되
어 그곳의 의례, 격식, 규범을 받아들인다.

우리는 공간 자체의 내용 못지않게 공간 안에 공간이 만들어지는
방식에 주의를 기울여야 한다. 대화에서 의견 대립의 열매를 풍성

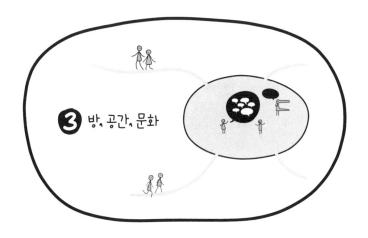

하게 맺는 방법은 의견 대립의 내용에 직접 관심을 기울이는 것 못
지않게 누가 그곳에 있지 않은가, 누구를 초대해야 하는가에 관심
을 기울이는 것이다.

할 일 다섯! 시간이 흐르면서 공간이 성격과 온기를 품도록 하라.

중립 공간이 오래되면 시간이 흐르면서 과거 대화의 그림자로부터
나름의 성격이 형성되기도 한다. 무쇠솥을 길들인다고 생각해보라.
이때의 대화는 열기를 전하되 모두를 까맣게 태워버리지는 않는
다. 심지어 한 번의 대화에도 그 공간의 성격이 배어 있으므로, 어
느 공간에서든 생산적 의견 대립의 가능성을 얼마나 높이거나 낮
출 수 있는지 눈여겨보라.

**할 일 여섯! 몇 날, 몇 달, 몇 년에 걸쳐 대화가 나름의 페이스로 발전하
도록 내버려두라.**

중립 공간은 불거지는 갈등을 서둘러 해소하는 곳이 아니다. 그랬
다가는 대화를 조급하게 마무리하거나 심지어 아예 갈등을 회피
하려는 유인을 사람들에게 제공하기 때문이다. 오히려 중립 공간은
의견 대립을 대화의 부정적 공간에 뭔가 중요한 게 숨어 있다는 신
호로 여겨 환영한다. 그것은 집단의 합의와 모순되는 정보일 수도
있고 가치가 타협의 대상이 되었다는 거북한 느낌일 수도 있고 정
직하게 평가한다면 지금의 제안보다 나은 제안이 있을 것 같다는
직감일 수도 있다. 중립 공간이 대화에서 만들어내는 변화는 생각
과 사람이 성장하고 발전할 수 있도록 그에 필요한 시간과 관심을
허락하는 것이다. 이렇게 하면 연결이 더욱 탄탄해지고 궁극적으로

는 서로와 생각을 음미할 여력이 커질 것이다.

할 일 일곱! 모든 왕국(머리, 가슴, 손)이 공존할 자리를 만들라.

중립 공간이 시작되는 곳은 여러분의 가장 깊숙한 믿음과 가장 확고한 가치가 담긴 여러분 자신의 생각 속이다. 믿음과 가치는 다른 관점과 부딪혔을 때 불안의 불꽃을 당기는 부시와 부싯돌이기 때문이다. 내면에 주의를 기울이면 중립 공간을 조성하기가 더욱 수월해진다. 명상을 하거나 일기를 써도 좋고, 산책을 하든 낮잠을 자든 책을 읽든 간식을 먹든 오로지 나만의 시간을 떼어두는 것도 좋다. 이런 순간이야말로 힘의 목소리, 이성의 목소리, 회피의 목소리가 발언하고 청취되는 중립 공간을 정돈할 수 있는 때다. 우리의 자동적 사고 과정을 동력으로 삼는 이 자동적 목소리는 저마다 나름의 존재 이유가 있으며 우리의 목표는 남들과의 대화를 가로막지 않듯 이 목소리들 또한 가로막지 않는 것이다.

불확실성의 역설

유령, 총기, 이민, 심지어 오래된 물 한 잔에 대한 대화에서 보았듯 중립 공간에서 의견 대립이 일어나면 성장, 연결, 즐거움, 심지어 안전이 자연스럽게 생겨난다. 성장과 연결은 더 설명할 필요 없지만, 생산적 의견 대립의 즐거움에 대해서는 아직 속속들이 탐구하지 않았다. 그리스 철학자들이 **아포리아**라고 부르는 특별한 종류의 즐거움이 있는데, 이것이 중립 공간을 이루는 핵심 재료다.

우리의 인지 편향과 전략적 지름길 중 상당수는 결정을 빠르게 내리도록 부추긴다. 생각은 힘든 일이며 귀중한 지력을 소모하기 때문이다. 일반적으로 볼 때 이런 습관은 진화적으로 우리에게 유리했다. 공동체와 문화에서 수용된 답을 따르면 집단 내에서 분열을 최소화할 수 있기 때문이다.

소크라테스는 역사상 가장 지혜로운 사람으로 손꼽히지만, 지혜가 무엇이냐는 물음에 대한 그의 답변은 사뭇 흥미로웠다.

나는 지혜롭기로 명망 높은 어떤 사람을 찾아 이야기하러 갔습니다. … 나는 그와 대화해보고 그가 많은 사람에게 지혜롭다고 여겨지고 특히 그 자신이 스스로를 지혜롭다고 여기지만 사실은 지혜롭지 못하다는 인상을 받았습니다. … 나는 그곳을 떠나며 마음속으로 생각했습니다. '저 사람보다는 분명 내가 더 지혜롭네. 둘 다 남에게 내세울 만한 것이라곤 아무것도 알지 못해도, 그는 자기가 알지 못하는 것을 안다고 생각하는 반면 나는 모르는 것은 모른다고 생각하니까. 아무튼 그 차이가 아주 작긴 하지만, 나는 내가 모르는 것을 안다고 생각하지 않는 만큼은 저 사람보다 더 지혜로운 것 같아.'[13]

힘의 목소리와 이성의 목소리는 옳은 것과 이기는 것이 즐거움의 주된 원천이라고(특히, 의견 대립의 세계에서) 우리에게 가르쳤다. 하지만 가능성의 목소리는 또 다른 형태의 즐거움이 있다고 말한다. 아포리아는 진리에 이르는 길인 줄 알았던 것이 전혀 진리로 이어지지 않음을 깨달았을 때의 느낌이다. 확실성에 이르는 지름길은 환각임이 드러났다. 아포리아에 대한 첫 반응은 좌절과 (심지어) 분노일지도 모르지만, 아포리아가 새로운 정보를 제공한다는 사실과 기존 신념에 대한 거짓 확신을 유지하느라 힘을 낭비하지 않도록 해준다는 사실을 알게 되면 여러분은 무릎을 치고 심지어 희열을 만끽할 것이다.

소크라테스는 대화의 참된 목표는 아포리아의 순간에 도달하는 것이라고 했다. 이것은 결정하거나 확신하거나 옳음을 입증하는 것이 아니라 자신이 무슨 말을 하는지 실제로는 알지 못함을 깨닫는 것이다.

이것이 어떻게 즐거운 일일까? 그 이유는 거짓 확신을 고집하는 일이 고통스럽고 힘들며 장차 역효과를 내기 때문이다. 궁지에 몰린 채 자신이 그동안 잘못된 입장을 옹호하고 있었음을 절감하는 것이 어떤 느낌인지는 누구나 알 것이다. 그 순간, 패배를 인정해야 한다고 생각하면 지독한 자괴감이 들며 심지어 치욕스러울 수도 있다. 하지만 협력하여 논증을 쌓아간다면 예전에 가진 입장이 틀렸음을 발견하는 것은 즐거운 일이 된다. 그 입장에 발목 잡히지 않기 때문이다. 자신이 모르는 것에 대한 앎이 커짐으로써 새롭고 귀중한 것을 배웠기에 패배를 인정할 필요가 없다.

소크라테스는 아래와 같은 거짓 지혜를 경고한다.

우리는 답을 가진 사람을 현명한 사람으로 착각하기 쉽다. 이것이 '해낼 때까진 해내는 척하라'의 정신이다. 건너편이 보이지 않는 골짜기 앞에 서 있을 때 어떻게 하면 건널 수 있을지 답을 상상하는 것은 현명한 일처럼 느껴질지도 모른다. 그러나 그곳에 없는 답을 보지 않고 막다른 길을 인정하는 것에 지혜가 있다는 것이 소크라테스의 생각이다.

상상 속 해결책을 손에 쥔 채 골짜기로 뛰어드는 게 아니라 자신이 막다른 길에 놓였음을 인정하면, 어떻게 건널 수 있을지에 대해 여전히 확신을 가지지 못하기에 거짓 안전에 저항할 수 있다. 확실해 보이는 것이라면 아무거나 붙잡는 게 아니라(심지어 옳은 것이라도) 가능성의 목소리에 의지하여 주변을 둘러보며 혹시 빠뜨렸을지도 모르는 다른 길들을 찾아볼 수 있는 것이다.

이 전략은 골짜기를 건너는 법을 궁리할 때만 요긴한 것이 아니다. 본다, 향한다, 뛴다의 세 단계는 우리가 하루하루 매 순간마다 하는 일이다.

본다: 누군가 여러분에게 부딪쳐 커피를 쏟는다. 그러더니 알아듣지 못할 소리를 중얼거리며 그냥 걸어간다.

향한다: 여러분의 셔츠가 젖었나? 커피에 손을 데었나? 상대방이 여러분에게 욕설을 중얼거렸나? 상대방이 양복을 입고 있는 걸 보면 스스로 대단한 사람으로 여기는 듯한가? 여러분이 낡은 티셔츠를 입

고 있다는 이유로 상대방이 여러분을 얕보는가?

선택지 1: 그렇다, 그렇다, 그렇다, 그렇다, 그렇다.

선택지 2: 아마도, 아마도, 아마도, 아마도, 아마도.

빠르고 분명한 선택지 1을 향하느냐 덜 확실한 선택지 2를 향하느냐에 따라 여러분은 불안으로 뛰어들어 힘의 목소리와 이성의 목소리가 이 불안을 이용하여 분노를, 그리고 어쩌면 복수나 부글거리는 분노를 정당화할 수도 있고 한발 물러서 상대방의 의도를 더 정확하게 설명할 수 있는 방안을 궁리할 수도 있다.

정당한 분노 속으로 뛰어드는 것은 확실한 방법이며 이를 위해서는 여러분을 결론으로 밀어붙이는 거센 감정이 필요하다.

이에 반해 해소되지 않았으며 아마도 부정확한 가정에 대한 의문 속으로 뛰어드는 것은 덜 확실한 방법이지만 이를 위해서는 여러분을 결론으로 밀어붙이는 거센 감정이 필요하지 않다. 여러분은 내게 부딪친 것을 아느냐고 상대방에게 물을 수도 있고 셔츠가 정말 젖었는지 닦아볼 수도 있다.

불확실성은 여러분이 찾는 즉각적인 답을 얻지 못하기에 불만족스럽다는 말을 듣지만, 아포리아를 이용하여 정당한 분노와 거짓된 안정감에서 벗어나는 것이 실은 더 만족스러운 길이다. 심지어 그 순간에도 말이다.

중립 공간을 마련하면 거짓 신념과 거짓 확신에서 빠져나올 수 있는 괜찮은 탈출구가 열려 아포리아가 찾아온다. 그리하여 의견 대립의 참가자들은 치욕과 절망에 빠지지 않은 채 작별을 고할 수 있으며 체면을 살리려고 싸움·도망 반응이나 역풍 효과에 기댈 필요가 없어진다.

8

현실을 받아들이고
그 속에 발딛기

헛된 희망과 의도적 눈감기의 왕국에서는
변화를 일으킬 수 없다.

'위험한 생각 축제'는 2009년 세인트제임스윤리학센터와 시드니오페라하우스가 공동 설립했다. 이 축제에서는 전 세계의 저명한 사상가와 문화 창작자가 모여 우리 시대의 가장 중요한 사안들에 대해 토론과 논쟁을 벌이는데, 그들은 이런 생각들이 종종 위험한 생각으로 치부된다는 사실을 인정한다.

첫해에는 종교에 대해 상반된 입장에 선 두 강연이 열렸다. 크리스토퍼 히친스의 강연 제목은 '종교는 모든 것을 중독시킨다'였다.[1] 뒤이어 호주의 로마 가톨릭 추기경 조지 펠이 '신이 없으면 우리는 아무것도 아니다'라는 제목으로 강연을 했다.[2] 두 강연을 연달아 할 수 있었다는 사실은 이곳이 (청중에 따라) 불쾌하고 위험하다고 간주될 수 있는 생각을 위한 건전한 중립 공간이라는 증거다. 두 강연을 묶음으로써 가능성과 대화의 왕국이 생겨났으며 이는 각각의 강연을 따로

했을 때보다 더 건전하다는 것이 나의 주장이다.

위험한 생각 축제는 엄청나게 다양한 주제에 대해 토론을 벌였다. 지난 10년간의 토론 중에서 몇 가지만 예로 들어보겠다.

- 우리의 주의력이 도둑맞았다
- 위키리크스는 몸을 사렸다
- 교황은 가톨릭교회의 죄악에 책임져야 한다
- 우리는 모두 성도착자다
- 여성이 떠오르면서 남자는 아이가 되었다

이 책에서 이야기한 전략을 실천함으로써 더 격렬하고 잠재적으로 위험한 대화에 참여할 수 있는 우리의 능력에 대한 확신이 갈수록 커진다면, 위험한 생각 축제는 우리가 맞닥뜨릴 어려움의 거대한 보고(이자 경고)다.

위험한 생각에 시간을 할애한다는 것은 그 자체로 극히 위험한 생각으로 간주된다. 너무 위험하다는 생각이 드는 것은 여러분만이 아니다. 2014년 축제에서 일어난 사건이 이를 잘 보여준다.

2014년에 무슬림 작가이자 운동가 우스만 바다르가 '명예 살인은 도덕적으로 정당화된다'라는 제목의 유난히 논쟁적인 강연을 하기로 되어 있었는데, 비난이 빗발치자 주최 측에서 강연을 취소했다.[3] 축제 주최 측에서는 이런 성명을 발표했다. "대중의 반응으로 보건대 제목이 바다르 씨의 강연 취지에 대해 잘못된 인상을 전달했음이 분명합니다." 그들은 강연을 취소한 이유를 이렇게 밝혔다. "위험한 생각 축제의 취지는 단순한 도발이 아니라 생각과 토론을 자극하는 도발입니다. … 바다르 씨, 세인트제임스윤리학센터, 시드니오페라하우스는 어떤 경우에도 명예 살인을 옹호하거나 여성에 대한 여하한 폭력을 용납하지 않습니다."

페이스북 게시물에는 500여 개의 댓글이 달려 게시물을 난도질했다.[4]

"이 인종주의적 쓰레기를 고려했다는 것 자체가 있을 수 없는 일이다. … 백인 호주인 남성으로서 나는 이번에 섭외된 강연자가 심히 혐오스럽다. 이 강연자를 승인한 사람이 누구이든 꼭 잘리는 꼴을 봤으면 좋겠다. 어쩌면 이렇게 무감각할 수가 있나. … 부끄러운 줄 알라."

"그의 취지는 민주주의가 끔찍하며 자신의 구닥다리 이념이 받아들여져야 한다고 주장하는 것이었다. 문명인이 살인, 강간, 압제를 좋아하지 않는다고 생각하는 사람은 누구였을까? 그건 바로 '잘못된' 인상을 받은 문명인이다."

"바다르 씨가 대변인으로 있는 히즈브우트타흐리르는 전 세계에서 테러 집단으로 규정되었으며 독일과 많은 중동 국가에서 금지 단체로 지정되어 있다. 그런 그에게 발언권을 주려 했다고? 기가 막혀서 말이 안 나온다!"

위험한 생각 축제는 애초에 바다르를 초청하면서 무슨 생각을 했을까? 명예 살인을 옹호하는 것이 그들의 취지였을까? 그럴법하지는 않지만 불가능한 것도 아니다. 강연 제목을 읽어보면 어떻게 해서 공분을 사게 되었는지 쉽게 알 수 있다. 하지만 이것은 오해였을까, 아니면 그저 판단 착오였을까?

우선 분명히 해두고 싶은 게 있다. 나는 명예 살인이 사회에서 가장 소외되고 취약한 계층(이 경우는 여성과 이민자)을 노리는 정말로 끔찍한 범죄라고 믿는다. 명예 살인이 무엇인지 잘 모르겠다면 인권 단체 휴먼라이츠워치의 정의를 참고하라.

명예 살인은 집안에 불명예를 씌웠다고 주장되는 여성 가족 구성원에게 다른 가족 구성원이 저지르는 복수 행위(대체로 살인)다.[5] 여성이 가족들에게 명예 살인을 당하는 이유는 중매결혼을 거부하거나 성폭력을 당하거나 이혼하려 하거나 (심지어 폭력적 남편에게서 벗어나려고) 간통을 저지르는 (혐의만 있어도) 등 여러 가지다. 여성의 처신이 집안을 불명예스럽게 한다는 단순한 판단만으로도 그녀의 목숨을 빼앗기에 충분하다.

명예 살인은 거의 모든 사람에게 틀림없이 불안을 촉발하는 범죄이며 상상도 못 할 정도로 끔찍하다. 설상가상으로 명예 살인은 법의 지배 바깥에서 벌어지고 여성에게 피해를 입히며 지방 당국은 이를 외면한다. 벌을 주더라도 대개 솜방망이 처벌에 그친다. 유엔 보고서에 따르면 해마다 약 5,000명의 여성이 이런 식으로 살해당한다.[6]

명예 살인은 집안의 '오점'으로 치부된 여성을 제거하는 제의적 폭력 행위를 통해 자기네 평판을 '정화'하는 방법이며 중립 공간을 마련하는 것과는 정반대다. 명예 살인을 옹호하거나 어떤 식으로든 정당화될 수 있다고 생각하는 사람은 현대 사회에서 받아들이기 매우 힘든 입장을 고집하는 셈이다.

명예 살인이라는 주제와 관련된 생산적 의견 대립이 성장, 연결, 즐거움으로 이어질 가능성이 단 하나라도 있을까? 힘의 목소리와 이성의 목소리는 다짜고짜 들어와 아니라고 말한다. 가능성은 전혀 없다고. 정의와 안전을 위한 싸움에서는 의견 대립이 가능성의 목소리를 건너뛰고 곧장 무력에 의존해야 한다는 것이다! 사람들이 죽어간다. 무슨 수를 써서든 신속히 판단하고 문제를 바로잡는 것 말고는 어떤 여지도 없다.

하지만 힘으로 해결하는 것에는 문제의 소지가 있다. 이런 범죄는 수십 개국에 퍼져 있는데 나라마다 여건, 법 제도, 문화가 제각각이다. 유엔 인권고등판무관실과 여성차별철폐위원회에서는 여러 문제의 현황에 대해 5년마다 보고서를 제출하라고 각국에 요구한다. 이를 바탕으로 각국에 맞는 권고안을 만들 수 있지만 그게 전부다. 말하자면 그것은 복잡하고 느린 해결책으로, 문제를 해결하는 데는 미흡하게 느껴진다.

우리가 복잡하고 느린 서사에 어떻게 대처해야 할지 모르는 것은 막연하게 걱정만 하는 것이 우리의 기본적 대응 방식이기 때문이다. 이것은 진이 빠지는 일이다. 해소되지 않는 만성적 불안에서 벗어나는 한 가지 방법은 우리가 아닌 누군가나 무언가를 비난하고 화를 내고 자신은 그 문제에서 손을 씻는 것이다. 하지만 안타깝게도 이런 대처로는 불안을 낳은 문제를 해결할 수 없다. 그 문제가 우리 책임이라는 느낌을 없애줄 뿐이다. 힘의 목소리는 이런 식으로 분노를 이용하여 통제, 안전, 응징의 요구 수위를 높이며 우리는 분노를 점점 키우고 소리 지를 대상을 점점 더 집요하게 찾아다닌다. **그. 입. 다물라!**

적어도 이것이 우리의 일반적인 기본 반응이다. 더 생산적인 전략은 없을까?

대화의 문을 다시 열어보자. 우리가 이 주제를 사려 깊게 논의하면 생산적인 지점으로 이동할 수 있는 증거가 있다고 나는 믿는다. 명예 살인은 집단에 순응하지 않는 구성원을 처벌하는 방법으로, 그 자체가 힘의 목소리에 의한 갈등 해소 전략이다. (중매결혼, 순결, 이혼 등에 대한) 우리의 규칙을 따르라. … 안 그러면 확! 명예 살인은 문화적 규범으로 간주되는 것에 도전하는 위험한 생각을 추방하는 전략이다. 위험한 그 생각이란 여성이 누구와 결혼할지, 누구와 이혼할지, 누가 자신에게 권력을 행사할지 스스로 자유롭게 정할 수 있어야 한다는 생각이다. 따라서 명예 살인에 대한 반론은 의견 대립을 짓밟는 모든 강제적 방식에 대한 반론과 다르지 않다. 그것은 여성이 자신을 대변하여 말할 수 있도록 허용하고 중립 공간에 초청되어 목숨을 잃을 걱정 없이 주장을 펼칠 기회를 갖도록 하라는 것이다. 명예 살인에 이의를 제기하는 것은 해볼 만한 가치가 있는 대화다.

이 대화를 누구와 해야 할까? 누가 자신의 이야기를 하고 이 주제와 관련하여 우리의 질문에 놀라운 대답을 내놓을 수 있는 관점을 제시할 수 있을까?

바다르는 명예 살인 강연이 취소되고서, 자신을 대변할 기회를 얻지 못한 채 고집불통, 혐오주의자, 이슬람 극단주의의 대변인이라는 오명을 썼다.[7] 그는 소셜 미디어를 비롯하여 많은 주류 뉴스 채널과 언론에서 망신을 당했다. 명예 살인의 피해자들처럼 살해당하진 않았지만 사회적 역학은 비슷했다. 그것은 위험한 생각을 가진 자를 파멸시킨다는 것이었다. 하지만 그의 생각은 무엇이었을까? 사람들이 그에게 투사한 것이 과연 그의 생각이었을까? 바다르는 마침내 ABC 뉴스 라디오와의 인터뷰에서 처음으로 자신의 관점을 표명하고 명확하게 발언할 기회를 얻었다.

"저는 여성에 대한 어떤 형태의 폭력이나 학대도 옹호하지 않습니다. 그것은 이슬람도 마찬가지입니다. 또한 저는 자경단식 정의도 옹호하지 않습니다."[8]

어라, 그런데 왜 강연 제목을 그렇게 도발적으로 붙인 거지? 그는 이렇게 해명한다.

"위험한 생각 축제의 취지는 도발적이고 논쟁적인 생각을 끄집어내는 것입니다. 작년 축제의 제목 중 하나는 '살인자는 선할 수 있다'였습니다. 오로지 제목만 보고 강연을 판단한다면 분노할 만한 제목이죠. 하지만 그의 강연을 실제로 듣고 보니 그의 취지는 도끼 살인자가 변화되어 선한 사람이 될 수 있으며 사회에서 그를 받아들여야 한다는 것이었습니다. 강연자가 서른네 살의 백인 미국인 남성이었던 것도 한몫했을 겁니다. 제 강연의 개요를 읽어본 사람은 누구나 제 강연이 명예 살인 이면의 인식, 가정, 추정에 대한 것임을 알았을 것입니다. 그런데 서구에서 이 사안이 제기되면 사회적 상상력이 머나먼 아시아와 아프리카에서 여성에게 돌을 던지는 장면으로 직행합니다. 왜 그럴까요? 왜 그토록 편협할까요? 이 주제가 여성에 대한 폭력이라면 이 나라에서 벌어지는 가정 폭력으로 인한 여성의 학대와 살인은 어떻게 봐야 합니까?"

그가 설명한 강연 취지는 서구인이 대다수인 청중이 파키스탄, 이라크, 터키, 아프가니스탄 같은 나라에서 벌어지는 5,000건의 명예 살인을 격렬히 비난하지만 (미국가정폭력반대연합에 따르면) 미국에서는 매일 2만 건의 가정 폭력 상담 전화가 걸려 오며[9] 여성 살해의 3분의 1이 배우자에 의한 것이라는[10] 불편한 질문을 던지는 것이었다.

자신의 편향을 인식하고 기꺼이 바로잡고자 한다면 우리가 자신의 행동을 비난하는 것보다 남의 행동을 더 많이 악마화하고 있음을 알 수 있다. 바다르는 이 불편한 사실을 지적하면서 우리가 듣고 싶어 하지 않는 이야기를 하려던 것이었다. 우리는 그의 주장을 부인할 수도 있고 거기서 배울 교훈이 있는지 궁금해하며 그 주장을 탐구할 방법을 찾을 수도 있다. 우리가 외국의 특정한 가정 폭력에 다른 이름('명예 살인')을 붙인다는 사실은 그것이 우리가 여성에게 저지르는 폭력과 어딘지 다르다는 생각을 강화한다. 그들의 폭력은 더 원시적이고 더 야만적이고 더 비난받아 마땅하다는 것이다. 그것은 우리의 가정 폭력이 그만큼 나쁘지는 않다는 것을 의미할까? 바다르는 이렇게 꼬집는다.

"우리가 정말로 폭력 전반에 대해 우려한다면, 21세기 인류가 목격한 그 누구도 서구 나라만큼 폭력적이진 않았습니다. 그런데도 이 전체 그림은 빠져 있습니다. 그것은 약한 나라와 국민을 문화적으로나 정치적으로 지배하고 억압하기 위해서입니다."

여러분이 이 문제에 대해 생각할 때 어떻게 불안이 촉발되는지 살펴보라. 힘의 목소리와 이성의 목소리가 어떻게 이런 주장을 자동으로 그에게 다시 적용하는지 주목하라. 이것이야말로 '물귀신 작전' 아닌가? 그는 여전히 끔찍한 범죄인 명예 살인에 대해 너무 방어적이거나 어떤 면에서 우리가 주류 무슬림 국가에 투사하는 '타자성'을 서구 사회에 재투사하는 잘못을 저지르는 것 아닌가? 인터뷰어는 합리적 노선을 걷기 위해 생산적으로 논의하기에는 너무 논쟁적인 주제도 있지 않느냐고 묻는다. 바다르는 이렇게 대답한다.

"너무 논쟁적인 주제라는 건 없다고 생각합니다. 무슬림이 제기하기에 너무 논쟁적인 주제가 있을 뿐이죠. 소수 민족 X, Y, Z를 대입해도 마찬가지이고요. 백인 남성이 똑같은 제목으로 똑같은 주장을 했다면 반응이 이렇지는 않았을 겁니다. 사회적 상상력은 무슬림이 저지를법한 일을 재빨리 떠올립니다. 무슬림인 작자가 이를 정당화하는 것처럼 보이니까 격분하는 것입니다. 제가 보기에 진짜 주제는 이게 아닙니다. 축제의 나머지 모든 주제를 살펴보세요. 그러고서 주제 자체가 문제인지 강연자 때문인지 판단하세요."

'강연자 때문인지'에서 가슴이 철렁했다. 위험한 생각 축제의 다른 강연 주제들을 재빨리 훑어보니 바다르의 제목 못지않게 도발적인 제목들이 정말로 있었다.

- 평범한 놈들을 다 죽여라
- 파시즘 리허설
- 사이코패스가 세상을 굴러가게 한다
- 고문은 필요한가?

이 강연들 중에서 '잘못된' 사람이 강연자였다면 논란거리가 되어 취소될 만한 것이 있을까? 주제가 중요하긴 한 것일까? 진짜 살인자, 사이코패스, 테러리스트, 전쟁 범죄자가 무대에 올라도, 설령 자신의 아침 일과에 대해서만 이야기하더라도, 괜찮을까? 우리는 사람과 생각을 분리할 수 있을까, 한 사람에게 여러 생각이 있음을, 그래서 생각 자체가 사람보다 더 다양한 방식으로 위험할 수 있음을 인정할 수 있을까?

우리가 저지르는, 그것도 훨씬 많이 저지르는 범죄에 대해 이슬람 국가들에 분노하는 것이 도덕적으로 정당할까?

이 까다로운 주제를 풀어내는 데 도움이 될 질문이 세 가지 있다.

1. 위험한 생각을 논의의 장에 받아들이는 것과 그것을 승인하는 것은 어떻게 다를까?
2. 우리가 승인하지 않는 생각에도 기꺼이 귀를 기울여야 할까? 그렇다면 왜 그럴까?
3. 우리가 승인하지 않는 생각을 논의의 장에 생산적인 방식으로 초대할 수 있을까?

머리, 가슴, 손의 왕국은 우리에게 이 위험한 생각을, 실은 모든 위험한 생각을 헤쳐 나갈 길잡이가 될 수 있다.

머리의 왕국

무엇이 참인가?

위험한 생각을 논의의 장에 받아들이는 것과 그것을 승인하는 것은 어떻게 다를까?

위험한 생각을 승인 없이 받아들인다는 것은 그것이 자기가 상상하는 것과 일치하는지 확인하기 위해 그 생각의 구체적인 형태에 기꺼이 귀를 기울인다는 뜻이다. 대중이 비난한 바다르의 생각은 정작 그가 실제로 하려던 말과 달랐다. 위험한 생각을 승인 없이 받아들임으로써 우리는 그 생각에 대한 **우리 나름의 이해**를 바탕으로 단호히 반대하면서도 그 생각에 대한 **다른 사람의 이해**에 귀를 기울일 수 있다. 둘은 다를 수 있기 때문이다.

핵심은 '강연자의 생각이라고 우리가 생각하는 것'이 실제로는 강연자의 생각이 아닐 가능성을 열어두는 것이다. 그에게 발언권을 주고 무엇이 우리를 놀라게 할지 찾아보아야 하는 것은 이 때문이다. 그것은 다른 때라면 놓쳤을지도 모를 새로운 정보다.

위험한 생각에 대해 사람들 스스로 이야기하도록 허용하면 그 생각을 승인하지 않은 채 그들이 논증을 탄탄하게 만들도록 여전히 협력할 수 있다. 논증을 탄탄하게 만드는 것은 더 위협적으로 만드는 것과 같지 않다. 종종 그 반대다. 우리가 그 위험한 생각에 우리 자신의 생각을 투사하고 있었다면 최상의 논증은 우리의 투사보다 덜 위협적일지도 모른다. 명예 살인이라는 극단적 사례에서 '위험한 생각'을 받아들이는 행위는 바다르가 정말로 논의하고 싶은 것에 귀를 기울일 공간을 우리의 마음속 테이블에 마련하는 것이다. 알고 보니 그가 나누고 싶어 한 것은 명예 살인을 옹호하는 것만큼 위험하지 않았다. 여전히 듣기에는 거북했지만. 그의 강연은 명예 살인을 변호하는 것이 아니라 도덕적 정당화 자체를 비판하려는 것이었다.

바다르는 자신의 취지가 명예라는 이름으로 살인하는 것이 '도덕적으로 정당화된다고 믿게 만드는 세계관'을 설명하는 것이었으며 이를 통해 이 문제가 무슬림에 국한된 것이 아니라 전쟁, 자경단식 정의, 가정 폭력 등을 정당화하는 훨씬 거대한 문제임을 드러내는 것이었다고 말한다.[11] 그는 명예가 왜곡되면 부도덕한 행위에 가면을 씌워 도덕적인 것으로 둔갑시킬 수 있다고 생각한다. 우리가 명예를 이용하여 폭력을 정당화하면 결국은 비난받아 마땅한 많은 행위를 도덕적으로 정당화하고 만다. 집안은 명예를 지키고 싶어 하기에 무고한 여성을 죽인다. 이보다 심각성은 덜하지만, 명예를 지킨다는 관념이 바다르에 대한 공격을 정당화하는 데 이용될 수도 있다. 바다르의 강연을 주최하는 것은 시드니오페라하우스를 수치스럽게 할 것이므로 이는 우리가 느끼는 분노와 바다르에 대한 보복 행위를 정당화한다. 두 경우 다 권력을 쥔 누군가가 힘이 약한 누군가를 좌지우지하고 싶어 한다.

어떤 체제가 도덕적으로 정당한 것처럼 위장하지만 실제로는 누가 살아야 하고 누가 죽어야 하는가, 누가 사람 대접을 받아야 하고 누가 따돌림당해야 하는가를 결정할 때 우리는 그 체제에 감시의 눈초리를 던져야 한다. 이것은 논의할 가치가 있는 위험한 생각이다. 내가 보기에 바다르의 실수, 그리고 위험한 생각 축제의 실수가 있었다면 그 것은 오독이 집단적 불안을 촉발할 수 있음을 과소평가한 것이다. 힘 의 목소리는 폭도를 사랑한다. 자신이 도덕적으로 정당화되었다고 느 끼면 더더욱 그렇다.

어떤 생각을 승인 없이 받아들였을 때 최상의 결과를 얻으려면 그 생각의 가장 똑똑한 대표를 찾아야 한다. 가장 똑똑한 대표를 논의 자리에 초대하는 것은 그 생각을 새로운 관점에서 보기 위한 전제 조 건이다. 그러면 청중은 자신이 그 생각의 본디 모습을 승인할 것인지 판단할 수 있다. 이것은 넛피킹의 반대다. 여러분의 사각지대를 찾고 여러분의 지식에서 빈 곳을 메울 가능성이 가장 큰 훌륭한 대표를 찾 아서 데려오라.

어떤 생각의 실제 모습을 보기도 전에 그것을 받아들일 수 없겠다 는 생각이 든다면 그것은 우리가 가진 최악의 고정 관념으로 그 빈자 리를 메웠기 때문이다. (우리가 보기에) 어떤 사람이 가진 생각 이면 에 있는 이유를 넘겨짚으면 그 생각이 지나치게 단순하고 결함이 있 다고 치부하여 우리 자신의 추측을 바탕으로 그 생각을 거부하게 된 다. 진실을 보지 못한 채 스스로 만든 환각을 거부하는 것이다. 이것 은 어떤 성장도, 어떤 연결도, 어떤 즐거움도 만들어내지 못한다. 이렇 게 잃어버린 기회는 비생산적 의견 대립의 진짜 희생자다. 그 순간에 는 우리가 정당화되고 안전하다고 느끼겠지만.

머리의 왕국에서 꼭 챙겨야 할 것은 어떤 사실 증거를 논의할 것인 가, 어떤 사람을 논의에 초대할 것인가, 어떤 공유된 언어와 용어를 사용할 것인가에 합의해야 한다는 것이다.

무엇이 의미 있는가?

우리가 승인하지 않는 생각에도 기꺼이 귀를 기울여야 할까? 그렇다면 왜 그럴까?

일단 용어가 합의되면 이것을 가슴 왕국의 맥락에서 고려할 수 있다. 이곳이야말로 진짜 의견 대립이 실감되는 곳이다. 위험한 생각에 대해, 그리고 우리가 그 생각을 받아들이거나 단칼에 거부했을 때의 득실에 대해 우리가 아는 것을 안다는 것은 우리에게 어떤 의미일까? 이 질문은 개인적 선호의 문제이기에 외부의 증거로 답할 수 없다. 우리는 자신의 위험 허용치와 모험 욕구를 내적으로 평가해야 한다.

   대학 다닐 때 친구 몇 명이 시애틀 워싱턴 호수에서 아직 완공되지 않아 쓰이지 않는 다리를 발견했다. 친구들은 늦은 밤이나 이른 아침에 다리에 가서 호수에 뛰어드는 것을 즐겼다. 나는 높은 데를 좋아하지 않아서 될 수 있으면 빠지려고 했다. 그래도 또래 압력을 이길 순 없어서 가끔은 따라갔다. 그러던 어느 날 아침 어정쩡한 자세로 물에 뛰어들다가 어깨가 탈구됐다. 친구들은 나를 물에서 끌어내서 응급실에 데려갔다. 나는 그 뒤로 어깨가 잘 빠진다. 한마디로 말하자면, 가슴의 갈등("이 다리에서 뛰어내리고 싶지 않은데도 뛰어야 하나?")은 개인적 문제이며 다리에서 뛰어내리는 것이 모든 사람의 소명은 아니다. 위험한 생각을 즐기는 것 또한 내 관심사와는 사뭇 맞아떨어지지만 모두가 그런 것은 아니다.

가슴의 문제에 대해 의견이 다를 때 최선의 방법은 우리를 놀라게 하는 대답을 촉발할 수 있는 **질문을 던지는 것**이다. 위험한 생각을 즐기다가 좋은 결과나 나쁜 결과를 얻은 중대 사건이 있었는가? 가장 위험하다고 생각되는 것은 어떤 종류의 생각인가? 실제로 성장, 연결, 즐거움으로 이어질 수 있는 탐구 영역이 하나라도 있을까? 위험한 생각에서 교훈을 얻으려는 솔직한 욕망을 원숭이 손은 어떻게 의심할 여지 없이 후회스러운 일로 둔갑시킬까? 위험한 생각을 억누르는 것이 우리의 의무인가, 아니면 위험한 생각이 우리를 강하게 할 것이라 생각하는가? 우리가 고려하지 못한 유용한 관점을 제시할 만한 사람 중에서 토론에 초대할 만한 사람이 있는가?

손의 왕국
무엇이 유용한가?

우리가 승인하지 않는 생각을 논의의 장에 생산적인 방식으로 초대할 수 있을까?

우리가 머리와 가슴의 갈등을 무사히 헤쳐 나왔고 같은 언어를 말하며 이 질문에 암시된 모험에 뛰어들 의향이 있다면, 여기서 실제로 성과를 거두기 위해 무엇을 할 수 있을까? 어떻게 하면 자신의 개인적이고 일상적인 삶에서 위험한 생각 축제 비슷한 것을 끌어낼 수 있을까? 심지어 그것은 어떤 의미를 가질 수 있을까?

나는 비생산적 의견 대립이야말로 우리 문명과 미래 번영에 대한 최대의 존재론적 위협이라고 믿는다. 우리의 문제에 대해 생산적으로 이야기하는 지점에 도달하는 것조차 해내지 못한다면 문제가 우리를 끌어내리는 것은 시간문제다. 이것은 늙어서 죽는 것에 대한 우리의 생각과 비슷하다. 대체로 어떤 사람이 늙어서 죽었다고 말하는 것은 노인만 걸리는 신종 질병으로 죽은 게 아니라 노쇠한 몸이 매일매일의 문제에 제대로 대처하고 회복하지 못해서 죽었다는 뜻이다. 우리 문화가 만성적인 비생산적 의견 대립 증후군을 겪고 있다면 우리가 죽는 이유는 우리가 늘 맞닥뜨린 그 어떤 것보다 위험한 신종 위협이 아닐 것이다. 그것은 문명의 토대에서 천천히 벗겨져 나와 전체 체제를 회복 불능 상태로 무너뜨리는 평범한 문제들이 불운하게 조합된 탓일 것이다.

지금도 늦지 않았다. 한 가지를 위해 싸우기보다 더 많은 생산적 의견 대립을 **실천**함으로써 문제 해결을 시작할 수 있다. 상상 속 적에게 책임을 전가하기보다는 솔선수범할 수 있다. 이것은 가장 위험한 생각에도, 의견이 가장 다른 사람에게도 문호를 개방한다는 뜻이다. 차이를 논의하려면 서로 얼굴을 마주 보는 수밖에 없으니까.

여덟 번째 실천 지침

현실을 받아들이고 그 속에 발딛기

이것은 가장 겁나는 단계다. 진행되는 사건의 흐름에 실제로 뛰어들어 완벽하거나 공정하지 않은 세상에 직접 참여하는 것이기 때문이다. 우리는 불완전함과 불공정함의 행위자이지만, 새로운 가능성이 있는 곳으로 대화의 춤판을 이끌어 가고 싶어 하는 사람이기도 하다. 더는 꾸물거릴 이유가 없다. 이 커닝 페이퍼를 가지고 우리가 탐구한 것들을 되새기고 생산적 의견 대립의 기술을 연습하고 연습하고 또 연습하라.

생산적 의견 대립을 위한 지침

의견 대립 감상 협회에 가입하라 의견 대립을 (짓밟거나 피해야 할) 문제가 아니라 성장, 연결, 즐거움의 기회로 즐기라.

1. 불안이 어떻게 촉발되는지 바라보기 이 불꽃은 위험한 생각에 대한 우리 내면의 지도를 가리키는 표지판이다. 큰 불꽃과 작은 불꽃의 차이를 눈여겨보라. 이것은 우리의 그림자, 우리가 피하고 싶어 하는 우리의 일부분을 가리킨다. 이 냉혹한 판단을 내버려두면 다른 사람들에게 무자비하게 투사될 것이다. 해결하라.

2. 내면의 목소리에 말걸기 대부분의 사람들이 가진 내면의 목소리는 힘의 목소리, 이성의 목소리, 회피의 목소리 중 하나다. 자신의 목소리

가 무엇인지 알면 그 목소리의 제안을 명령이 아닌 단순한 제안으로 받아들일 수 있다. 또한 대다수 사람들에게는 가능성의 목소리라는 조용한 내면의 목소리가 있다. 여기에 귀를 기울이라. 가능성의 목소리는 여러분이 막다른 골목에 이르렀을 때 가장 큰 도움이 될 것이다. 가능성의 목소리는 늘 여러분이 놓친 것을 찾아다니기 때문이다.

3. 솔직한 편향 기르기 편향을 치료할 방법은 없다. 자신을 성찰하고 사려 깊은 피드백을 종종 요청하고 어떤 피드백이 오든 기꺼이 직접 받아들이면 자신의 편향에 대해 솔직한 관계를 발전시킬 수 있다.

4. 자기 이야기 하기 남을 넘겨짚지 말라. 특히, 자신이 속하지 않은 집단에 대해 추측하지 말라. 추측하려는 유혹이 들더라도 그 집단에서 존경할 만한 구성원을 물색하여 토론에 초청하고 그의 말을 경청하라.

5. 놀라운 대답을 이끌어내는 질문 던지기 다양한 관점이 청취될 공간을 만들어내는 거창하고 활짝 열린 질문을 생각해내라. 질문에 대답하는 사람에게서 솔직함과 유창함을 얼마나 끄집어낼 수 있는가로 질문의 질을 평가하라.

6. 함께 논증 쌓아가기 논쟁을 문제와 기회의 증거로(이는 머리의 갈등을 떠받친다), 논쟁 안에서의 다양한 관점으로(이는 가슴의 갈등을 떠받친다), 문제와 기회에 어떻게 대처할지에 대한 제안으로(이는 손의 갈등을 떠받친다) 구성하라. 원숭이 손과 참가자 간 의견 대립을 이용하여 각 영역에서의 사각지대를 찾아내고 논의하여 개선하라.

7. 중립 공간 마련하기 중립 공간은 넉넉하다. 커다란 질문을 열어주고 논쟁이 탄탄해지게 하고 의견 대립의 열매가 자라게 한다. 처벌받거나 망신당하지 않고서도 관점들이 변하고 확장될 수 있도록 여지를 만들

어준다. 막연하여 확신이 없어도 괜찮다고, 불확실한 상태에서 행동해도 괜찮다고 우리를 격려한다.

8. 현실을 받아들이고 그 속에 발딛기 우리는 현실을 헛된 희망과 의도적 눈감기의 왕국으로부터 변화시킬 수 없다. 우리는 위험한 생각으로부터 숨을 수 없다. 그 모든 아수라장 한가운데서 우리의 머리와 가슴과 손이 더럽혀지고 있다. 유일한 탈출로는 뚫고 나가는 길뿐이다.

이 모든 것의 목표는 의견 대립에서 무사히 빠져나오는 것이 아니라 진정으로 그 속에 들어가는 것이다. 다치는 한이 있더라도.

글을 마치며

내가 이 책을 쓴 이유 중 하나는 생산적 의견 대립의 기술이 내게 어떤 의미인지 알아보기 위한 것이었다. 그런데 조사와 집필 과정에서 흥미로운 일이 일어났다. 갑자기 의견 대립이 스멀스멀 나타난 것이다! 의견 대립을 굳이 피하지 않기로 작정하니 불만의 불꽃이 사그라들었고 그 덕분에 나의 대화 세계는 나의 개인적, 직업적, 사적 삶에서 감히 묻지 못하던 새로운 질문들로 확장되었다.

　나는 퇴사하고 다른 직업을 가졌는데, 그 직업도 6개월 만에 그만두고 창조적 진로 변경을 시작했다. 결혼 생활을 안정시키기 위해 상담을 받았고 어떻게 하면 서로 더 깊이 연결할 수 있을지에 대한 질문들을 펼쳐놓았다(또는 다시 펼쳐놓았다). 의견 대립 포틀럭을 주최하고 여러 실험을 진행했는데, 그 덕에 친구를 몇 명 얻었다(잃기도 했다). 내가 의견 대립을 좇아 너무 멀리 가버린 것 아닌지 의문이 들 때도 있었다. 이 기술은 진행형의 작업이며, 이따금 생산적 의견 대립을 뒷받침하는 내 역량이 생산적 의견 대립을 탐구하려는 욕구에 뒤처지기도 했고 이따금 도가 지나쳐 사람들과의 관계를 복원해야 할 때도 있었다. 내가 생산적 의견 대립을 과학이 아니라 기술이라고 부르는 데는 이유가 있다. 그것은 뒤죽박죽이기 때문이다! 내 요점은 생산적 의견 대립의 기술을 갈고닦으면 삶에 변동성의 여지가 생긴다는 것이다. 그 또한 괜찮은 일이다. 우리가 회피의 목소리에 한동안 귀를 기울였다면, 뚜껑을 열어보았을 때 제대로 작동하지 않고 주의를 기울여야 할 상황이 벌어져 있을 수밖에 없다. 물론 내가 회피한 문제에 대해 무슨 일이 일어났을지 말하는 것은 불가능하다. 이제 나는 나의 기존 신념을 보호하려는 욕구에 대해 잘 알고 있기에, '그만한 가치가 있었어!'라는 식의 입장이 전적으로 신뢰할 만하지는 않다고 말할 수 있다(정말로 그렇게 느끼기는 하지만).

내가 스스로에게서 목격한, 또한 이 책의 독자들도 경험하기를 바라는 가장 큰 변화는 모든 싸움에 참전해야 한다는 부담에서 벗어난 것이다. 이것은 세상의 문제들과 절연하거나 회피한다고 되는 것이 아니다. 오히려 의견 대립에는 누가 옳으냐를 넘어서는 무언가가 있다는 생각, 많은 경우에 우리가 말하는 처지는 단순한 정책적 입장이나 신조에서 나타나는 것보다 복잡하다는 생각이 서서히 찾아오기 때문에 가능하다. 확실성보다 현실을 우선적으로 받아들이다 보면 종종 불안감을 느끼지만, 내가 목격한 것은 그 반대였다. 복잡성과 불확실성이 서사에 들어오도록 허락하면 자신이 옳다는 절대적 확신과 상대방이 어떻게 저렇게 틀릴 수 있을까 하는 당혹감이 사라진다. 우리는 전투에 뛰어들 것이 아니라 남들이 우리만큼 복잡하다고 가정해야 한다. 그런 다음에야 독선의 입장("당신은 최악이야!")이 아닌 호기심의 입장("왜 자녀에게 예방 접종을 맞히지 않기로 했나요?")에서 출발할 수 있다.

우리가 보아야 할 곳은 오로지 머리의 왕국, 가슴의 왕국, 손의 왕국뿐이다. 이곳은 각각 무엇이 참인가, 무엇이 의미 있는가, 무엇이 유용한가에 해당한다. 힘의 목소리와 이성의 목소리는 사실 측면에서 옳음이라는 목표를 달성하기 위해 모든 의견 대립을 무엇이 참인가에 대한 갈등으로 욱여넣는다. 머리의 왕국은 참이 승자를 가르는 잣대인 왕국이다. 무엇이 의미 있는가에 대한 갈등은 가치와 도덕을 순전히 데이터 위주의 계산으로 취급함으로써 무엇이 참인가의 갈등으로 둔갑시킬 수 있다. 어디 버거가 제일 맛있는지에 대해 나름의 의견을 가질 수는 있지만, 누군가 여러분에게 맛집 평점을 들이밀거나 가까운 친구들에게 설문을 돌려 여러분이 틀렸음을 입증한다면 여러분의 믿음은 입증될 수 있는 사실보다 지위가 낮아진다. 무엇이 의미 있는가에 대한 갈등은 오랫동안 무엇이 참인가를 둘러싼 편협한 갈등에 갇혀 있어야만 했는데, 이는 힘의 목소리와 이성의 목소리가 더 쉽게 다룰 수 있는 갈등이었기 때문이다. '측정할 수 없으면 관리할 수 없다'는 기술 업계에서 널리 쓰이는 명언으로, 선호와 가치에 대한 질문을 데이터와 증거에 대한 질문으로 둔갑시키는 일에 수없이 동원되었다. 이 관행은 우리의 인간성을 매번 조금씩 갉아먹는다. 무엇이 유용한가에 대한 갈등은 실험을 통해 무엇이 참인가에 대한 갈등으로 전환될 수도 있다. 불편부당한 (것으로 간주되는) 알고리즘에 결정을 맡기는 것은 무척이나 솔깃하다. 그러다 우리는 알고리즘이 우리 못지않게 편향덩어리임을 깨닫는다. 무엇이 의미 있는가 또는 무엇이 유용한가와 관련하여 무엇이 참인가를 결정하는 알고리즘의 능력은 결코 우리보다 뛰어나지 않다. 하지만 실험에 맡기는 것은 간편한 해법이다. 이로부터 쉽게 검증할 수 있는 계획만 제안하라는 압박이 생긴다. 순전히 수치 위주의 기업이 가진 매력이 시들해지고 있는 것에서 스타트업의 흔한 오류를 볼 수 있다. 이 기업들은 즉각적 만족에 치우친 제품을 생산하느라 진실한 성격과 정신을 놓쳐버렸다(이런 것은 측정될 수 없기 때문이다).

가능성의 목소리는 머리, 가슴, 손에 똑같은 무게를 부여하며, 옳아야 한다는 압박에 짓눌리지 않기에 안전, 성장, 연결, 즐거움의 열매가 뿌리 내릴 기회가 있다. 처음에는 부자연스럽게 느껴지겠지만, 우리가 아포리아의 즐거움을 충분히 경험하면 이 경험은 옳음의 부담에서 벗어나도록 우리를 자극하고 틀릴 가능성(과 기쁨!)을 끌어안을 기회를 우리에게 선사한다. 첫 번째의 안전한 답을 덥석 쥐고서 공격적으로 방어하기보다는 섣불리 단정하지 않고 가능성에 대해 호기심을 품을 공간을 더 많이 향유하는 것이 내게 얼마나 위안이 되었는지 모른다.

초능력

나는 현실을 받아들이고 그 속에 발을 딛는 법을 배울 수 있게 되었을 때, 이곳이야말로 불안감을 덜 느끼면서도 적극적으로 세상을 바라볼 수 있는 자리임을 알고서 놀랐다. 내가 알게 된 사실은 아래와 같다.

1. **의견 대립은 더는 불안의 골칫덩어리가 아니다.** 우리가 알고 싶지 않은 것을 부인해야 하는 불안이 사라져, 헛된 희망이 물러나는 것에 대한 아쉬움과 (뒤이은) 수용으로 대체된다.

2. **실제 의견 대립이 얼마나 적은지 알 수 있으며** 의견 대립에 놀라는 게 아니라 의견 대립을 직시할 수 있다. 이것이 효과가 좋은 이유는 한 번에 참여할 수 있는 의견 대립의 개수가 몇 개 되지 않기 때문이다. 나는 의견 대립을 사후가 아니라 사전에 선택할 수 있으며 모든 의견 대립에 한꺼번에 참여하려는 유혹을 이겨낼 수 있다.

3. **세상이 더 커진다.** 이는 내게 위압적이거나 헛수고로 보이던 난감한 대화에 참여할 수 있기 때문이다. 이와 동시에 나 자신의 손과 머리, 가슴으로 의견 대립에 직접 참여함으로써 내가 직접적 영향을 미칠 수 있는 의견 대립이 무엇인지 알 수 있다. 그것은 내가 가장 가까운 사람들, 더 가까워지고 싶은 사람들과의 의견 대립이다.

머리의 왕국

무엇이 참인가?

생산적 의견 대립은 여전히 의견 대립인가?

내가 이 책 첫머리에서 제시한 정의가 기억나는가? 의견 대립은 '두 관점 사이의 받아들일 수 없는 차이'다. 지금껏 내 이야기를 듣고 나서 두 관점 사이의 차이가 더는 받아들일 수 없는 것이 아니라 기대되거나 심지어 흥미진진한 것임을 깨달으면 어떤 일이 일어날까? 그 교환은, 의견 대립이 될 가능성이 있긴 하지만 그게 아닌 다른 무언가가 된다고 말할 수 있다. 이것은 딱히 표현할 단어가 없다. 대화라고 하면 되려나? 이야기라고 할까? 관점을 화해시키거나 개선하는 단순한 교환은 어떨까? 지나고 보면 우리가 뭐라고 부르는지는 중요하지 않다. 사람마다 좋아하는 게 다를 테니 말이다. 여러분 마음대로 부르시라. 나는 개인적으로 '생산적 의견 대립'이라는 용어를 좋아하는데, 그것은 여전히 불안의 잠재적 불꽃을 내면에 담고 있기 때문이다.

손의 왕국
무엇이 유용한가?

우리가 더는 의견 대립을 두려워하지 않고 이것을 우리가 한 번에 하나씩 처리할 수 있는 잠재적 성장, 연결, 즐거움의 필수적 꾸러미로 본다면 어떻게 될까?

돌이켜 보면 이게 자명하지 않았다는 게 놀랍다. 우리가 더이상 의견 대립을 두려워하지 않으면 세상은 금세 가능성의 보물 창고로 바뀐다. 의견 대립을 회피하려 들지 않는 순간 의견 대립을 똑바로 볼 수 있다. 처음에는 모든 의견 대립을 해소하는 것이 자신의 임무라고 생각할지도 모르지만, 이것을 문제가 아님을 안다면 그 단계는 오래가지 않을 것이다. 의견 대립은 빽빽한 가시덤불에 열린 수많은 블랙베리처럼 환경의 일부가 된다. 그것을 다 먹을 필요는 없다. 하지만 잘 익어서 더 많은 참여를 이끌어낼 준비가 된 몇 개를 맛보는 것은 현명한 일이다.

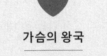

가슴의 왕국
무엇이 의미 있는가?

의견 대립이 그 자체로 두렵지 않다면 세상에 두려운 것이 뭐가 있으랴?

흠, 세상은 무서운 것 천지다! 세상은 많은 차원에서 우리의 기대에 미치지 못하며 경우에 따라서는 개선의 여지가 거의 보이지 않기도 한다. 비생산적 의견 대립이 예전만큼 두려워 보이지 않을지는 몰라도, 많은 사람이 여전히 비생산적 굴레에서 벗어나지 못하고 있다는 것은 무언가가 변하기 전에는 다른 사람들의 불안과 분노가 아직도 하루하루 커지고 있다는 뜻이다. 정치 양극화는 그 자체로는 의견 대립이 아니다. 오히려 비생산적 의견 대립이 과열되어 생긴 문화적 채무와 소진에 가깝다. 인종주의, 성차별, 아편 확산, 총기 폭력, 기후 변화, 권력 남용 같은 조직적 문제가 문제인 것은 구체적 의견 대립 때문이 아니라 이 의견 대립들이 비생산적인 상태에 빠져 있거나 공론의 장에서 배제되었기 때문이다. 우리에게 주어진 기회는 그 너머에 있는 더 흥미진진한 질문들을 논의할 수 있도록 이 사안들을 수렁에서 건져내는 것이다.

기후 변화가 진짜인지 아닌지의 논쟁에 머물러 있는 게 아니라 지구의 기후가 앞으로도 우리를 지탱할 수 있도록 함께 제안을 만들어가는 세상을 상상해보라.

난민과 이민자를 우리 나라나 다른 나라에 받아들여야 하는가의 논쟁에 머물러 있는 게 아니라 더 높은 삶의 질을 최대한 빠르고 효과적으로 모든 사람에게 확대하기 위해 노력하는 세상을 상상해보라.

의료 지원, 교육, 생활 임금, 재도전 기회 등을 누릴 자격이 누구에게 있는가의 논쟁에 머물러 있는 게 아니라 최대한 많은 사람이 가족을 먹여살릴 지원 체계와 기회를 누리되 이 때문에 남의 복지와 생계를 희생하지 않는 제안들을 평가하는 세상을 상상해보라.

이와 관련하여, 인간의 기본권, 존중, 지원을 누릴 자격을 갖추려고 싸우는 게 아니라 어떻게 하면 시간을 가장 보람 있게 쓰고 자신이 가진 제한된 시간으로 어떻게 하면 사회 전체와 세상에 이바지할 수 있을지 알아내기 위해 거쳐야 하는 과정인 힘든 대화를 나눌 수 있는 세상을 상상해보라.

내가 이 책을 쓰기 시작했을 때만 해도 이 아이디어 중 상당수가 시기상조에다 비현실적인 꿈처럼 보였지만, 지금은 달리 보인다. 우리가 이 질문들을 그만둔 이유는 힘의 목소리, 이성의 목소리, 회피의 목소리로는 질문하는 방법이 바닥났기 때문일 뿐이다. 우리는 자라면서 우리 자신과 생산적 의견 대립을 가로막는 걸림돌이 결코 사라지지 않으리라 체념하게 되었으며, 이 걸림돌을 있는 그대로 보지 않는 핑계로 이 체념을 이용한다. 어떻게 하면 가능성의 목소리가 우리로 하여금 이 걸림돌을 다음 걸림돌로 넘어가는 데 꼭 필요한 단계로 여기도록 할 수 있을까?

우리에겐 많은 가능성이 열려 있다. 그 가능성이 우리를 인도하는 곳으로 따라가는 것이 우리의 다음번 모험이 될 것이다.

이 책을 선택해주셔서 고맙습니다!

저는 이 책에 담긴 생각들에 제 마음과 영혼을 담았습니다. 여러분이 정치적, 종교적으로 어떤 입장이든 이 책이 여러분에게 말을 걸길 바랍니다. 여러분이 아침형 인간이든 저녁형 인간이든, 버터를 토스트 위에 바르든 아래에 바르든, 부자이든 가난하든, 아이이든 노인이든 상관없습니다. 여러분이 이 책의 주장에 동의하신다면 실천하고 솔선수범하시길 권합니다. 이 책의 모든 주장에 반대하신다면 개선하여 실천하고 솔선수범하시길 권합니다. 어느 쪽이든, 어떤 결과를 얻으셨는지 궁금합니다. 우리 사이에 대화의 문을 열어두었으면 좋겠습니다.

제 블로그나 트위터에 의견, 질문, 오류 제보를 보내주시기 바랍니다.

http://why-are-we-yelling.com/contact

https://twitter.com/buster

마지막으로, '여덟 가지 실천 지침'과 '무료 인지 편향 포스터'는 자유롭게 내려받아 원하는 대로 이용하셔도 좋습니다.

http://why-are-we-yelling.com/thankyou

고마운 분들 ──

제게 용기와 영감을 준 중요한 분들이 없었다면 결코 이 책을 쓰지 못했을 겁니다. 누구보다 다정하고 든든한 동반자가 되어준 아내 켈리앤에게 감사합니다. 당신은 더 생산적인 의견 대립으로 향하는 길의 모든 걸음을 나와 함께해주었지. 이 책의 모든 페이지는 당신과 함께 쓴 것이나 마찬가지야.

처음에 이 책을 쓰도록 격려해주고 훌륭한 멘토가 되어주고 모든 창조적 과정에 따르는 지독한 자기회의의 시기에 간절히 필요한 이성의 목소리와 건전한 판단력을 발휘한 편집자 리어 트라우보스트에게 감사합니다. 우주 우화와 아침 방송 토크쇼의 짬뽕 비슷한 초고를 시작으로 이 책의 모든 원고를 쓸 때마다 나침반이 되어준 저작권 대리인 린지 에지컴에게 감사합니다.

전문성과 온기를 이 책에 불어넣고 아이디어를 갈고닦아 저 스스로는 할 수 없을 만큼 멀리 전파해준 포트폴리오와 랜덤하우스 편집진에게 감사합니다.

착상에서 탈고까지 꼬박 3년이 지나는 동안 제게 용기를 북돋우고 피드백을 준 페이트런의 모든 후원자에게 진심으로 감사합니다. 진행

상황에 관심을 가져주는 믿음직한 친구들의 소규모 이너 서클이 있는 것과 없는 것은 천지 차입니다. 대략 오래된 순서대로 샤론 매켈러, 시러 벡, 이지키엘 스미스버그, 앤드루 브로먼, 토머스 베일리, 클로디아 도피오슬래시, 니어 에얄, 시드니 마클, 토머스 카다렐라, 토니 스터블빈, 조엘 롱틴, 애덤 테이트, 사이 클래슨, 케빈 맥길리브레이, 크리스티안 이반치치, 에이드리언 랜스다운, 페이판 저우, 마틴 매클렐런, 크리스 루퀘타-피시, 패트릭 윙클러, 브렌단 슐라겔, 채드 오스트로프스키, 스티븐 허브스트, 에릭 나이절, 앨릭스 살린스키, 조엘 라이스, 크리스 커틴, 머시아 파소이, 톰 킬러, 라이언 엥겔스태드, 올리비에 브루셰, 매니 페르난데스, 알바로 오르티스, 다리오 카스타녜, 데이비드 리그비, 서배스천 브르주제크, 개리 크루즈, 울리세스 바실리오, 릴리스, 켄 셰이퍼, 애나 콘스탄티노바, 기예르모 파라, 내털리 사임스, 제러미 웰철, 브렛 셸, 레너드 린, 마이클 샤론, 와이엇 젠킨스, 캐런 배크먼, 제스 오웬스, 셰인 페라, 브라이언 오버커시, 에머리 칼, 제시카 아웃로, 리처드 맥매너스, 자나 샤미스, 더그 벨쇼, 레이비아더 랜드 롱, 존 마눙지안 3세, 스펜서 핸들리, 티비 아기레, 위니 림, 카란 P. 싱, 리어 트라우보스트, 무니어 아메드, 조시 멀베리, 오스카 부캐넌, 토비아스 제스퍼슨, 딘 쿠니, 바스카르 가우다, 마르코스 치아로치, 트레버 오브라이언, 윌리엄 H. 키, 에바 숀, 아툴 아카리아, 구엔 응옥 빈 푸엉, 타일러 파머, 요안 미트레아, 맷 왈, 에이미 노리스, 찰스 추, 데니스 레벨, 조슈아 하우얼, 벤저민 콩던, 나타나엘 코들, 인피니트 제시카, 아킴 도마, 웨인 로빈스, 시오반 라이언스, 루시 첸, 메리 마르크스, 마이아 비트너, 발레리 라나르, 맥 플라벨, 리네아 탄, 네이선 크로더, 필립 제임스, 스테파노 산토리, 마이클 더커, 탈 라비브, 켈리

코스먼, 윌 피셔, 조지 브렌클레브, 크리스틴 도널드슨, 애덤 워터하우스, 제이미 크래브, 슈리야 고엘, 아비 브라이언트, 제이슨 셸런, 캐스린 하임스, 파비오 알레그레, 조시 산탄젤로, 린다 펑, 브라이언 왕, 모라 처치, 루크 밀러, 마유코 이노우에, 타이무르 압달, 앤드 하빅, 크리스티 벤슨, 바네사 반 신델, 크리스, 데이비드 패피니, 아담 보시-멘도사, 브루노 코스타, 요한나 아를레말름, 마이크 프레베트, 엘리자베스 쿠링턴, 도나 바커, 조지 보너, 우르술러 세이지, 제니퍼 즈윅, 트로이 데이비스, 조시 헴새스, 아르준 방케르, 카를라 존하임, 앨리슨 어번, 마크 윌슨, 에이미 루오, 데이브 헌트, 헌트 워크, 켈리앤 벤슨, 재넷, 미칼 바자지, 에릭 케네디, 매슈 드 조지, 그레이언 프리먼, 딘 마라노, 제이슨 보베, 메건 바너드, 프레이아 로보, 에마 크래그, 브래드 배리시, 사이먼 다시, 타티아나 게레이로 라모스, 윌리엄 J. 스노, 조시 보언, 파울로 모리츠, 윌 미셀리, 프랭크 포엘, 크리스토퍼 프라이, 벤 동커, 테일러 호지, 체니 메건 지노다노, 조너선 거츠, 제프 퓨, 숀 헤네시, 앤 피터슨, 래리 쿠발, 크리스티안 도보, 세라 오버그, 메건 슬랭카드, 제나 딕슨, 조지프 언쇼, 새뮤얼 샐저, 앨리 너턴, 첸치천, 제이미 맥헤일, 신디 존슨, 라두 지테아, 다이이!, 네이트 웰크, 도나 에이비, C. Y. 리, 쿠샨 샤, 데이브 카도프, 더그 가이거, 이본 이르카, 대니얼, 라이언 유잉, 라즈믹 바달리안, 마크 피네로, 아킴 미리암 헤게르, 이언 배드코, 애나 울린, 애리크 콘리, 스테파니 폰 보트머, 데릭 듀크스, 드루 모드로프, 애시 앨리, 돈 슬리터, 에이프릴 로트, 인 라우, 에이비시, 에릭 벌린, 그레그 테이버, 케일럽 위더스, 벤틀리 데이비스, 대니얼 브룩셔, 대니얼 마리노, 브레넌 K. 브라운, 리처드 하워드, 주디스 앤 베이스던, 사바 무니르, 데이브 매클루어, 네트웨이 사 마르크 판 리메난트, 와이 비, 애슐리 브라이머, 스티븐 브론스틴, 제이슨 개토프, 신시아 키블런드, 네이트 메인가드, 재러드 라일리, 아리 테베카, 앨릭스 리드베터, 채드 케첨, 레이철 세라, 브랜든 웡, 코드바드, 제이제이, 필 화이트하우스, 로빈, 그레그 펠리, 매슈 시, 노엘 오코트니, 마크 웨그너, 에릭 코스터, 루크 맥그래스, 데이브 섀펄, 채즈 존슨, 마누 보가디, 크리스티 벤슨, 사지트 간디, 스티브 오언스, 마렉, 코리 그룬케마이어, 찰스 크로닌, 에이프릴 올와인, 스콧 크로퍼드, 아룬 마틴, 로먼 프로워프, 마이라 크리스프, 조니 밀러, 슈레야스 도시, 디팡카라 두타, 케이트 케네디, 조 혜런, 데이비드 매콜리, 아미트 굽타에게 감사합니다.

이 책에 실린 실험에 자원하여 참여했거나 어쩌다 연루된 모든 분들에게 감사합니다.

마지막으로, 이 책의 토대가 된 수많은 저자, 연구자, 사상가, 실천가에게 말할 수 없이 감사합니다. 각 장에 정보와 영감을 준 저자와 책의 일부는 추천 도서에 실었습니다.

추천 도서 ——

아래 책들이 모두 해당 페이지에 직접 언급되지는 않았다. 언급되지 않은 경우
는 아이디어나 주제를 더 미묘하게 녹여냈기 때문이다. 아래의 긴 목록은 찾아
보기 쉽도록 각각의 생산적 의견 대립을 기준으로 분류했다.

불안이 어떻게 촉발되는지 바라보기

Atomic Habits, by James Clear(『아주 작은 습관의 힘』, 비즈니스북스,
2019)

The Coddling of the American Mind, by Greg Lukianoff and Jonathan
Haidt(『나쁜 교육』, 프시케의숲, 2019)

How to Control Your Anxiety Before It Controls You, by Albert Ellis(『불
안과의 싸움』, 북섬, 2009)

The Meditations of Marcus Aurelius, translated by George Long(『명상
록』, 숲, 2005)

Tao Te Ching, by Lao Tzu (Ursula K. Le Guin 영역)(『도덕경』, 현암사,
1995)

The Wisdom of Insecurity, by Alan W. Watts(『불안이 주는 지혜』, 마디,
2014)

내면의 목소리에 말걸기

The Artist's Way, by Julia Cameron(『아티스트 웨이』, 경당, 2012)

Daring Greatly, by Brené Brown(『마음가면』, 더퀘스트, 2016)

Free Will, by Sam Harris(『자유 의지는 없다』, 시공사, 2013)

The Measure of a Man, by Martin Luther King Jr.

Metaphors We Live By, by George Lakoff and Mark Johnson(『삶으로서의 은유』, 박이정, 2006)

Mindset, by Carol S. Dweck(『마인드셋』, 스몰빅라이프, 2017)

Redirect, by Timothy D. Wilson(『스토리』, 웅진지식하우스, 2012)

The War of Art, by Steven Pressfield(『최고의 나를 꺼내라』, 북북서, 2008)

솔직한 편향 기르기

The Decision Book, by Mikael Krogerus and Roman Tschäppeler

The Elephant in the Brain, by Kevin Simler and Robin Hanson

Eloquent Rage, by Brittney Cooper

The Enigma of Reason, by Hugo Mercier and Dan Sperber(『이성의 진화』, 생각연구소, 2018)

The Honest Truth About Dishonesty, by Dan Ariely(『거짓말하는 착한 사람들』, 청림출판, 2012)

An Illustrated Book of Bad Arguments, by Ali Almossawi(『그림으로 배우는 논리 오류 19』, 돈키호테, 2015)

Mistakes Were Made, by Carol Tavris(『거짓말의 진화』, 추수밭, 2007)

The Righteous Mind, by Jonathan Haidt(『바른 마음』, 웅진지식하우스, 2014)

So You Want to Talk About Race, by Ijeoma Oluo(『인종 토크』, 책과함께, 2019)

Thinking, Fast and Slow, by Daniel Kahneman(『생각에 관한 생각』, 김영사, 2018)

The Undoing Project, by Michael Lewis(『생각에 관한 생각 프로젝트』, 김영사, 2018)

Weapons of Math Destruction, by Cathy O'Neil(『대량살상 수학무기』, 흐름출판, 2017)

White Fragility, by Robin DiAngelo

자기 이야기 하기

Crucial Conversations, by Kerry Patterson, Joseph Grenny, Ron McMillan, and Al Switzler(『결정적 순간의 대화』, 김영사, 2013)

Difficult Conversations, by Douglas Stone, Bruce Patton, and Sheila Heen(『우주인들이 인간관계로 스트레스 받을 때 우주정거장에서 가장 많이 읽은 대화책』, 21세기북스, 2018)

Fierce Conversations, by Susan Scott(『누드로 대화하기』, 청림출판, 2003)

Man's Search for Meaning, by Viktor E. Frankl(『죽음의 수용소에서』, 청아출판, 2017)

Nonviolent Communication, by Marshall B. Rosenberg(『비폭력 대화』, 한국NVC센터, 2017)

Principles, by Ray Dalio(『원칙』, 한빛비즈, 2018)

Radical Candor, by Kim Scott(『실리콘 밸리의 팀장들』, 청림출판사, 2019)

What We Say Matters, by Judith Hanson Lasater and Ike K. Lasater

놀라운 대답을 이끌어내는 질문 던지기

Anam Cara, by John O'Donohue(『영혼의 동반자』, 이끌리오, 2005)

Becoming Wise, by Krista Tippett

The Book of Mu, edited by James Ishmael Ford and Melissa Myozen Blacker

The Book of Why, by Judea Pearl and Dana Mackenzie

Creative Courage, by Welby Altidor

Homo Deus, by Yuval Noah Harari(『호모 데우스』, 김영사, 2017)

Maps of the Imagination, by Peter Turchi

Start with Why, by Simon Sinek(『나는 왜 이 일을 하는가?』, 타임비즈,

2013)

What If?, by Randall Munroe(『위험한 과학책』, 시공사, 2015)

함께 논증 쌓아가기

Antifragile, by Nassim Nicholas Taleb(『안티프래질』, 와이즈베리, 2013)

The Beginning of Infinity, by David Deutsch

Factfulness, by Hans Rosling with Ola Rosling and Anna Rosling Rönnlund(『팩트풀니스』, 김영사, 2019)

How to Change Your Mind, by Michael Pollan

Intuition Pumps and Other Tools for Thinking, by Daniel C. Dennett(『직관펌프, 생각을 열다』, 동아시아, 2015)

The Lady of the Barge, by W. W. Jacobs

Liminal Thinking, by Dave Gray(『기적의 리미널 씽킹』, 비즈페이퍼, 2017)

Reality Is Broken, by Jane McGonigal(『누구나 게임을 한다』, 알에이치코리아, 2012)

The 7 Habits of Highly Effective People, by Stephen R. Covey(『성공하는 사람들의 7가지 습관』, 김영사, 2017)

The Signal and the Noise, by Nate Silver(『신호와 소음』, 더퀘스트, 2014)

Thank You for Arguing, by Jay Heinrichs(『카이로스』, 8.0, 2010)

Thinking in Bets, by Annie Duke(『결정, 흔들리지 않고 마음먹은 대로』, 8.0, 2018)

중립 공간 마련하기

The Checklist Manifesto, by Atul Gawande(『체크! 체크리스트』, 21세기북스, 2010)

Creativity Inc., by Ed Catmull with Amy Wallace(『창의성을 지휘하라』, 와이즈베리, 2014)

Deep Work, by Cal Newport(『딥 워크』, 민음사, 2017)

The Fifth Discipline, by Peter M. Senge(『학습하는 조직』, 에이지리, 2014)

The Five Dysfunctions of a Team, by Patrick Lencioni(『팀이 빠지기 쉬운 5가지 함정』, 위즈덤하우스, 2007)

Give and Take, by Adam Grant(『기브앤테이크』, 생각연구소, 2013)

The Gulag Archipelago, by Aleksandr Solzhenitsyn(『수용소군도』, 열린책들, 2009)

Nonzero, by Robert Wright(『넌제로』, 말글빛냄, 2009)

Setting the Table, by Danny Meyer(『세팅 더 테이블』, 해냄, 2012)

Sprint, by Jake Knapp with John Zeratsky and Braden Kowitz(『스프린트』, 김영사, 2016)

Thinking in Systems, by Donella H. Meadows, edited by Diana Wright

Who Moved My Cheese?, by Spencer Johnson(『누가 내 치즈를 옮겼을까?』, 진명출판사, 2015)

현실을 받아들이고 그 속에 발딛기

The Demon-Haunted World, by Carl Sagan(『악령이 출몰하는 세상』, 김영사, 2001)

How to Do Nothing, by Jenny Odell

The Obstacle Is the Way, by Ryan Holiday(『돌파력』, 심플라이프, 2017)

들어가며: 세 가지 오해

1 잡초는 사랑받지 못한: Ella Wheeler Wilcox, "A weed is but an unloved flower," *Poems of Progress: And New Thought Pastels* (London: Gay & Hancock, 1911).

2 열에 아홉은 논쟁이 비생산적이라고 답했다: 나의 매우 비과학적인 트위터 설문 조사. Buster Benson (@buster), "3/ The way we argue is ___." 트위터, 2019년 4월 8일, https://twitter.com/buster/status/1115293782491054085.

3 오늘날 미국 성인 다섯 명 중 한 명이: Harvard Medical School, *National Comorbidity Survey*, "Table 2: 12-month Prevalence of DSM-IV/WMH-CIDI Disorders by Sex and Cohort"(Cambridge, MA: Harvard Medical School, 2007), 2017년 8월 21일 확인, https://www.hcp.med.harvard.edu/ncs/ftpdir/NCS-R_12-month_Prevalence_Estimates.pdf.

4 절망과 관계된 세 가지 요인: Anne Case and Angus Deaton, "Rising Morbidity and Mortality in Midlife Among White Non-Hispanic Americans in the 21st Century," *Proceedings of the National Academy of Sciences* 112, no. 49 (2015년 12월 8일): 15078–83, https://doi.org/10.1073/pnas.1518393112.

5 가트먼은 긍정적 대립과: John Mordechai Gottman, *What Predicts Divorce? The Relationship Between Marital Processes and Marital*

Outcomes (London: Psychology Press, 1993).

6 「인지 편향 커닝 페이퍼」라는 글: Buster Benson, "Cognitive bias cheat sheet: Because thinking is hard," Medium, 2015년 9월 1일, https://medium.com/better-humans/cognitive-bias-cheat-sheet-55a472476b18.

7 이 친절 충동을 '파괴적 공감'이라고 부르는데: Kim Scott, *Radical Candor: Be a Kick-Ass Boss Without Losing Your Humanity* (New York: St. Martin's Press, 2017). 한국어판은 『실리콘 밸리의 팀장들』(청림출판사, 2019).

8 샘아이앰은 자신의 심술궂은 친구에게: Dr. Seuss, *Green Eggs and Ham* (New York: Random House, 1960).

9 제우스가 프로메테우스를 바위에: 프로메테우스 신화가 실린 고대 작품 중에서 가장 중요한 것으로는 그리스 극작가 아이스킬로스의 「묶인 프로메테우스」와 로마 시인 오비디우스의 『변신 이야기』가 있다.

10 다스 베이더는 파멸적 갈등을 끝장내고: 어빈 커슈너가 감독한 「스타워즈 에피소드 5 — 제국의 역습」(Los Angeles: 20th Century Fox, 1980)에서 제임스 얼 존스가 다스 베이더의 목소리를 연기했다.

11 고대 그리스 신화에서: 에리스 신화는 고대 그리스 문학에서 잃어버린 서사시 『키프리아』(기원전 6~7세기)에 실려 있다. 『키프리아』는 호메로스의 사위로 추정되는 스타시노스가 썼다고 알려져 있다. 『키프리아』의 일부는 발견되어 그리스와 로마의 신화 기록자들에 의해 번역되었으나 저본에 대해서는 이견이 분분하다.

12 그림자를 받아들이라: John Nerst, "What Is Erisology?" Everything Studies, April 10, 2019, https://everythingstudies.com/what-is-erisology. 의견 대립을 연구하는 학제간 분야에 '에리스학Erisology'이라는 명칭을 붙이자는 운동이 벌어지고 있다. 이 용어를 창안한 존 너스트는 에리스학을 이렇게 정의한다. "내가 생각하기에 반드시 존재해야 하는 허구의 학문 분야를 일컫는 허구적 단어다. 그리스 신화에 나오는 불화의 여신 에리스의 이름에서 땄으며 의견 대립의 연구를 가리킨다."

1. 불안이 어떻게 촉발되는지 바라보기

1 오래된 물 한 잔: Buster Benson, "Me: Seeking More Interesting Arguments," Medium, 2017년 7월 3일, https://medium.com/thinking-is-hard/me-seeking-more-interesting-arguments-8f46cfe845e5.

2 이반 파블로프는 종소리에서: "Pavlovian Conditioning," in Mark D. Gellman and J. Rick Turner, eds., *Encyclopedia of Behavioral Medicine* (New York: Springer, 2013).

3 불안 척도가 1점부터 5점까지라고: 이 장 초고를 쓴 뒤에 '주관적 불안감 척도(SUDS)Subjective Units of Distress Scale'를 알게 되었는데, 이것은 불안을 평가한다는 점에서는 비슷하지만 10점 척도다. Joseph Wolpe, *The Practice of Behavior Therapy* (New York: Pergamon Press, 1969)를 보라.

4 베이글을 식빵처럼 세로로: Alex Krautmann (@alexkkrautmann), "Today I introduced my coworkers to the St Louis secret of ordering bagels bread sliced. It was a hit!" 트위터, 2019년 5월 25일, https://twitter.com/AlekKrautmann/status/1110341506802552832.

5 "경관님, 범죄 신고를": Dan Primack (@danprimack), "Officer, I would like to report a crime." 트위터, 2019년 3월 27일, https://twitter.com/danprimack/status/1110912638723215364.

6 "아니, 어떻게 감히": Zipporah Arielle (@coffeespoonie), "First of all, how dare you," 트위터, 2019년 3월 27일, https://twitter.com/coffeespoonie/status/1110971520376098816.

7 "이래도 괜찮다고 누가 그러던가요": Kelly Ellis (@justkelly_ok), "Who told you this was ok," 트위터, 2019년 3월 27일, https://twitter.com/justkelly_ok/status/1110915369286266883.

8 이를 심리학 용어로: Leon Festinger, *A Theory of Cognitive Dissonance* (Stanford, CA: Stanford University Press, 1957). 한국어판은 『인지부조화 이론』(나남, 2016).

2. 내면의 목소리에 말걸기

1 스페이스십미디어의 최고 경영자인 이브 펄먼: Eve Pearlman, "The Seven Steps to Dialogue Journalism," Spaceship Media, 2019년 1월 10일 확인, https://spaceshipmedia.org/about.

2 투표한 스물다섯 명을: "Talking Politics: The Alabama-California Conversation," Spaceship Media, 2019년 1월 10일 확인, https://spaceshipmedia.org/projects/talking-politics.

3 카너먼이 '시스템 1'이라고 부르는: Daniel Kahneman, *Thinking, Fast and Slow* (New York: Farrar, Straus and Giroux, 2011). 한국어판은 『생각에 관한 생각』(김영사, 2018).

4 나직하게 말해도: "Big Stick Policy," Encyclopædia Britannica. 2017년 12월 27일. 2019년 6월 19일 확인. https://www.britannica.com/event/Big-Stick-policy.

5 나이팅게일이 노래하다가: Hesiod, *Works and Days*, line 202, Perseus Digital Library, Tufts University, 2019년 5월 11일 확인, http://www.perseus.tufts.edu/hopper/text?doc=Perseus:abo:tlg,0020,002:232. 한국어판은 『신들의 계보』(숲, 2009) 111쪽.

6 「필경사 바틀비」는: Harold Bloom, *Herman Melville's Billy Budd, Benito Cereno, and Bartleby the Scrivener, Bloom's Notes* (Langford, PA: Chelsea House Publishers, 1995).

7 "업무와 관련하여 사람들이": Margaret Heffernan, *Willful Blindness: Why We Ignore the Obvious at Our Peril* (New York: Walker, 2012). 한국어판은 『의도적 눈감기』(푸른숲, 2013).

8 85퍼센트 이상이: Margaret Heffernan, "The Dangers of Willful Blindness," filmed March 2013 in Budapest, Hungary, TEDxDanubia 동영상, 14:35, https://www.ted.com/talks/margaret_heffernan_the_dangers_of_willful_blindness/transcript.

3. 솔직한 편향 기르기

1 위키백과 '인지 편향 목록'에: "List of Cognitive Biases," Wikipedia, 2019년 5월 11일 확인, https://en.wikipedia.org/wiki/List_of_cognitive_biases.

2 행동을 위한 편향: "Leadership Principles," Amazon Jobs, 2019년 5월 11일 확인, https://www.amazon.jobs/en/principles.

3 고속 의사 결정: Jeff Bezos, "2016 Letter to Shareholders," the Amazon Blog, 2017년 4월 17일, https://blog.aboutamazon.com/company-news/2016-letter-to-shareholders.

4 '빨리 움직이고 물건을 부수라': 이것은 페이스북이 개발자 생태계에 제시한 구호로, 상장 당시에 다음 문구와 함께 증권 신고서에 실렸다. "빨리 움직이면 더 많이 만들고 더 빨리 배울 수 있습니다. 하지만 회사가 커짐에 따라 너무 느리게 움직이다가 기회를 잃는 것보다 실수를 저지르는 것이 더 두려워서 속도를 너무 늦춥니다. 페이스북에는 '빨리 움직이고 물건을 부수라'라는 말이 있습니다. 이 말의 뜻은 아무것도 부수지 않으면 아마도 충분히 빠르게 움직이고 있지 않으리라는 뜻입니다." Mark Zuckerberg, "Letter from Mark Zuckerberg," Form S-1, Registration Statement, United States Securities and Exchange Commission, 2012년 2월 1일, https://www.sec.gov/Archives/edgar/data/1326801/000119312512034517/d287954ds1.htm#toc287954_10.

5 옳다, 대체로: "Leadership Principles," Amazon Jobs, 2019년 5월 11일 확인, https://www.amazon.jobs/en/principles.

6 성인이 되어서도 : Robin DiAngelo, *White Fragility: Why It's So Hard for White People to Talk about Racism* (London: Allen Lane, 2019), 108.

7 인종주의는 우리 문화에 배어 있는: DiAngelo, *White Fragility*, 142–143.

8 「살짝 쥔 단단한 견해」: Paul Saffo, "Strong Opinions Weakly Held," Paul Saffo: futurist, 2008년 7월 26일, https://www.saffo.com/02008/07/26/strong-opinions-weakly-held.

9 '나비처럼 날아': stockvideo100, "Muhammad Ali: Float Like a Butterfly, Sting Like a Bee," 유튜브 동영상, 4:28, 2014년 1월 3일, https://www.youtube.com/watch?v=bNpFiZDqcog.

10 그것은 뒤죽박죽이고 평생이 걸리는 과정이지만: DiAngelo, *White Fragility*, 154.

4. 자기 이야기 하기

1 '당신은'이나 심지어: Michelle Adams, "What Are the Essential Components of an I-Message?" Gordon Training Institute, 2012년 5월 31일, https://www.gordontraining.com/leadership/what-are-the-essential-components-of-an-i-message.

2 2016년 선거에서 기명 후보의: Mike Donila and Jim Matheny, "Presidential Write-Ins Skyrocket in 2016; Names Serious and Silly," WBIR News, 2016년 11월 10일, https://www.wbir.com/article/news/local/presidential-write-ins-skyrocket-in-2016-names-serious-and-silly/51-350803984.

3 "이 백신 반대 부모들": Juliette Kayyem, "Anti-Vaxxers Are Dangerous. Make Them Face Isolation, Fines, Arrests," *Washington Post*, 2019년 4월 30일, https://www.washingtonpost.com/opinions/2019/04/30/time-get-much-tougher-anti-vaccine-crowd.

4 "이런 사고방식을 옹호하는": Bretigne Shaffer, "No, You Don't Have a 'Right' to Demand That Others Are Vaccinated," *The Vaccine Reaction*, 2019년 4월 11일, https://thevaccinereaction.org/2019/04/no-you-dont-have-a-right-to-demand-that-others-are-vaccinated.

5. 놀라운 대답을 이끌어내는 질문 던지기

1 유령은 호메로스의 『오디세이아』: Homer, *The Odyssey*, trans. Peter Green (Oakland: University of California Press, 2019). 한국어판은 『일리아스』(숲, 2015) 647쪽(『오디세이아』는 저자의 착오-옮긴이).

2 물리학자 존 페리어: John Ferriar, *An Essay Towards a Theory of Apparitions* (London: Cadell and Davies, 1813).

3 1976년에 설립된 회의적조사위원회: Benjamin Radford, "Can Electromagnetic Fields Create Ghosts?" *Skeptical Inquirer* 41, no. 3 (2017년 5/6월호), https://skepticalinquirer.org/2017/05/can_electromagnetic_fields_create_ghosts.

4 모조리 '추측과 짐작'이라고: Benjamin Radford, "The Curious Question of Ghost Taxonomy," *Skeptical Inquirer* 42, no. 3 (2018년 5/6월호), https://skepticalinquirer.org/2018/05/the_curious_question_of_ghost_taxonomy.

5 회의론자가 잘난 체하고 경멸하는 것을: Carl Sagan, *The Demon-Haunted World: Science as a Candle in the Dark* (New York: Ballantine Books, 1997), 297. 한국어판은 『악령이 출몰하는 세상』(김영사, 2001) 339, 341쪽, 번역 일부 수정.

6 독립적조사연합(IIG): "The IIG $100,000 Challenge," Independent Investigations Group, 2019년 5월 12일 확인, http://iighq.org/index.php/challenge.

7 『슬기로워지기』: Krista Tippett, *Becoming Wise: An Inquiry into the Mystery and Art of Living* (New York: Penguin, 2017), 29.

6. 함께 논증 쌓아가기

1 이 못된 습관을 일컫는 용어 중에: Kevin Drum, "Nutpicking," *Washington Monthly*, 2006년 8월 11일, https://washingtonmonthly.com/2006/08/11/nutpicking.

2 W. W. 제이컵스의: W. W. Jacobs, *The Lady of the Barge* (New York: Dodd Mead, 1902).

3 2017년 연구에 따르면: Douglas J. Ahler and Gaurav Sood, "The Parties in Our Heads: Misperceptions About Party Composition and Their Consequences," *Journal of Politics* 80, no. 3 (2018년 4월 27일): 964 – 81. doi:10.1086/697253.

4 미국에는 2억 7,000만~3억 1,000만 정의 총기가: Drew DeSilver, "A Minority of Americans Own Guns, but Just How Many Is Unclear," Pew Research Center, 2013년 6월 4일, www.pewresearch.org/fact–

tank/2013/06/04/a-minority-of-americans-own-guns-but-just-
how-many-is-unclear.

5 "오늘날 미국 성인 열 명 중 세 명은": Kim Parker, Juliana Menasce Horo-
witz, Ruth Igielnik, Baxter Oliphant, and Anna Brown, "America's
Complex Relationship with Guns," Pew Research Center, 2017년 6
월 22일, https://www.pewsocialtrends.org/2017/06/22/americas-
complex-relationship-with-guns/.

6 2015년 미국에서는 총기 관련 상해로: Sherry L. Murphy, Jiaquan Xu,
Kenneth D. Kochanek, Sally C. Curtin, and Elizabeth Arias, "Deaths:
Final Data for 2015," Centers for Disease Control and Prevention,
National Vital Statistics Reports 66, no. 6, 2017년 11월 27일, https://
www.cdc.gov/nchs/data/nvsr/nvsr66/nvsr66_06.pdf.

7 "자유를 빼앗으려는 분열의 힘을": Jared Law, "2007.07.26~2000 NRA
Convention—Charlton Heston—From My Cold, Dead Hands!" 유
튜브 동영상, 1:25, 2012년 5월 12일, https://www.youtube.com/
watch?v=ORYVCML8xeE.

8 "펜실베이니아의 소도시들이나": potus08blog, "Barack Obama's small-
town guns and religion comments," 유튜브 동영상, 1:38, 2008년 4월 11
일, www.youtube.com/watch?v=DTxXUufI3jA.

9 캐나다는 총기 관련법이 매우 엄격해서: German Lopez, "America's
Unique Gun Violence Problem, Explained in 17 Maps and Charts,"
Vox, 2018년 11월 8일, https://www.vox.com/policy-and-
politics/2017/10/2/16399418/us-gun-violence-statistics-maps-
charts.

10 몇 가지만 예를 들어보자: Lopez, "America's Unique Gun Violence
Problem, Explained in 17 Maps and Charts."

11 35퍼센트의 가정이: Drew Desilver, "A Minority of Americans Own
Guns, but Just How Many Is Unclear."

12 총기 사망의 38퍼센트는: Jiaquan Xu, Sherry L. Murphy, Kenneth D.
Kichanek, Brigham Bastian, and Elizabeth Arias, *National Vital
Statistics Reports*, Vol. 67, (Hyattsville, MD: National Center of Health

Statistics, 2018.)

13 총기 사망의 62퍼센트는 자살이다: Xu et al., *National Vital Statistics Reports*.

14 총기 사망 중에서 세 명 이상에 대한: Bruce Drake, "Mass Shootings Rivet National Attention, but Are a Small Share of Gun Violence," Pew Research Center, 2013년 9월 17일, https://www.pewresearch.org/fact-tank/2013/09/17/mass-shootings-rivet-national-attention-but-are-a-small-share-of-gun-violence/.

15 자살 시도는 총을 이용할 경우에: "Firearm Suicide in the United States." EverytownResearch.org, 2018년 8월 30일. https://everytownresearch.org/firearm-suicide/.

16 자살은 총기 사망의 65퍼센트를: Lopez, "America's Unique Gun Violence Problem, Explained in 17 Maps and Charts."

17 35퍼센트를 이루는 살인의 절반은: Lopez, "America's Unique Gun Violence Problem, Explained in 17 Maps and Charts."

7. 중립 공간 마련하기

1 다실과 사람의 상호 작용에: Jerrold McGrath, "The Japanese Words for 'Space' Could Change Your View of the World," *Quartz*, 2018년 1월 18일, https://qz.com/1181019/the-japanese-words-for-space-could-change-your-view-of-the-world.

2 이를테면 1967년에는: A. W. Geiger, Kristen Bialik, and John Gramlich, "The Changing Face of Congress in 6 Charts," Pew Research Center, 2019년 2월 15일, https://www.pewresearch.org/fact-tank/2019/02/15/the-changing-face-of-congress.

3 미국 인구 자체도 1960년과 2010년 사이에: Frank Hobbs and Nicole Stoops, U.S. Census Bureau, Census 2000 Special Reports, Series CENSR-4, *Demographic Trends in the 20th Century*, U.S. Government Printing Office, Washington, DC, 2002, https://www.census.gov/prod/2002pubs/censr-4.pdf, 77.

4 "(열사병, 탈수, 고열을 비롯한) 열 노출이": "We Are Border Angels" Border Angels, 2019년 2월 3일 확인, https://www.borderangels.org/about-us/.

5 시민권을 얻은 이민자 중에서: Jie Zong, Jeanne Batalova, and Micayla Burrows, "Frequently Requested Statistics on Immigrants and Immigration in the United States," Migration Policy Institute, 2019년 3월 14일, https://www.migrationpolicy.org/article/frequently-requested-statistics-immigrants-and-immigration-united-states.

6 해마다 약 80만 명이 국경에서 체포되며: Zong, Batalova, and Burrows, "Frequently Requested Statistics on Immigrants and Immigration in the United States."

7 실상은 정부의 단속이 강화되면서: R. E., "Why Mexico's Murder Rate Is Soaring," *Economist*, 2018년 5월 9일, https://www.economist.com/the-economist-explains/2018/05/09/why-mexicos-murder-rate-is-soaring.

8 마약 거래에서 발생하는 거대한 이익의: Patrick Corcoran, "Why Are More People Being Killed in Mexico in 2019?" InSight Crime, 2019년 8월 8일, https://www.insightcrime.org/news/analysis/why-are-more-mexicans-being-killed-2019.

9 한편 다른 조직원들은: Jude Webber, "After 'El Chapo': Mexico's Never-ending War on Drugs," *Financial Times*, 2019년 2월 20일, http://www.ft.com/content/69346c82-338c-11e9-bb0c-42459962a812.

10 "우리는 작년에 연구 프로젝트를 진행했는데": Jason Koebler, "Deplatforming Works," *Vice*, 2018년 8월 10일, https://www.vice.com/en_us/article/bjbp9d/do-social-media-bans-work.

11 플랫폼에서 배제하려는 시도의 결과를 조사한: Koebler, "Deplatforming Works."

12 알렉산드르 솔제니친의 『수용소 군도』는: Aleksandr Solzhenitsyn, *The Gulag Archipelago*, trans. Thomas P. Whitney, H. T. Willetts, and Edward E. Ericson, with a foreword by Jordan B. Peterson (London: Vintage Classics, 2018), 615. 한국어판은 『수용소군도』(열린책들, 2017)

184쪽 및 『수용소 군도 4』(열린책들, 2017) 397쪽.

13 나는 지혜롭기로 명망 높은 어떤 사람을: Plato, *The Apology, Crito, and Phaedo of Socrates*, trans. Henry Cary, M.A., with introduction by Edward Brooks Jr. (Urbana, Illinois: Project Gutenberg), 19. 한국어판 은 『소크라테스의 변론/크리톤/파이톤』(숲, 2017) 29~30쪽.

8. 현실을 받아들이고 그 속에 발딛기

1 크리스토퍼 히친스의 강연 제목은: Christopher Hitchslap, "Christopher Hitchens at the 'Festival of Dangerous Ideas' (FODI)," 2009년 10월 호주 시드니에서 촬영, 유튜브 동영상, 1:43:50, https://www.youtube.com/watch?v=kwiHkM126bk&t=240s.

2 호주의 로마 가톨릭 추기경 조지 펠이: George Pell, "Without God We Are Nothing," OrthodoxNet.com Blog, 2009년 10월 7일, https://www.orthodoxytoday.org/blog/2009/10/without-god-we-are-nothing.

3 무슬림 작가이자 운동가 우스만 바다르: Alexandra Back and Michael Koziol, "Festival of Dangerous Ideas: 'Honour Killings' Talk Cancelled," *Sydney Morning Herald*, 2014년 6월 24일. https://www.smh.com.au/entertainment/festival-of-dangerous-ideas-honour-killings-talk-cancelled-20140624-3arlb.html.

4 페이스북 게시물에는: Sydney Opera House. "Sydney Opera House statement on cancellation of Uthman Badar's session at Festival of Dangerous Ideas 2014." Festival of Dangerous Ideas, 2014년 6월 24일. https://www.facebook.com/sydneyoperahouse/posts/10152122119800723.

5 명예 살인은 집안에 불명예를: Human Rights Watch, "Item 12— Integration of the Human Rights of Women and the Gender Perspective: Violence Against Women and 'Honor' Crimes," Human Rights Watch Oral Intervention at the 57th Session of the UN Commission on Human Rights, 2001년 4월 5일, https://www.hrw.org/news/2001/04/05/item-12-integration-human-rights-women-andgender-perspective-violence-against-women.

6 유엔 보고서에 따르면 해마다: "Impunity for Domestic Violence, 'Honour Killings' Cannot Continue—UN Official," *United Nations News*, 2010년 3월 4일, https://news.un.org/en/story/2010/03/331422.

7 바다르는 명예 살인 강연이 취소되고서: Back and Koziol, "Festival of Dangerous Ideas: 'Honour Killings' Talk Cancelled."

8 저는 여성에 대한 어떤 형태의 폭력이나: Hizb ut-Tahrir Australia, "Uthman Badar Interview with Tracey Holmes (ABC News Radio) Re FODI Speech," 유튜브 동영상, 6:05, 2014년 6월 25일, https://www.youtube.com/watch?v=buR23MiXZ_Q. 모든 바다르 인용문은 출처가 별도로 표시되지 않은 경우 이 인터뷰에서 발췌한 것이다.

9 미국가정폭력반대연합에 따르면: "Statistics," National Coalition Against Domestic Violence, 2019년 5월 14일 확인, https://ncadv.org/statistics.

10 여성 살해의 3분의 1이: Emiko Petrosky et al., "Racial and Ethnic Differences in Homicides of Adult Women and the Role of Intimate Partner Violence—United States, 2003–2014," Centers for Disease Control and Prevention, *Morbidity and Mortality Weekly Report* 66, no. 28 (2017년 7월 21일), https://www.cdc.gov/mmwr/volumes/66/wr/mm6628a1.htm?s_cid=mm6628a1_w#T1_down; "Facts About Domestic Violence and Physical Abuse," National Coalition Against Domestic Violence, 2015, https://www.speakcdn.com/assets/2497/domestic_violence_and_physical_abuse_ncadv.pdf.

11 바다르는 자신의 취지가: Carolyn Strange, "Are 'Honour' Killings Really Too Dangerous to Be Discussed in Public?," *Guardian*, 2014년 6월 25일, https://www.theguardian.com/commentisfree/2014/jun/25/are-honour-killings-really-too-dangerous-to-be-discussed-in-public.

찾아보기 ——

옮긴이 **노승영**

서울대 영문과를 졸업하고 서울대 대학원 인지과학 협동과정을 수료했다.
컴퓨터 회사에서 번역 프로그램을 만들었고 환경 단체에서 일했다.
공저로『번역가 모모 씨의 일일』이 있고 역서로『향모를 땋으며』『끈이론』『마르크스』
『헤겔』『우리 몸 오류 보고서』『천재의 발상지를 찾아서』『바나나 제국의 몰락』
『노르웨이의 나무』『말레이 제도』『혁명』『이렇게 살아가도 괜찮은가』『수사학』
『직관펌프, 생각을 열다』『그림자 노동』등이 있다. 홈페이지(http://socoop.net)에서
그동안 작업한 책들에 대한 정보와 정오표를 볼 수 있다.

생산적 의견 대립

막말, 독설, 억지에 지친 당신에게 꼭 필요한 대화의 기술

초판 인쇄 2020년 3월 25일
초판 발행 2020년 3월 30일

지은이 ｜ 버스터 벤슨
옮긴이 ｜ 노승영
펴낸이 ｜ 박해진
펴낸곳 ｜ 도서출판 학고재
등록 ｜ 2013년 6월 18일 제2013-000186호
주소 ｜ 서울시 마포구 새창로 7(도화동) SNU장학빌딩 17층
전화 ｜ 02-745-1722(편집) 070-7404-2810(마케팅)
팩스 ｜ 02-3210-2775
전자우편 ｜ hakgojae@gmail.com
페이스북 ｜ www.facebook.com/hakgojae

ISBN 978-89-5625-395-4 (03300)

이 도서의 국립중앙도서관 출판예정도서목록(CIP)은 서지정보유통지원시스템
홈페이지(http://seoji.nl.go.kr)와 국가자료종합목록 구축시스템(http://kolis-net.nl.go.kr)에서
이용하실 수 있습니다. (CIP제어번호 : CIP2020011874)